Eckhardt Koch
Renate Schepker
Suna Taneli
(Hrsg.)

Psychosoziale Versorgung
in der Migrationsgesellschaft

Deutsch-türkische Perspektiven

D1666789

LAMBERTUS

Eckhardt Koch
Renate Schepker
Suna Taneli
(Hrsg.)

Psychosoziale Versorgung
in der Migrationsgesellschaft

Deutsch-türkische Perspektiven

Lambertus

Band 3 der Schriftenreihe der Deutsch-Türkischen Gesellschaft für Psychiatrie, Psychotherapie und psychosoziale Gesundheit e.V. (DTGPP)

Dieses Buch ist Prof. Dr. Wolfgang M. Pfeiffer zum 80. Geburtstag gewidmet.

Der Autor des Lehrbuches „Transkulturelle Psychiatrie" gilt weltweit als einer der Pioniere einer kulturvergleichenden psychiatrischen Wissenschaft. In den vergangenen Jahren hat er sich mit Nachdruck der Migrationspsychiatrie gewidmet. Als Ehrenpräsident der DTGPP und Präsident der ersten drei Deutsch-Türkischen Psychiatriekongresse ist er maßgeblich an der Entwicklung von Konzepten und Perspektiven für eine verbesserte psychiatrische und psychosoziale Versorgung von Minoritäten beteiligt.

Die Deutsche Bibliothek – CIP-Einheitsaufnahme

Ein Titeldatensatz für diese Publikation ist bei
Der Deutschen Bibliothek erhältlich

© 2000, Lambertus-Verlag, Freiburg im Breisgau
Umschlag: Christa Berger, Solingen
Satz: Jungbluth Digital+Print, Freiburg
Druck: Poppen & Ortmann, Freiburg
ISBN 3-7841-1283-8

Inhalt

Vorwort der Herausgeber zum 3. Band

Der Band „Psychosoziale Versorgung in der Migrationsgesellschaft" ist der dritte in der Schriftenreihe der DTGPP. Er umfaßt ausgewählte Beiträge der Berliner Tagung 1998, die passend zum Tagungsort (Berlin beherbergt mit 160.000 türkeistämmigen Einwohnern die größte türkische community außerhalb der Türkei) Versorgungskonzepte und Versorgungsforschung in der Einwanderungsgesellschaft zum Thema hatten. Die Beiträge aus dem Herkunftsland ergänzen die Perspektive um Binnenmigration, Zwangsmigration und Migration von Deutschland in die Türkei. Zusätzlich weist der Beitrag aus London darauf hin, daß in der psychosozialen Versorgung einer Einwanderungsgesellschaft zukünftig mit wesentlich mehr kultureller Vielfalt gerechnet werden muß als bei der uns mittlerweile vertrauten Gruppe türkeistämmiger Migranten. Daß „Minoritäten die Mehrheit sind" wird auch die Bundesrepublik Deutschland nach den jüngsten Bevölkerungsprognosen in 15–20 Jahren unter den Kindern, entsprechend später in der Erwachsenengeneration auszeichnen.

Dies bedeutet, daß ein neues Denken in der psychosoziale Versorgung gefordert ist. Neben konzeptueller Arbeit, der hier ein eigenes Kapitel gewidmet ist, meint das auch Arbeit an der Grundhaltung und eine Reflektion des eigenen Standpunktes.

In dieser Intention beginnt der Band mit dem Beitrag von Wolfgang Pfeiffer über die Volksreligion in Bayern. Die teilnehmende psychiatrische Beobachtungsfähigkeit des Autors, einem der Pioniere in der transkulturellen Psychiatrie, scheint durch die Schilderungen hindurch. Viele Elemente eines Modernitätsparadigmas, das wir gerne zur (diskriminierenden!) Unterscheidung von Zuwanderern und Einheimischen bemühen, dürften durch diese Darstellung von im eigenen Land traditionell gelebten Praktiken – oder mit Pfeiffers Worten: Riten – fragwürdig werden.

Die zunehmende Vielfalt erfordert ein stark individualisiertes Vorgehen gegenüber Patienten und Betreuten im Sinne einer historisch-biographischen Perspektive. Es folgen zur Einführung dieser Sichtweise zwei verschränkte Autobiographien (Heilbronn und Ete). Positioniert man sich als therapeutisch Tätiger mit eigener Migrationsbiographie anders als nicht gewanderte Kollegen? Was spielt sich an eigenen Erinnerungen in Fachkollegen ab, wenn sie frei von Abstinenzregeln sich gegenseitig zuhören, die historischen und politischen Gegebenheiten einbeziehend? Wenn Migrationsgeschichten durch Erzählungen so gut nachvollziehbar werden, entsteht eine neue Dichte interkultureller Begegnung, die wir uns in der alltäglichen Praxis oft wünschen würden.

Die Komplexität der Lebenslagen, auf die Versorgung unserer zugewanderten Patienten bezogen, erfordert konsequenterweise im weiteren das Einbeziehen unterschiedlichster Sichtweisen. Die Interdisziplinarität der Beiträge war uns wichtig, schlägt sie doch einen Bogen von soziologischen, kulturhistorischen, ethnologischen über die medizinisch-psychiatrischen, bis zu den psychologischen und psychotherapeutischen Standpunkten, die sich dem gemeinsamen Fokus psychosozialer Gesundheit in der Migrationsgesellschaft in aktiver Auseinandersetzung nähern.

Folgerichtig beschäftigen sich die Beiträge des nächsten Kapitels mit den bestehenden Versorgungskonzepten. Priebes Beitrag aus London-Newham weist uns darauf hin, wie wenig hilfreich und unwissenschaftlich es ist, Patienten allein am Merkmal ihrer Ethnizität zu definieren und wie wenig die bisherige Versorgungsforschung in der Lage ist, die komplexen Einflußfaktoren der Inanspruchnahme von Diensten, je spezifischen Problemlösungsversuchen und psychopathologischer Variabilität in Wechselwirkung mit der „Anbieterseite" psychosozialer Versorgung auszuloten. Als vorbildlich für die hiesige Situation kann die multikulturelle Grundhaltung der sozialpsychiatrischen Angebote gelten.

Daß eine Weiterentwicklung für die zu erwartenden Herausforderungen und Versorgungserfordernisse in der Bundesrepublik dringend geboten ist, zeigt der Beitrag von Koch. Die geringe Rücklaufquote vor allem auch von Seiten der Universitätskliniken spiegelt die geringe Aufmerksamkeit, die das Thema bis auf wenige Zentren in Forschung und Lehre erfährt. Dennoch ergeben sich viele punktuelle Hinweise dafür, in welche Richtung die Entwicklungen streben sollten: pro Regelversorgungsangebote gegen Spezialangebote, Vernetzung versus Isolation der doch zahlreich vorhandenen muttersprachlichen Fachkräfte, weg vom ethnizitätsspezifischen Denken hin zum störungsorientierten, politische Lösung ethischer Grundsatzfragen z.B. hinsichtlich der Behandlung von Asylbewerbern.

Die Ergebnisse der Befragung unterstützen und ermutigen Projekte in der Form wie sie in den beiden weiteren Beiträgen dargestellt werden:

Schouler-Ocak präsentiert eindrucksvoll die hohe Akzeptanz eines integrierten ambulanten Angebotes mit speziellen bilingualen Gruppenangeboten. Ihre fundierten rechtlichen Hinweise auf die Finanzierungsprobleme von Sprachmittlern lassen muttersprachliche Behandler unabdingbar notwendig in der Regelversorgung erscheinen. Darüberhinaus sind Neuerungen in Angebotsstruktur und Setting (z.B. aufsuchende Formen der Hilfe) nachvollziehbar, sogar vorbildlich dargestellt, zumal auch die typischen Probleme der Einführung von Interkulturalität in Institutionen nicht verschwiegen werden. Man würde sich solche Angebote flächendeckend wünschen.

Schmeling-Kludas und Mitarbeiter schildern das „Einverständnis im Mißverständnis" bei somatischen Störungen von Migranten vor der Aufnahme und den Gewinn hinsichtlich des Relativierens von Fehldiagnosen (interessant die nicht diagnostizierten Psychosen!) und dem Erarbeiten eines gemeinsamen Krankheitsverständnisses durch muttersprachliche Therapeuten im Rahmen rehabilitativer Behandlung. Daß es sich um ein integriertes Angebot handelt, bei dem sowohl sprachgebundene spezielle als auch integrative allgemeine Gruppen stattfinden, bringt zu bewältigende neue Schwierigkeiten mit sich. Auch hier finden sich viele beispielgebende konzeptuelle Anregungen auf dem Weg zu interkulturellen Institutionen.

Im nächsten Kapitel zu speziellen interkulturellen Zugangswegen finden sich zunächst Erkenntnisse zu Lebenswelten von Zuwandererfamilien in Deutschland und in der Türkei und Hintergrundwissen für daraus resultierende Bewältigungsmöglichkeiten, gepaart mit Erkenntnissen zu Krankheitskonzepten und daran entwickelten methodischen Zugängen in der Psychotherapie.

Boos-Nünning diskutiert die Verleugnung des Faktums der „Einwanderungsgesellschaft" und die ebenso verleugneten sozialräumlichen Lebensbedingungen von Zuwanderern, die für die psychosoziale Gesundheit kumulierte Risiken bergen: Segregation anstatt Integration in den „Stadtteilen mit besonderem Erneuerungsbedarf". Differenziert werden Schutz- und Abwehrfunktionen von ethnischen Gettos dargestellt (die fast ausschließlich für Zuwanderer aus der Türkei entstanden sind). Auch die Subjektivität der Bewohner wird lebendig dargestellt mit den empirisch belegten Projektionen und Stereotypen über „die Fremden". Einer kritischen Sichtung werden sowohl die Inanspruchnahme von Hilfeangeboten im Beratungs- und Jugendhilfesektor unterzogen als auch die Struktur der Angebote selbst. Für Argumentationshilfen im Rahmen der Etablierung und Verbesserung von Angeboten findet der Leser sowohl reichliches Datenmaterial als auch relevante Schlußfolgerungen in den abschließenden Forderungen.

Schepker und Fişek stellen eine transkulturelle Studie zu familiären Bewältigungsstrategien vor, in der Unterschiede zwischen Binnenmigranten in der Türkei und Migranten nach Deutschland hinsichtlich der Verhaltensregulierung bei Adoleszentenproblemen deutlich werden. Familien in der Außenmigration plädieren trotz eines höheren Informationsgrades über Beratung und psychotherapeutische Hilfen seltener als die im Herkunftsland verbliebenen dazu, ihre Kinder Spezialisten vorzustellen. Die Verfügbarkeit von Hilfen spielt demnach eine geringere Rolle als der Minoritätenstatus. Im Sinne einer jeweils graduellen Auseinandersetzung mit dem Aufnahmekontext wird die Diversifizierung durch Migration deutlich: Während sich in Deutschland sowohl das Rekurrieren auf magische Praktiken und eigene

Ressourcen findet, aber ebenso die Orientierung auf Eigenverantwortung der Jugendlichen, antworteten die Binnenmigranten in der Türkei eher im Sinne einer graduellen Urbanisierung. Allein „kulturtypische Strategien" können die geringe Inanspruchnahme psychosozialer Dienste damit nicht erklären – denn „Kultur" entwickelt sich mit der Migration offensichtlich fort. Den deutschstämmigen Ehefrauen in der Türkei widmen sich Taneli und Mitarbeiter. Die historische Übersicht zeigt eine starke Zunahme bikultureller Ehen zwischen Deutschland und der Türkei zugunsten deutscher Frauen. Die dargestellten Forschungsergebnisse bestätigen die Ergebnisse der Literaturübersicht. Eine deutsch-türkische Ehe in der Türkei bietet Risiken, aber auch Chancen: Marginalisierungserfahrungen, freiwillige und unfreiwillige Nicht-Berufstätigkeit, in der Minderzahl Rückkehrwünsche, jedoch keine Wünsche zu pendeln scheinen die soziale Realität dieser älteren Migrantinnen auszuzeichnen. Die kollektive Beziehungskultur in der Türkei scheint protektiv zu wirken und wird positiv betont. Interessant ist die geringe Autonomie der Frauen, von den Autorinnen mit Erstmigrations-Migrantinnen in Deutschland verglichen (z.B. keine finanzielle Unabhängigkeit), was der Ausbildung einer bikulturellen Identität und subjektiver Zufriedenheit jedoch nicht entgegenzustehen schien.

Sehr interessante aktuelle und historische Einblicke in die Dynamik und Verarbeitung von weltanschaulich-politisch motivierter Flucht bieten Koptagel-İlal und Mitarbeiter, hier am Beispiel von ehemals bulgarischen Muslimen. Während sich die Erfahrung bestätigt, daß dem Fluchtmotiv (Identitätserhalt als Migrationsgrund) eine protektive Wirkung in Hinsicht auf Verhaltensauffälligkeiten zukommt, schützte jedoch auch ein höheres Bildungsniveau nicht vor subjektiver Problembelastung. Letztere wird stark durch die Bedingungen im Aufnahmeland moderiert. Bedeutungsvoll ist daneben die Schutzwirkung einer Kontinuität des Identitätserhaltes über die (gleiche) Arbeit und der damit verbundene Vorteil von Bildung und Status für die soziale Integration und die psychische Bewältigung. Die erhöhte Familienkohäsion nach Migration bestätigt anderweitige Befunde – sicher wäre es verdienstvoll, hier einen Vergleich zu weiteren Migrantengruppen zu ziehen.

Den transkulturell unterschiedlichen Erscheinungsformen depressiver Störungen widmen sich Yılmaz und Mitarbeiter, und sie belegen anhand einer umfassenden Literaturübersicht die Nichtigkeit universalistischer Depressionstheorien – wobei die breite Übersicht über viele Kulturen und Ergebnisse nicht im Sinne von Stereotypen mißverstanden werden darf. Die kultursensible diagnostische Beschreibung nach DSM-IV muß zum Standard für zugewanderte Patienten werden! Es bleibt die Frage der Autoren im Raum, wann auch die Psychotherapieschulen interkulturell differenzierte Konzepte vorlegen können.

Wie als Antwort darauf entwickelt Steuber ein biopsychosoziales Krankheitsverständnis als Basis für die mittelfristige Behandlung von chronischem Schmerz bei Migranten. Obwohl von einem psychodynamischen, klassisch-westlichen Konzept ausgehend, ist die exemplarische migrationsbiographische Aufarbeitung des Fallbeispiels vorwärtsweisend und demonstriert die Möglichkeit, im Rahmen eines integrativen psychotherapeutischen Vorgehens für die Patienten erfolgreich interkulturell zu arbeiten. Die kommunikative Funktion des chronischen Schmerzes wird innerhalb des umgebenden Milieus gesehen und dadurch der konfliktentlastende Stellenwert des Symptoms verstehbar.

Auch Hartkamp und Vahip legen ein weiterentwickeltes und transkulturell in der Psychotherapeuten-Ausbildung (Weiterbildungsinstitut in İzmir) erfolgreich vermitteltes Konzept vor. Die cyklisch-maladaptiven Muster (oder, englisch abgekürzt, CMP) eignen sich gut für die Erarbeitung eines Verständnisses der individuellen Konfliktsituationen im Rahmen von fokalen Therapien, die von türkeistämmigen Migranten oft als „Urlaubsbehandlung" in der Türkei gesucht werden bzw. bei begrenzten Ressourcen im psychiatrischen Versorgungssystem der Türkei eine sinnvolle Behandlungsstrategie darstellen. Ein interkulturelles Praxis-Workshop mit Fallarbeit steht sicherlich für die nächsten Tagungen an.

Petersen wird dem Anspruch eines kulturellen Störungskonzeptes umfassend am Beispiel der Enuresis gerecht: nach gut recherchierten Daten über die größere Häufigkeit bei Kindern aus der Türkei werden medizinische, ethnologische, historisch-ökonomische Argumente diskutiert und differenziert subjektive – d.h. kulturgebundene – Krankheitstheorien referiert, die wiederum auf die Erziehungshaltungen Auswirkungen haben – einschließlich der Tabuisierung von Körperausscheidungen. Viele Kinderärzte und Kinderpsychiater werden anhand dieser Ausführungen Erfahrungen mit Eltern einnässender Kinder besser verstehen können. Es sei hinzugefügt, daß auch die „deutschen" Haltungen zum Einnässen als Symptom sich gewandelt haben – bis zu einer historischen Verschiebung der Normgrenzen.

Parallel zur Vertiefung der Konzepte im vorangehenden Kapitel haben die Ansätze der interkulturellen Forschung ein bemerkenswertes Niveau erreicht. Die hier vorgestellten Arbeiten, zum Teil drittmittelgefördert, sind geeignet, wiederum neue Projekte anzuregen.

Haasen und Mitarbeiter stellen in einer Querschnittsuntersuchung zunächst differenzierte Erkenntnisse zu den soziodemographischen und biographischen Merkmalen türkeistämmiger Patienten in verschiedenen allgemeinpsychiatrischen Kliniken vor. Es würde sich sicherlich lohnen, bundesweit die unterschiedlichen Inanspruchnahmepopulationen aus unterschiedlichen Migrationsströmen zu vergleichen, und der Neugierige findet hier reiches

Material zur Einordnung der eigenen Klientel. Hier werden keine Daten überinterpretiert, sondern schlicht zahlreiche Feststellungen referiert, (z.B. daß Patienten mit Schizophrenie sich soziodemographisch nicht von den anderen unterscheiden ließen, daß türkische Patienten trotz besserer Familieneinbindung dennoch isoliert leben, daß bessere Deutschkenntnisse mit geringerer Familieneinbindung einhergehen, 46 % der Patienten aus der Türkei bringen ihre Erkrankung mit Diskriminierung in Verbindung usf.) Zusammenhänge von soziodemographischen oder migrationstypischen Faktoren zur Schizophrenie fanden sich – entgegen landläufigen Vorannahmen – nicht. Hochinteressant ist die Übereinstimmung der Diagnosen des deutschen und des türkischen Psychiaters in der interviewten Gruppe: 96 % bei den deutschen, 81 % bei den türkischen Patienten, nur 71 % bei schlechten Sprachkenntnissen. Dies unterstützt in Kombination mit der auch hier nachweislich niedrigen Inanspruchnahme bei nicht-psychotischen Störungen nochmals gewichtig die Forderung nach muttersprachlichen Therapeuten.

Die Arbeit von David und Mitarbeitern zu gynäkologischen Erkrankungen beginnt mit einer schönen Darstellung der Bedeutung subjektiver Krankheitstheorien. Unter Berücksichtigung wesentlicher psychosozialer Variablen waren die Krankheitsattribuierungen türkeistämmiger Frauen externaler bzw. schicksalhafter im Vergleich zur deutschen Kontrollgruppe, differenzierten sich jedoch nach vertiefenden Interviews. Die Unterschiede lassen sich damit demnach nicht etwa mit einer „Rückständigkeit" (naturalistischen oder magischen Überzeugungen) der türkischen Herkunftskultur begründen. In zusätzlichen Interviews bestätigte sich die gemeinsam in beiden Gruppen vorhandene Überzeugung der Verursachung durch belastende Lebens- und Arbeitsbedingungen sowie psychische Belastungen, d.h. ein „psychosomatisches" Grundverständnis der Patientinnen von sich selbst.

Strate und Koch stellen eine Pilotstudie zu türkeistämmigen Patienten mit chronischen Rückenschmerz vor. Im Rahmen des ausführlich dargestellten integrativen kulturspezifischen Behandlungskonzeptes wurden Therapieeffekte bei den Patienten mit hoher Chronizität im Vergleich mit der Warteliste nicht signifikant meßbar. Dies mag eine begrenzte Aussagekraft der eingesetzten „klassischen" Depressions- und Schmerzinventare belegen und die Problematik, bei zugewanderten Patienten ein Denken im Rahmen der westlichen Leib-Seele-Dichotomie vorauszusetzen. Noch bedeutsamer erscheinen die katamnestischen Erkenntnisse zur Bedeutung von Erwartungshaltungen gegenüber der Behandlung und von Kontextvariablen wie laufenden Rentenverfahren. Die Ergebnisse betonen den Wert qualitativer Untersuchungen bei so komplexen Fragestellungen und weisen daraufhin, daß Befragungsinstrumente in der Forschung den Befragten, deren lebenspraktischen Erfahrungen und Kulturfertigkeiten angemessen werden müssen. In jedem Fall hat der Kontext einer Befragung in die Ergebnisdeutung Eingang zu finden.

Einen Gegenbeweis für die wohl abgewogene doch vorhandene Anwendbarkeit westlicher Instrumente in der Forschung liefert Eröcal-Kora. Sie replizierte neurophysiologische Untersuchungen an aufmerksamkeitsdefizit-hyperaktivitätsgestörten Kindern in der Türkei, wobei die offensichtlich vorhandene Selektion besonders schwerer Fälle eine neue Diskussion kulturspezifischer Diagnosekriterien nahelegte mit der Hypothese, daß in der Türkei ein Patientenstatus bei höherer Toleranz später definiert werden könnte als in vergleichbaren westlichen Studien. Versorgungsrelevant ist der mit dieser Studie belegbare hohe Bedarf an Behandlungsangeboten.

I. Einleitende Beiträge

Religiöse Aspekte der Volksheilkunde in Bayern

Wolfgang M. Pfeiffer

Ein gemeinsamer Zug der Kulturen des Mittelmeerraumes, der auch die unterschiedlichen Bekenntnisse übergreift, ist die Verehrung von heiligen Personen, Stätten und Gegenständen, von deren Besuch man Hilfe bei körperlichen und seelischen Leiden erwartet. Hierfür finden sich auch in der Türkei eindrucksvolle Beispiele. In Deutschland wurde diese Form der Volksfrömmigkeit durch Reformation und Aufklärung freilich infrage gestellt, so daß sie in den protestantischen Gebieten erloschen ist. Dagegen erweist sie sich in der katholischen Bevölkerung, insbesondere in den ländlichen Gegenden von Bayern – trotz staatlicher Interventionen in der Zeit der Aufklärung – als ungebrochen lebendig.

Gegenstand der Verehrung sind vor allem Gräber und Hinterlassenschaften (Reliquien) heiliger Personen, aber auch bestimmte Orte wie Quellen und Berghöhen, geweihte Gebäude und vor allem auch – in grundsätzlichem Unterschied zum Islam – zahlreiche Bildwerke. Es wäre ein Mißverständnis, diese Formen volkstümlicher Religiosität als ein „Anbeten" von Menschen, Menschenwerk oder Naturerscheinungen zu betrachten, denn dies würde auch hierzulande als Idolatrie (d.h. „Götzendienst") eindeutig verworfen. Eher kann der Vergleich mit einer optischen Linse, einem Brennglas das Gemeinte verdeutlichen: Diese besitzt zwar kein eigenes Licht, vermag aber, Lichtstrahlen zu sammeln und verstärkt wirksam werden zu lassen. Dabei kommt die sinnenfrohe Konkretisierung in buntbemalten Skulpturen dem örtlichen Volkscharakter in besonderer Weise entgegen.

In solchen volkstümlichen Kulten ist das Bestreben der Menschen zu erkennen, sich aus dem Verfangensein in das irdische Leben samt Schuld, Krankheit und Leiden zu lösen, und Anteil am göttlichen Heil zu gewinnen. Indem die Kulte zu psychischer Katharsis und Sinngebung verhelfen und zugleich Stützung und Zuversicht vermitteln, stellen sie einen wichtigen Bestandteil der Volksmedizin dar. Zur naturwissenschaftlichen Medizin stehen sie keineswegs in Widerspruch, sondern bieten hierzu eine komplementäre Ergänzung.

Die Gestalt der Gnadenorte und der dort gepflegten Kulte sollen im folgenden einige Beispielen verdeutlichen.

Wohl der wichtigste Wallfahrtsort Bayerns ist das Marienheiligtum in Altötting nach einer alten Schrift „die finstere, uralt heylig Capelln Unser Lieben Frauen auff der grünen Matten". Es handelt sich um einen äußerlich unansehnlichen Zentralbau, der sich gerade durch seine Kleinheit und Schlichtheit von den großen Gebäuden abhebt, die den Platz umgeben. Der Bau wurde vermutlich um 700 – also vor etwa 1.300 Jahren – als Taufkapelle der Agilolfinger, des ersten bayerischen Fürstenhauses, errichtet und gehört damit zu den ältesten erhaltenen Bauten des Landes (Bichler, 1990: 19 ff).

In späterer Zeit wurde die Kapelle noch durch ein Langschiff ergänzt, in dem sich die Wallfahrer betend versammeln und den Gottesdiensten beiwohnen. Der Gebäudekomplex ist von einem nach außen hin offenen Gang umgeben, dessen Wände von Votivbildern bedeckt sind (es sollen etwa 20.000 sein). Für uns sind diejenigen von besonderem Interesse, die auf psychische Störungen hinweisen.

Eines davon zeigt eine offensichtlich geistesgestörte Frau, die im Begriff ist, ihren beiden Kindern Gewalt anzutun. Dem ist nachstehender Text angefügt:

Margrit des hanns Eylers tochter
von Mindraching ist bey vier jaren
etwas unrichtig gewesen. Hat sy yr
brueder her zu unser frauen
versprochen mit einem gaistigen lobamt.
ist sy von stundan durch fürbitt
der Mutter aller gnaten zur vernunft komen.

In der Kapelle steht auf einem silbernen Altar als wundertätiges Gnadenbild eine schlichte, frühgotische Holzfigur der Madonna mit Kind, die in ein goldgleißendes, juwelengeschmücktem Prunkgewand gekleidet ist. Ringsum befinden sich in Wandnischen herzförmige Urnen aus Silber, worin die Herzen der Angehörigen des bayerischen Fürstenhauses beigesetzt sind, damit sie auf alle Zeiten im Marien-Heiligtum weilen.

Die Pilger kommen nicht nur aus Bayern, sondern auch aus den angrenzenden Ländern bis aus Frankreich, sei es einzeln oder in ganzen Gemeinden, mit der Bahn, in Bussen oder auch – was besonders verdienstvoll ist – zu Fuß. In den günstigen Jahreszeiten, insbesondere an Wochenenden und Festtagen, zählen sie nach Tausenden; und oft fällt es nicht leicht, in der Menschenmenge auch nur einen flüchtigen Blick auf das Gnadenbild zu erhaschen.

Während das Marienheiligtum von Altötting in allen erdenklichen Anliegen aufgesucht wird, erwartet man von anderen Stätten Hilfe in speziellen

Lebenssituationen. Beispielsweise wendet man sich an die „Muttergottes in der Hoffnung" auf dem Bogenberg über dem Donautal besonders bei Kinderwunsch sowie zur Hilfe in Schwangerschaft und Geburt. (Abb.5) Auch hier ist das gotische Gnadenbild von einem prunkvollen Mantel umhüllt. Ohne den Umhang wird die Körperform erkennbar, die – zusammen mit einem kleinen Medaillon mit dem Bilde des Jesuskindes – auf den Zustand der Schwangerschaft hinweist. Nach der Legende war die Marienstatue die Donau hinaufgeschwommen und unterhalb des Bogenbergs am Ufer hängen geblieben.

Eine ähnliche Legende wird vom Gnadenbild der Wallfahrtskirche Mariaort bei Regensburg berichtet. Diese steinerne Skulptur der Maria mit Kind sei während des Bildersturms in Konstantinopel ins Meer geworfen worden, doch habe sie, auf den Wellen der Donau schwimmend, von selbst den Weg ins Bayernland gefunden (Bichler 1990: 48 ff, 152 ff). Die Untersuchung des Kunststils und des Materials verweist diese Erzählungen freilich in den Bereich der Fabel.

Besondere Verehrung erfahren die Gräber der Glaubensbringer, die übrigens in der Mehrzahl von den Britischen Inseln hierher gekommen sind. Da ist einmal der Ire St. Kilian, der im 7. Jahrhundert das Bistum Würzburg begründete. Auf Anstiften einer mißgünstigen Fürstin war er dort samt seinen Gefährten St. Koloman und St. Totnan ermordet worden. Seither gilt er als Beschützer des Gebietes von Würzburg, zudem als Patron des dortigen Weinbaus, welcher demgemäß von besonderer Qualität ist.

Die Geschwister St. Willibald und St. Walburga waren im 8. Jahrhundert aus England nach Eichstätt gekommen, wo sie Bistum und Kloster begründeten. Aus dem Grab der Hl. Walburga tropft ein Öl, das als heilkräftig gerühmt und im Handel vertrieben wird. Entsprechend findet auch das Wasser geweihter Quellen bei den verschiedenartigsten Leiden als Heilmittel Verwendung, sei es zum Einnehmen oder zu Waschungen, wie das etwa im Wallfahrtsort Maria Brünnlein am Rande des Ries der Fall ist.

Zahlreiche Heiligengestalten werden als Helfer in ganz bestimmten Schwierigkeiten und Nöten verehrt. Beispielsweise wird St. Christophorus, der nach der Legende das Jesuskind durch einen gefährlichen Strom getragen hat, als Beschützer auf Reisen und im Straßenverkehr angesehen. Demgemäß findet man sein Bild häufig in Autos und als Schmuckstück der Kraftfahrer.

Von St. Blasius heißt es, daß er ein Kind davor bewahrte, an einer Fischgräte zu ersticken, weshalb er als Helfer bei Krankheiten des Halses sowie bei Störungen des Sprechens und der Stimme gilt. Um seine Hilfe zu aktualisieren, werden zum „Blasiussegen" gekreuzte Kerzen vor den Hals der Bedürftigen gehalten.

St. Veit (Vitus) gilt als Beschützer vor Anfällen und vor hypermotorischen Störungen; dementsprechend lautet die deutsche Bezeichnung für das Krankheitsbild der Chorea „Veitstanz".

St. Dionysius – als St. Denis Schutzpatron von Paris – hält sein abgeschlagenes Haupt in den Händen, wodurch er die Art seines Martertodes anzeigt, die ihn zum Helfer bei allen Erkrankungen des Kopfes werden ließ.

St. Kyriakos (Cyriacus) führt einen Dämon in Drachengestalt an der Kette, da er die Tochter des Kaisers Diocletian von dämonischer Besessenheit erlöste.

Zumindest die letztgenannten Heiligen sind also charakterisiert als Helfer gegen Leiden des neuropsychiatrischen Fachbereiches. Sie gehören zu der Gruppe der „Vierzehn Nothelfer", die Schutz und Hilfe in den vielfältigen Nöten des Lebens verheißen und sowohl einzeln wie als Gruppe an vielen Orten Süddeutschlands verehrt werden. Sie entstammen durchweg der mediterranen Tradition, sind in der Mehrzahl in Anatolien beheimatet; sie umfassen ganz unterschiedliche Lebensalter und soziale Stände, sodaß sie vielfältigen Ansatz zur Identifizierung und zur Verehrung bieten. Zu den beliebtesten unter ihnen zählen die „Drei Heiligen Madeln" St. Barbara, St. Katharina und St. Margarita.

Die Popularität der Nothelfer spiegelt sich in der Verbreitung, die ihre Namen bzw. deren Kurzformen als Rufnamen gefunden haben (für Georg etwa Jörg, Jürgen, Gerch, Schorsch), aber auch in der Häufigkeit bildhafter Darstellungen. Dabei geht besondere Faszination von denjenigen Heiligen aus, deren Legenden die Phantasie ansprechen und somit zur künstlerischen Gestaltung anregen. Dies gilt etwa für den Ritter und Drachentöter St. Georg oder für den riesenhaften Christophorus, aber auch für die gelehrte und redegewaltige Königstochter Katharina, die von Universitäten wie Paris, Freiburg und Tübingen zur Schutzpatronin erwählt wurde.

Der gesamten Gruppe dieser Nothelfer ist die Kirche „Vierzehnheiligen" im oberen Maintal geweiht. Es handelt sich um den Ort, wo sie nach der Legende im 15. Jahrhundert einem Schäfer erschienen sind. Die glanzvolle Barockkirche ist eines der Hauptwerke des genialen Baumeisters Balthasar Neumann; sie hat sich zu einem der meistbesuchten Wallfahrtsorte in Bayern entwickelt. Als Herzstück enthält sie den konzentrisch geformten Gnadenaltar, der in harmonischer Bewegtheit die Gestalten der Vierzehn Nothelfer samt ihren Attributen zeigt.

Die Formen ritueller Verehrung der verschiedenen Gnadenorte bestehen einmal in individuellen Wallfahrten, besonders aber in Pilgerzügen größerer Gruppierungen, etwa von Kirchengemeinden oder Verbänden, sei es unter Benutzung von Verkehrsmitteln oder zu Fuß, begleitet von Gebeten und Gesängen. Dabei nehmen die Pilger oft noch zusätzliche Belastungen auf sich, etwa indem sie – wie in Altötting – die Gnadenstätte gebeugt unter der Last schwerer Holzkreuze umrunden, oder – wie am Bogenberg – mit großer Anstrengung riesige Kerzen emportragen, vor allem aber indem sie sich steile Treppen auf Knien emporbeten, wie es am Maria-Hilf-Berg in Passau geschieht.

Wesentlicher Teil der Wallfahrten ist die Teilnahme an Gottesdiensten und der Empfang von Sakramenten. Wichtig ist weiterhin das Darbringen von Gaben, etwa von Kerzen, Preziosen und Votivbildern, wovon sich an den Wallfahrtsorten umfangreiche Sammlungen finden. In zahlreichen Läden werden zu weihende Objekte und Erinnerungsstücke angeboten, besonders auch Abbildungen und Kopien des Gnadenbildes. Die Pilger erwerben solche Gegenstände, einmal als Opfergaben, besonders aber um so den Segen in greifbarer Gestalt mit nach Hause zu nehmen und die Daheimgebliebenen daran teilhaben zu lassen.

Die Frage nach der Bedeutung der kultischen Verehrung heiliger Personen und Stätten soll auf den psychologischen Aspekt beschränkt bleiben. In den Gefährdungen und der Ungewißheit des alltäglichen Lebens verspüren die Menschen nicht nur, wie unzulänglich die eigene Kraft und Voraussicht ist; es genügt ihnen auch nicht, sich auf eine gestaltlose und daher schwer greifbare Transzendenz zu stützen. Somit liegt es nahe, sich an menschliche Gestalten zu wenden, die vergleichbare Leiden und Nöte durchlebt haben, wodurch sie – als Vollendete – zu Vorbildern und Mittlern wurden.

Der Islam und z.T. auch der Protestantismus haben gegenüber der bildhaften Darstellung des Heiligen eine ablehnende Haltung. Jedoch vermag der Gedanke an eine vorbildliche und hilfreiche Heiligengestalt in kritischen Lebenssituationen Kraft und Orientierung zu geben und auch in hervorragender Weise das künstlerische Schaffen anzuregen. Auf den Gedanken an Heiligengestalten gehen eine Fülle herrlicher Kunstwerke zurück.

Besonders die Wallfahrtskirche Vierzehnheiligen strahlt in ihrer Architektur wie in ihrer plastischen und dekorativen Ausstattung eine festliche Heiterkeit der Formen und Farben aus, welche sogar die Leiden der Märtyrer verklärt und etwas von himmlischem Glanz erahnen läßt. Damit vermag sie aber auch, Licht und Hoffnung in das Grau alltäglichen Leidens zu bringen. Noch tiefer mag freilich die Schlichtheit und Stille des Marienheiligtums von Altötting wirken, in der etwas von der Innigkeit einer zeitlosen Mutterbeziehung anklingt.

Die kultische Verehrung geheiligter Stätten und die gläubige Hingabe an deren künstlerische Gestaltung – wie wir sie sowohl aus dem katholischen und orthodoxen Christentum als auch aus dem Islam kennen – steht keineswegs in Widerspruch zur naturwissenschaftlich orientierten Medizin. Vielmehr bietet sie zu deren Rationalität eine komplementäre Ergänzung, fügt ihr eine neue Dimension hinzu, indem sie aus der Finsternis von Leid und Krankheit mittels sinnlich-emotionalen Erlebens Zugang zu einer Welt der Freude und Zuversicht öffnet. Somit haben sowohl die geschilderten Riten als auch die bildhaften Darstellungen eine psychohygienische und therapeutische Bedeutung.

Nun ist es gewiß nicht Aufgabe einer naturwissenschaftlichen Medizin, solche Kulte, wie ich sie beschrieben habe, zu fördern oder ihnen entgegenzuwirken. Wohl aber sind wir verpflichtet, bei all unseren Patienten derartige Erfahrungen zu respektieren und uns um deren Kenntnis und auch um deren Verstehen zu bemühen, unabhängig davon, auf welchem historisch-kulturellen Hintergrund sie jeweils einzuordnen sind.

Literatur

Bauer, R.: Bayerische Wallfahrt Altötting. 3. A. München 1969

Bichler, A.: Wallfahrten in Bayern. Ein Führer zu 60 Gnadenstätten.
W. Ludwig Verlag. o. O. 1990

Lutz, D.: Der Gnadenaltar in Vierzehnheiligen. Bornschlegel, Staffelstein 1993

Mader, F.: Wallfahrten im Bistum Passau. München-Zürich 1984

Plötz, R.: Unsere Wallfahrtsstätten. Umschau Verlag. Frankfurt 1988

Rosenberger, L.: Bavaria Sancta. Bayerische Heiligenlegende.
J. Pfeiffer, München 1948

Sperber, H.: Unsere Liebe Frau. 800 Jahre Madonnenbild und Marienverehrung zwischen Lech und Salzach. Pustet, Regensburg 1980

Strauß, H, & F. Peter: Heilige Quellen zwischen Donau, Lech und Salzach.
München 1987

Utz, H.: Wallfahrten im Bistum Regensburg. München-Zürich 1981

Identitätsfindung in der Migrationsgesellschaft
Ein Reisebericht

Kurt Heilbronn und Etem Ete

Vorwort der Herausgeber

Die Autoren dieses Beitrags stellen ihre eigenen Biographien vor, die herkömmliche Bilder von Zuwanderern weit überschreiten – Lebensgeschichten zweier Migranten, die sich auf dem Boden ihrer eigenen Erfahrungen der psychosozialen Arbeit verschrieben haben. Die biographische Methode erlaubt Verdichtungen und subjektive Kommentierungen sowie eine Parallelisierung der „Reisebericht" genannten Reise durch die Zeit. Als Eröffnungsvortrag prägte dieser sehr persönliche Bericht den Kongreß nachhaltig und schuf einen lebendigen Hintergrund für die wissenschaftliche Auseinandersetzung.

Noch wird das Bild türkeistämmiger Zuwanderer von den für die Industrie geworbenen Gastarbeitern geprägt, die mit der Hoffnung kamen, in der Fremde durch ihrer Hände Arbeit erfolgreich zu sein und die später ihre Familien zu sich holten. Daneben erscheint das Bild verarmter Bewohner karger ländlicher Gegenden, auch von politisch verfolgten Flüchtlingen aus ethnischen Minderheiten. Auch ist die reale Auflösung der stereotypen Einteilung in „erste bis dritte Zuwanderergeneration" noch kaum bewußt.

Wenig in unserem Blickfeld sind die Wanderer zwischen den Welten, Menschen mit einer „Mehrzahl von Heimat" im Herzen, deren individuell hochkomplexe Migrationsschicksale über Generationen auch von den politisch-historischen Entwicklungen beider Länder stark beeinflußt waren. Dort, wo „zwei Zeiten, Kulturen und Religionen einander überschneiden" besteht laut den Autoren mit Hermann Hesse („Der Steppenwolf") die Gefahr, daß dort, „wo eine ganze Generation so zwischen zwei Zeiten, zwischen zwei Lebensstile hineingerät (…) ihr jede Selbstverständlichkeit, jede Sitte, jede Geborgenheit und Unschuld verlorengeht…".

In unserer Redeweise ausgedrückt: Wo die Komplexitätszumutungen des Daseins nur durch große eigene psychische Stärke bewältigt werden können, helfen auch arrivierte Herkunft oder ein hohes Bildungsniveau nur begrenzt, können sogar Lebensläufe verkomplizieren.

Wir überlassen den Lesern die Einschätzung, ob hier Beispiele gelungener Migration oder vollendeter Bikulturalität porträtiert sind. Psychotherapeutisch Tätige mögen von eher erfolgreichen Verläufen Gewinn für die Perspektiven weniger erfolgreicher Patienten ziehen. Dabei wird hier nichts beschönigt: die narrative Dichte, Poesie und Märchenhaftigkeit dieser beiden „Reiseberichte" mit der innewohnenden Zuversicht widerspricht nicht dem Gehalt an Problembewußtsein in der jeweiligen Realität. Damit setzt die hier vorliegende gelungene Anwendung interkultureller Feinfühligkeit positive Maßstäbe für unseren klinischen Alltag und erinnert auch die Gesellschaft an ihre Aufgabe, Bedingungen für Integration zu gestalten.

EINLEITUNG

Hier werden Ihnen zwei Lebensgeschichten, die von Etem Ete und Kurt Heilbronn vorgestellt.

Dieses ist ein Identitätsfindungsprozeß, der „Bilder in Worten" genannt wird. Der Leser bekommt einen Einblick in die Familiengeschichte der beiden Personen und die begleitend dazugehörenden historisch-soziokulturellen Umstände.

Etem Ete und Kurt Heilbronn arbeiten seit langem mit Menschen zusammen, die sich bewußt oder unbewußt in einem Identitätsfindungsprozeß befinden. Sehr häufig ist dies ein beschwerlicher und mit Krankheiten und Leid gepflasterter Weg.

Für beide ist es unabdingbar, sich mit ihrer eigenen Identitätsfindung auseinanderzusetzen, eine von vielen Voraussetzungen in einem Beratungsprozeß.

Dies ist keine wissenschaftliche Abhandlung, sondern ein interkultureller Reise- und Lebensbericht zweier Personen, die nicht den Anspruch der Übertragbarkeit haben, aber trotzdem Beispiel für eine Erklärung des Migrationsprozesses sind.

Hierzu ein Zitat von Hermann Hesse aus „der Steppenwolf":

Jede Zeit, jede Kultur, jede Sitte und Tradition hat ihren Stil, hat ihre ihr zukommenden Zartheiten und Härten, Schönheiten und Grausamkeiten, hält gewisse Leiden für selbstverständlich, nimmt gewisse Übel geduldig hin. Zum wirklichen Leiden, zur Hölle wird das menschliche Leben nur da, wo zwei Zeiten, zwei Kulturen und Religionen einander überschneiden. Ein Mensch der Antike, der im Mittelalter hätte leben müssen, wäre daran jämmerlich erstickt, ebenso wie ein Wilder inmitten unserer Zivilisation ersticken müßte. Es gibt nun Zeiten, wo eine ganze Generation so zwischen zwei Zeiten, zwischen zwei Lebensstile hineingerät, daß ihr jede Selbstverständlichkeit, jede Sitte, jede Geborgenheit und Unschuld verlorengeht..."

Bild 1 – İstanbul

İstanbul ist eine uralte Stadt. Über die Gründung, die tausende Jahre zurückliegen soll, gibt es nur Schätzungen. İstanbul stand immer im Mittelpunkt der Geschichte, der Zivilisation, der Kultur und des Handels. Es ist die Stadt auf zwei Kontinenten, es ist die Stadt, wo drei Weltreligionen zusammentreffen. İstanbul ist einzigartig, war, ist und wird eine kosmopolitische Weltmetropole bleiben.

Ein İstanbulaner zu sein ist etwas Besonderes. Nun, wer ist aber ein İstanbulaner vor allem in einer Stadt, die jährlich um eine halbe Million wächst und in der ca. 12 bis 15 Millionen Menschen leben?!

Zur Zeit ist İstanbul ein Mikrokosmos der gesamten Türkei. Die Stadtteile repräsentieren ihre Herkunftsregionen. Die Metropole İstanbul macht einen enormen soziokulturellen und auch ethnischen Wandel durch. Schätzungsweise leben nur noch 130.000–150.000 Menschen, die auf eine Familiengeschichte von mehr als hundert Jahren in der Stadt blicken können. Hiervon lebt mindestens die Hälfte vorwiegend im europäischen Ausland.

Nun machen wir einen Sprung an den Anfang des 20. Jahrhunderts, vor allem in das İstanbul der Jahrhundertwende. In dem kosmopolitischen İstanbul lebten neben den mehrheitlichen Türken griechische, armenische, jüdische, albanische und genuesische Minderheiten. Es kamen dazu Tausende von Flüchtlingen, christliche, die vor der russischen Oktoberrevolution geflohen waren, und muslimische aus den Balkanländern (Rumänien, Bulgarien, Montenegro, Bosnien, Mazedonien) sowie aus den kaukasischen Regionen (Georgier, Dagestanier, Abchaser und Tscherkessen), nicht zu vergessen die Levanten. Keine Stadt der Welt wurde so multikulturell wie die Weltstadt İstanbul. Mehrere Jahrhunderte lebten Menschen unterschiedlicher Herkunft und Religion zusammen und kamen miteinander aus. Lediglich der kranke Mann am Bosporus, das Weltreich der Osmanen, lag im Koma. Verschiedene Versuche, das Weltreich zu retten, schlugen fehl, wie die Bewegung der Jungtürken, der zweimalige Versuch, aus einem totalitären Staat eine konstitutionelle Monarchie zu schaffen. Schließlich kam es zum Zerfall des Reiches, nach dem 1. Weltkrieg.

Bis zu der Gründung der jungen türkischen Republik im Jahre 1923 wurde İstanbul ca. 5 Jahre lang von der englischen Besatzungsmacht als Sieger des Krieges verwaltet, der letzte osmanische Sultan, eine Marionette, unterschrieb nur die Dekrete. Die ethnischen und religiösen Minderheiten wurden gegen die Türken und gegeneinander ausgespielt. İstanbul war unruhig und chaotisch, alte Freundschaften bestanden aber weiter. İstanbul versuchte wie eine alte Mutter, alle ihre Kinder zusammenzuhalten. Andauernde

Kriege, politische Unruhen konnten die seit etlichen Jahren bestehenden engen menschlichen und nachbarschaftlichen Kontakte, familiäre Bindungen und Multikulturalität, Toleranz, Verwandtschaften nicht zerrütten und auseinanderbrechen. In den Kriegs- und Nachkriegsjahren war es für viele İstanbulaner Familien zugleich sehr schwer, für ihre Nachkommen und ihre Zukunft zu sorgen.

Im Oktober 1923 endete die anatolische Revolution mit der Gründung einer neuen Republik. Der jungen Republik fehlten aber Fachkräfte, Akademiker, Bürokraten und Technokraten. Es fehlten vor allem Universitäten, Fachhochschulen, Berufsschulen und verschiedene Institutionen. Also mußten durch kulturelle Reformen und Förderungen Kader gebildet werden. Viele junge Türken, Schüler und Studenten gingen nach Europa und vor allem ins Deutsche Reich (1920–1933).

Bild 2 – Geschichte der Familie Ete

Bei der Familie Ete handelt es sich um eine sehr alte, in İstanbul verwurzelte Familie. Der Vater, Professor Dr. Muhlis Ete, geboren in İstanbul im Jahre 1904, war der Sohn eines pensionierten Oberst der osmanischen Armee, einem alten İstanbulaner, und einer Mutter, die eine noch schillerndere Figur war, nämlich die Tochter eines Ehepaares, das um 1871 nach İstanbul kam. Es handelte sich bei ihren Eltern um den aus Mailand/Italien stammenden Grafen Ferdinando di Sforza, der als Landwirtschaftsexperte in das Land eingeladen war. Vor seiner Einreise heiratete er eine hübsche Sofie aus Warnemünde/Ostsee.

Die beiden Eheleute, berauscht von İstanbul, blieben auch nach dem Vertragsende dort, ließen sich islamisieren und zugleich einbürgern. Sie waren glücklich, hatten vier Kinder und der Graf ließ sich mit 44 Jahren beschneiden. Das zweite Kind, eine Tochter, wurde zuerst Sofie, wie die Mutter, genannt, dann aber umgenannt auf den Namen Safiye, die Mutter von Muhlis Ete.

Der einzige Sohn Safiyes und des Oberst Ibrahim Etem sollte in den Kriegsjahren eine gute Schule besuchen. So ging er in İstanbul in die österreichische Mittelschule St. Georg. Es existierte danach aber kein deutschsprachiges Gymnasium. So wurde der 15jährige Muhlis in die Goethestadt Weimar in Deutschland geschickt. Nach seinem Abitur immatrikulierte der junge Türke sich an der Universität Leipzig. Er studierte vier Jahre Volkswirtschaftslehre, promovierte an der Universität Leipzig und erlangte Diplom und Doktor der Volkswirtschaftslehre.

In seiner Studienzeit 1925–1930 in Leipzig gehörte er nicht nur dem türkischen Studentenverband mit Hauptsitz in Berlin, sondern auch mehreren deutschen studentischen Vereinigungen an.

1930 kehrte er endgültig nach İstanbul zurück. Sein Ideal, Lehrtätiger an der neuen Universität İstanbul, verwirklichte sich 1933 mit der Gründung der neuen volkswirtschaftlichen Fakultät. Er hielt Kontakte zu seinen studentischen Freunden, die genau wie er in Deutschland studierten und danach in die Heimat zurückkehrten, aufrecht.

So besuchte er eines Tages seinen alten Freund Naci, Dr. der Chemie, und lernte dabei dessen bezaubernde junge Schwester Fazilet, eine Germanistin, kennen, die ebenfalls Mitte der 20er Jahre bei ihrem Bruder in Breslau die Mittelschule besuchte. Alte Erinnerungen aus Deutschland, gemeinsame Lieder und Gedichte aus dem deutschen Sprachraum, Weltanschauungen und ähnliche familiäre Strukturen sowie die Liebe auf den ersten Blick brachten die beiden zusammen. Im April 1932 heirateten sie. Auf dem Hochzeitsfest mußte das junge Paar einen Tango, „La Cumparcita", vorführen. Die Geschichte von Fazilet war nicht weniger interessant als die von Muhlis. Ihre Mutter stammte aus dem Serail, eine Aristokratin, und ihr Vater war ein Tscherkesse und kam mit 12 Jahren als Emigrant nach İstanbul. Er machte Ende des 19. und Anfang des 20. Jahrhunderts als begabter Offizier eine steile militärische Karriere in der osmanischen Armee. Er wurde General und als solcher Anfang des 20. Jahrhunderts Stadtkommandant von Bagdad, und nach 1905 Leiter der Militärkadettenakademie in Saloniki.

Fazilet wurde 1910 in Saloniki geboren. Als zwei Jahre später der Balkankrieg ausbrach, mußte die Familie ihr gesamtes Hab und Gut dort lassen und nach İstanbul zurück kehren, um dort wieder bei Null anzufangen.

Der General starb kurze Zeit darauf, seine eifrige Frau sorgte für die Zukunft ihrer drei Kinder, schickte sie alle zum Studium nach Breslau und finanzierte sie mit gesparten Goldmünzen. Die ältere Tochter studierte Pädagogik, der Sohn Chemie und Fazilet, die jüngste, die bei ihren Geschwistern wohnte, durfte nur bis zur Vollendung der Mittelschule dort verweilen, weil die Sehnsucht ihrer Mutter zu groß war. Fazilet kehrte dann zurück, besuchte zuerst in İstanbul das italienische Gymnasium und sang dort zum Erstaunen ihrer italienischen Lehrer als muslimisches Mädchen, das im griechischen Viertel von İstanbul wohnte, im schulischen Kirchenchor. Schließlich besuchte sie zwei weitere Jahre das amerikanische Mädchencollege und machte dort Abitur. Bereits mit 19 Jahren beherrschte sie neben der türkischen Muttersprache fünf Fremdsprachen. Schließlich lernte sie 1932 den Studienfreund ihres Bruders, Muhlis, kennen und heiratete ihn. Zwischendurch, 1928–1932, besuchte sie die philosophische Fakultät der Universität İstanbul, studierte Deutsch und Englisch und absolvierte die beiden Fachrichtungen. 1933 wurde der zehn Jahre ältere Bruder von Etem Ete geboren.

1933 war in der deutschen Geschichte ein sehr schwarzes Jahr. Davon profitierte aber die junge türkische Republik, nämlich 1933, nach der Machtergreifung der Nazis, mußten viele deutsche Wissenschaftlicher, Professoren, fachkundige Akademiker jüdischer, aber auch nicht jüdischer Abstammung ihr Vaterland verlassen und sich eine neue Heimat suchen. Die Türkei lud sie alle ein, und durch die Einwanderung der deutschen Wissenschaftler und Fachkräfte wurde die Gründung moderner Fakultäten und Institutionen ermöglicht und beschleunigt. So nahm auch die volkswirtschaftliche Fakultät der Universität İstanbul im Jahre 1933 ihre Lehrtätigkeit auf.

Dr. Muhlis Ete sammelte in İstanbul seine ehemaligen studentischen Freunde, die in Deutschland studiert hatten, gründete einen Verein und nahm Verbindung auf mit den ihm bekannten Professoren Philip Schwarz und Malche, die in der Schweiz das Verbindungsbüro für in Not geratene deutsche Wissenschaftler führten. Der Zweck war, die rasche Migration und Einbürgerung der deutschen Professoren, aber auch der deutschen Emigranten zu ermöglichen und zu beschleunigen. Es gelang ihnen auch.

Dr. M. Ete war 1933–1938 Dolmetscher und Assistent namhafter Professoren wie Reuter, Neumark, Hirsch. Er schrieb die ersten Bücher der volkswirtschaftlichen bzw. betriebswirtschaftlichen Lehre, er baute die landwirtschaftlichen Genossenschaften im Lande weiter aus. 1938 wurde er, 34jährig, Professor der Volkswirtschaftslehre. 1944/45 wurde er nach Ankara versetzt und übernahm eine Professorenstelle an der berühmten staatswissenschaftlichen Fakultät (Mülkiye). 1948 wurde er zum Vorsitzenden des Aufsichtsrates der staatlichen Betriebe der Türkei ernannt.

1950 wechselte er in die Politik über. Nach den ersten Parlamentswahlen in der Türkei, die auch zu einem Regierungswechsel führten, wurde er Wirtschaftsminister.

1951 besuchte er als erster Minister der Türkei das Nachkriegsdeutschland, vor allem aber seinen alten Freund, nämlich Professor Ludwig Erhard. 1952 trat er als Minister zurück. Als der damalige Bundespräsident Professor Heuss 1957 als erster deutscher Bundespräsident die Türkei besuchte, ehrte er Professor Ete als ersten Türken für seine Bemühungen der Weiterentwicklung der deutsch-türkischen Freundschaft und Beziehungen mit dem großen deutschen Verdienstkreuz. (Professor Ete war dreißig Jahre lang in der Türkei Präsident des türkisch-deutschen Kulturbeirates.) In den Jahren 1959 und 1961 war er jeweils ein halbes Jahr als Gastprofessor am weltwirtschaftlichen Institut in Kiel tätig. Von 1961–1965 wurde er nochmals Wirtschaftsminister in der Regierung des greisen İnönü. 1966 zog er sich endgültig aus der Politik zurück und wurde pensioniert. Von da an führte er ein bescheidenes Rentnerleben in İstanbul und starb im Winter 1975. Zwei

Jahre später, 1977, folgte ihm seine Ehefrau. Die Jahre 1975–1979 waren eine sehr leidvolle und schmerzhafte, von Krankheiten, Tod und Abschieden begleitete Zeitperiode in der Geschichte der Familie Ete.

Bild 3 – Migration aus Deutschland

Kurt Heilbronns Vater, Alfred Heilbronn, Jahrgang 1885, war bis 1933 ordentlicher Professor an der Universität Münster. Er war in erster Ehe mit der Tochter des Leiters der Universitätsbibliothek verheiratet. Sie hatten zwei Kinder, die zur Zeit der Machtübernahme Hitlers die Volksschule besuchten. Die Familie lebte in einem herrschaftlichen Haus, das Alfred Heilbronn 1928 in Auftrag gegeben hatte und das 1930 bezugsfertig war. Er bezog es in der freudigen Erwartung, sein künftiges Leben gemeinsam mit seiner Familie darin zu verbringen. und sich seiner Lehrtätigkeit an der Universität Münster zu widmen.

Nach der Machtergreifung der Nationalsozialisten 1933 wurde er sehr früh von seinem Amt suspendiert. Nur unter äußersten Schwierigkeiten gelang es ihm, einige Forschungsvorhaben für kurze Zeit fortzuführen.

Er war gezwungen, sich mit einem Thema auseinanderzusetzen, das nie sein Thema war, nämlich: jüdisch zu sein. Wie viele Deutsche jüdischer Abstammung konnte Kurt Heilbronns Vater nicht begreifen, daß er plötzlich 1933, quasi über Nacht, zu einem Juden wurde.

Die deutlichen Signale der Nationalsozialisten wollte er, und auch die übrige Familie Heilbronn, nicht wahrhaben. Er gestaltete sein Leben in keinster Weise jüdisch, seine erste Frau, Magda Heilbronn, und ihre Eltern waren tief in der protestantischen Kirche verankert.

Schon in den zwanziger Jahren konvertierte er zum Protestantismus, den er aber nur zu den Feiertagen praktizierte. Er betrachtet die Religion eher als Philosophie und nicht als Handlungsanweisung. Diesen Schnitt, plötzlich Jude und geächtet zu sein, hat er nie verarbeitet. Der Bruch zieht sich wie eine Demarkationslinie durch die Familie Heilbronn. Es gibt auf der einen Seite den jüdischen Teil der Familie Heilbronn und auf der anderen Seite den Teil, der sich zum Christentum bekennt und tief in der Religion verwurzelt ist. Alfred Heilbronn hat diesen Bruch stillschweigend über Jahrzehnte hinweg in sich getragen und noch heute ist dies ein ganz wichtiger Faktor, der in der übrig gebliebenen Familie – protestantische Tochter in Amerika und jüdische Nichte in Schweden – nicht besprochen werden kann. (Diesen Bruch hat Kurt Heilbronn sogar als ein verstecktes Erbe von seiner Mutter, der zweiten Ehefrau, die Muslimin war, überreicht bekommen).

Da Alfred Heilbronn biologischer Genetiker war und in seinen Vorlesungen über Evolutionstheorie dozierte, die nicht der Theorie der Nazis entsprach, und da er somit als Gefahr für das dritte Reich angesehen wurde, wurde er 1933 einige Male verhaftet und schon 1933 vom Dienst suspendiert. Auf Drängen seiner 1. Ehefrau nahm er Verbindung mit den Professoren Philip Schwarz und Malche auf, die in der Schweiz das Verbindungsbüro für in Not geratene deutsche Wissenschaftler führten.

Bild 4 – Leben in der Türkei
Kurze Zeit später bekommt er einen Arbeitsvertrag der türkischen Regierung, die plant, die türkischen Universitäten auf westlichen Standard zu bringen. Alfred Heilbronn wäre nicht aus Deutschland ausgereist, hätte seine Frau nicht Druck auf ihn ausgeübt. Dadurch, daß sie „arisch" war, war es ihm möglich, einen sogenannten ordentlichen Umzug aus Deutschland in die Türkei zu organisieren. Das Haus in Münster wurde enteignet und an Parteiangehörige vermietet.

Er übernimmt mit Leo Brauner die Leitung des Botanischen Instituts in İstanbul. Das Gehalt ist 4-fach so hoch wie das der türkischen Wissenschaftler seines Standes. Eine 9-Zimmer-Wohnung wird ihm und seiner Familie zur Verfügung gestellt. Eine Bedingung: In einem Jahr die türkische Sprache zu lernen und auf türkisch die Vorlesungen zu bestreiten. Er lernt in 2 Jahren die Sprache.

1934 zog die Familie in die Türkei nach, in besagtes Haus am Bosporus, im Stadtteil Bebek. Nun konnten sie, was in Deutschland plötzlich abgeschnitten wurde – ein bürgerliches Familienleben, sogar in Wohlstand – in der sich verändernden Türkei von 1934 führen. Die Kinder gingen – damals noch möglich – in die deutsche Schule bzw. kurze Zeit später auf das amerikanische College.

Professor Brauner und Alfred Heilbronn waren hauptverantwortlich für den Bau des neuen botanischen Instituts, das in den vierziger Jahren fertig gestellt wurde. Die deutschen Professoren organisierten sich formell in einer deutschen Kolonie, aufgeteilt in regimetreue Nationalsozialisten und vom Regime verfolgte Juden und Nichtjuden. Sein Vater traf sich häufig mit den Professoren Kosswig, Brauner, Kantorovic, Arndt und Breusch und auch zu den anderen gab es Kontakte. In der Universität und auch im privaten Leben hatte er einen intensiven Kontakt mit türkischen Kollegen, Studenten und Nachbarn.

Hier wurden sie nicht als „musevi" also jüdisch gesehen, sondern als alman profesör ve ailesi, der deutsche Professor und seine Familie.

Die Kinder studieren, Agnes Altphilologie und Hans wird Radiologe an der Universitätsklinik İstanbul.

Nach dem Tod seiner ersten Frau heiratete Afred Heilbronn seine vormalige Studentin, dann Übersetzerin und Assistentin. Im Institut muß es wohl hinter den Schreibtischen ordentlich geknistert haben. Sagen wir mal, sie war die glückliche, den weisen Herrscher und Gelehrten des Botanischen Instituts heiraten zu dürfen.

In der Familie Heilbronn wurde die Heirat mit der 28 Jahre jüngeren Frau nicht gerade begrüßt, so daß sie in der Familie von Anfang an einen sehr schweren Stand hatte.

Die tiefe Verehrung und die uneingeschränkte Hochachtung, die Mehpare Basarman und ihre Familie für Prof. Heilbronn empfanden, machten ihnen die Entscheidung nicht all zu schwer, sich für die Heirat zu entscheiden.

Die Familie von Mehpare Basarman, Kurts zukünftiger Mutter, kam im 19. Jahrhundert mütterlicherseits aus Tscherkesien und ließ sich bei Bergama in der Nähe von İzmir nieder. Der Vater war Kapitän bei der Marine. Ihr Vater starb 1936 und Mehpare Basarman wuchs ganz in der Tradition des alten dahinsterbenden Osmanischen Reiches auf und in der sich wie ein Lauffeuer verbreitenden neuen Bewegung Atatürks. Sie lernte Französisch und besuchte das Lyzeum. Sie war eine der ersten Studentinnen der neuen Universität von İstanbul.

II. Geburt, Kindheit und Jugend

Bild 5 – Die traumhaften Prinzeninseln
Etem Ete wurde an einem kalten Winterabend, am 22.1.1943, in dem vertrauten deutschen Krankenhaus in der Stadtmitte von İstanbul als zweites Kind der Eheleute geboren. Bereits eineinhalb Jahre nach seiner Geburt mußte die Familie wegen des beruflichen Werdeganges des Vaters nach Ankara umziehen. In der jungen türkischen Hauptstadt, vor allem im Stadtkern, lebten damals (in den 40/50er Jahren) eine halbe Million Menschen, meist Beamte und Angestellte des türkischen Staatsapparates und der Bürokratie. Man bezeichnete Ankara damals als eine mittelgroße Beamtenstadt. Die Lebensweise der Familien war ähnlich, fast alle lebten neun Monate in Ankara, die Kinder besuchten die Schule und alljährlich gingen alle während der Schulferien drei Monate lang nach İstanbul, wo sie den Sommer verbrachten.

Die Familie Ete gehörte zum oberen Kleinbürgertum, sie ist nie reich gewesen, lebte aber auch nie in Not. Professor Ete konnte sich erst 1954, als 50jähriger, ein Auto und ein Haus leisten.

Der Sohn Etem wurde 1950 eingeschult und besuchte das türkisch-englische College, das als das beste in Ankara galt, bis zu seinem Abitur im Jahre 1961. In einem harmonischen Dreiecksverhältnis (Vater, Mutter, Kind) verbrachte er eine außerordentlich glückliche Kindheit. Die Sommermonate wurden in İstanbul auf den traumhaften Prinzeninseln verbracht. Er wuchs mit gleichgesinnten Beamten- und Angestelltenkindern auf. Schon ab seinem zwölften Lebensjahr wurde er von seinen Eltern zu Theater- und Konzertveranstaltungen mitgenommen. Etem kann sich an kein einziges traumatisches Ereignis in seiner Kindheit erinnern, er wuchs sehr frei auf. Die Sachen, die er nicht hören sollte, besprachen seine Eltern zuhause auf Deutsch.

Schon als Volksschulkind bekam er von seiner Mutter Kinderromane in englischer Sprache vorgelesen. Mit seiner Mutter erwarb er auch die ersten Stufen der deutschen Sprache. Seine Kindheit verlief deutlich glücklicher als die seines zehn Jahre älteren Bruders, der zur gleichen Zeit in İstanbul in einem sehr strengen französischen Internat war und später in den 50er Jahren nach Deutschland kam, um zu studieren.

Etem nahm schon als Jugendlicher altersentsprechend an vielen Aktivitäten des sozialen Bereiches teil, trieb viel Sport und war auch politisch von seinem Vorbild, dem Vater, beeinflußt. Schon als Gymnasiast nahm er im Jahre 1960 an den Studentendemonstrationen in Ankara teil. Etem hatte auch darüber hinaus viel Glück. Ihm wurde etwas ermöglicht, wovon die anderen Gleichaltrigen nur träumen konnten, nämlich Weltreisen und Wandern. Dies ermöglichte die politische Funktion seines Vaters. Professor Ete war nämlich in den 50er Jahren Delegationsleiter der türkischen Parlamentariergruppe im Europarat in Straßburg. Er war auch eine Amtsperiode lang Vizepräsident des Europarates. Die sich noch am Leben befindlichen deutschen Parlamentarier, die damals schüchtern, gehemmt und passiv die Geschehnisse aus dem Hintergrund betrachteten (laut Professor Helmut Kalbwitzer), würdigen heute noch, wie Professor Ete sich gegen die politischen Versuche der Engländer und Franzosen, die deutsche Gruppe auszugrenzen, für Deutschland stark machte.

Der junge Etem durfte seinen Vater mindestens einmal jährlich nach Europa begleiten und konnte sich bereits als Schüler mit europäischen Städten und kulturellen Institutionen vertraut machen. Schon als Elfjähriger aß er in Wien „Wiener Schnitzel" und besuchte den Prater, das Deutsche Museum in München, den Europarat in Straßburg, den Mailänder Dom, Louvre und Notre Dame in Paris.

Als Etem im Juni 1961 Abitur machte, erhielt sein Vater einen Lehrauftrag von dem damaligen deutschen Wirtschaftsminister Ludwig Erhard und ging nach Kiel an das wirtschaftswissenschaftliche Institut. Er sollte einen ausführlichen Bericht schreiben über die zu vergleichenden wirtschaftlichen Entwicklungen der drei EWG-Kandidaten Spanien, Griechenland und Türkei. Etem folgte seinem Vater und kam mit seinen Eltern nach Kiel, wollte dort nach seinem Abitur drei schöne Sommermonate verbringen, bis Oktober 1961. Danach wollte er sein Studium an der staatswissen-schaftlichen Fakultät der Universität Ankara beginnen. Es kam aber ganz anders. Viele Bekannte seiner Eltern drängten die Familie, daß der Abiturient Etem als letztes Glied der Familie die alte familiäre Tradition fortsetze, in Deutschland zu studieren. Die einzige Bedingung des Vaters war jedoch, daß er in die naturwissenschaftliche Richtung gehen sollte. Naturwissen-schaften waren aber nicht seine Stärke, so wurde als Kompromißlösung ein Medizinstudium entschieden. Er war kein exzellenter, aber ein guter Schüler. Ende 1961 kehrten die Eltern zurück, er blieb alleine und wohnte im Studentenheim „Haus Weltklub" in Kiel und nahm sein Medizinstudium auf. Sein Vater hatte ihm zugesichert, bis zum Ende seines Studiums regel-mäßig 300,– DM zu schicken.

Ein neues Kapitel im Leben des Studienanfängers begann.

Bild 6 – Leben unter einer Glasglocke

Wenn zwei Menschen nicht mehr ganz jung und sehr fest in ihrem Beruf verankert sind, dann ist es nicht einfach, ein Kind zu bekommen und groß-zuziehen. So kam Kurt 1951 unter erschwerten Bedingungen zur Welt. Seine Mutter war 42 sein Vater 67 Jahre alt. Die Ärzte gaben Prognosen ab von cerebralgeschädigt bis zum Wunderkind. Beides ist nicht eingetroffen. Als aber seine Eltern ein gesundes Kind erblickten, taten sie so als ob er wirklich ein Wunderkind wäre. Dementsprechend wurde er aufgezogen. Mit 7 Tagen wurde er der griechischen Haushälterin praktisch an die Brust gelegt, die ihn, weil sie keine Kinder hatte, wie ihr eigenes Kind liebte und entsprechend erzog und verzog. Ihr wurde auferlegt, ihn strikt von anderen Kindern fern zu halten, denn diese könnten ja ein Herd für ansteckende Krankheiten sein. So lebte er die ersten Jahre bis zur Schule isoliert von anderen Kindern. Nur die gelegentlichen Besuche seiner Cousinen, von drei Nachbarskindern und der Tochter des Hauswartes brachten kindliche Farben und Freuden in sein damaliges Leben. Falls Besuch kam, der ihn sehen wollte, wurde dieser durch ein Vorzimmer geführt, bekam dort einen weißen Kittel und mußte seine Schuhe ausziehen bevor er zu ihm in den Raum durfte. Entsprechend all dieser Vorsichtsmaßnahmen bekam er auch eine Kinderkrankheit nach der anderen und war häufig krank. Sein zukünf-tiger Beruf war auch schon festgelegt: Natürlich Professor für Botanik. Tagsüber waren die Haushälterin und er alleine. Nach 17.00 Uhr kümmerte sich seine Mutter um den Haushalt. Um 18.00 Uhr kam seine Mutter oder Anastasia in sein Zimmer, nahm ihn bei der Hand und sie gingen zum Arbeitszimmer seines Vaters. Es wurde geklopft, sein Vater schob einen dicken Vorhang zur Seite, öffnete die Tür und für eine Stunde beschäftigte der Vater sich dann ausschließlich mit seinem Sohn.

Als Kurts Vater zum 2. Mal 1948 heiratete, wurde er türkischer Staatsangehöriger. Es war zu dieser Zeit nicht erlaubt, daß Ausländer türkische Staatsbürger, die im Staatsdienst tätig sind, heiraten. Mit der türkischen Staatsbürgerschaft scherte er aus seiner Sonderrolle als deutscher Gelehrter aus.

1955 wurde er pensioniert. Der kurz zuvor stattgefundene Abriß seines Institutes von 4 auf 1 Stockwerk und die altersmäßig bedingte Pensionierung, die ihn aus seinerm Schaffen herausriß, kränkten ihn sehr. Aufgrund dessen beantragte er die deutsche Staatsbürgerschaft, die ihm und seinem Sohn verliehen wurde.

Im Jahre 1955 reiste er dann zum ersten Mal wieder nach Deutschland und baute die Verbindungen zur Universität Münster wieder auf. Dort bekam er ein Vorlesungsrecht bis zum Tode. 1957 nahm er seine Vorlesungstätigkeit in Deutschland wieder auf. Im Zuge der Wiedergutmachung bekam er auch das von ihm überidealisierte Haus zurück, das unbefleckte Stück Heimat.

In den Semesterferien kam er nach İstanbul, doch sein großer Wunsch war es, nach fast 30 Jahren Türkei wieder in das veränderte Deutschland zurückzukehren. Auch stand für ihn fest, daß sein Sohn eine deutsche Schulerziehung bekommen sollte.

Derweilen besuchte Kurt die türkische Volksschule. Da er zu Hause so isoliert von anderen Kindern aufwuchs, nahm er natürlich die Gelegenheit wahr, nachmittags auszubüxen und mit anderen Kindern zu spielen.

III. Begegnung mit Deutschland

Bild 7 – Die neue Heimat
Der junge stud.-med. Etem fühlte sich anfangs ziemlich fremd und einsam in der medizinischen Welt. Bedingt durch die trockenen Fächer des vorklinischen Studiums machte es ihm nicht so richtig Spaß. Im sozialen Leben war er dafür aktiver und beliebter. Einen Platz in der Uni-Basketballmannschaft fand er interessanter als einen Praktikumsplatz in Physik, am wenigsten begeistert war er im Präpariersaal des anatomischen Instituts. Das Studium an der Universität Kiel sowie das gemeinsame bunte Leben im Studentenheim an der Förde der Kieler Bucht prägten seine weitere Entwicklung. Er freundete sich mit studentischen Kollegen und Kommilitonen aus verschiedenen Gegenden Deutschlands sowie aus Norwegen, Griechenland, Persien, Afrika und Lateinamerika an. Man führte gemeinsam ein buntes und bescheidenes Studentenleben. Alles war multikulturell und international.

Anfang der 60er Jahre lebten lediglich sechs Studenten und Doktoranden aus der Türkei in Kiel. Man konnte noch schnell Deutsch lernen und enge Kontakte zu deutschen Familien knüpfen. Zu der Zeit waren die Türken sehr beliebt und gefragt in Deutschland. Der junge Student von damals erinnert sich noch heute gerne an die Weihnachts- und Neujahrszeit 1961/62, in der er neunzehn Einladungen von verschiedenen Familien bekam. Es war die schönste Zeit in Deutschland, denkt er heute.

Auch in dem internationalen Studentenheim übernahm er mehrere Funktionen. Eins war jedoch stets klar, Etem Ete fühlte sich vom ersten Tag an nie als Fremder und Ausländer. Er kannte ja Deutschland von früheren Reisen sowie die europäische Kultur und Lebensweise, die er im elterlichen Haus sah und erlebte. Bis zum heutigen Tage ärgert er sich über die Frage: „Sind Sie Ausländer?" Zumindest fragte man am Anfang der 60er Jahre: „Gefällt es Ihnen in Deutschland?" Das hat er seither nie wieder gehört. Auch die Ausländerbehörde war damals äußerst freundlich. Es gab keine langen Warteschlangen, die Beamten der Behörde waren sehr positiv eingestellt, gratulierten ausländischen Studenten nach jeder bestandenen Prüfung, boten eine Tasse Kaffee an.

Etem Ete fühlte sich wohl und glücklich in der neuen Heimat. Er hatte ein außerordentlich positives Deutschlandbild. Alljährlich fuhr er in den Semesterferien zu seinen Eltern und Freunden nach Ankara und İstanbul. Die Eltern waren stolz auf den in Deutschland studierenden Sohn, der mit 300,– DM monatlich gut, aber sparsam lebte und keinen Pfennig Schulden hatte.

Im Frühjahr 1964 mußte er seine erste große Liebe, Kiel, wegen praktikumsplatzbedingter Probleme verlassen und nach Bayern gehen. Zuerst setzte er sein vorklinisches Studium zwei Semester lang in Erlangen fort, dann war er fasziniert und fühlte sich angezogen von der charmanten Großstadt München und zog 1965 dorthin um. Er lebte fünfzehn Jahre lang in Schwabing, meist in einem Studenten- und Künstlermilieu. Endlich lebte er wieder in einer Großstadt wie seiner Urheimat İstanbul und Ankara.

Am klinischen Bereich seines medizinischen Studiums gewann er zunehmend mehr Lust, Freude und Interesse. Das Leben in der Großstadt war jedoch mühevoller, von 300,– DM konnte man nicht mehr leben und sein Studium finanzieren. So fand er einen interessanten Nebenjob und konnte zum ersten Mal das Arbeiten kennenlernen. Aber auch in dieser Hinsicht hatte er Glück, er arbeitete an zwei Abenden in der Woche als Kontrolleur bzw. Bewacher des Dirigentenzimmers in dem berühmten Münchener Herkulessaal. Er verdiente 11,– DM pro Abend, hörte fünf Jahre lang die schönsten klassischen Konzerte und erlebte weltberühmte Künstler und Musiker hautnah.

In den Jahren 1965–1970 war er auch Zeitzeuge eines sozialen Prozesses. Es war der Höhepunkt einer Ära des Migrationsprozesses. Tausende von türkischen Arbeitsmigranten kamen nach Deutschland, um eine neue Existenz aufzubauen.

Dieser Prozeß hat den bis dahin sehr glücklichen und zufriedenen Studenten in seiner neuen Heimat sehr beeinflußt. Auf der einen Seite erlebte er die Hilfs- und Orientierungslosigkeit der Menschen aus seiner ersten Heimat und auf der anderen Seite die Art, wie die Menschen seiner zweiten Heimat türkische behandelten. Ein weiterer, zweiter Prozeß in seiner neuen Heimat beeinflußte ihn nicht weniger, als 1967–1969 die außerparlamentarische Opposition in Deutschland stark zunahm. Zuerst die friedlichen Ostermärsche und Antikriegsdemonstrationen, Studentenbewegung, Wunsch nach einer solidarischen Gemeinschaft, Demokratisierung der Universitäten, gefolgt von staatspolizeilichen Repressionen, Zunahme von Gewalt und Polarisierung, noch mehr Studentendemonstrationen, Besetzungen der Universitäten und der Springerpresse, Streiks und noch mehr staatspolizeiliche Maßnahmen, Bewegungen in der dritten Welt wie Vietnamkrieg, Internationalisierung der Konflikte, Che Guevara und zwischendurch 1971 ein Militärputsch in der Türkei.

All diese politischen und sozialen Prozesse und Ereignisse beeinflußten und prägten die weitere Persönlichkeitsentwicklung des jungen Studenten. Wie viele gleichaltrige Studenten war auch er überall von ganzem Herzen und mit seinem ganzen Enthusiasmus aktiv dabei. Er kämpfte um eine Orientierung und war stets auf der Suche nach neuen Identitäten. Ende 1970 vollbrachte er jedoch das größte Wunder seines Lebens: inmitten all dieser Verwirrungen gelang es ihm, in München sein medizinisches Staatsexamen mit der Note „gut" zu bestehen. Nun war er ein junger Arzt, ihm war nach seinem Staatsexamen bei der Suche nach einer Fachrichtung alles klar. Er war theoretisch und gesellschaftlich interessiert und engagiert, las viel, aber leider war er manuell sowie technisch weitgehend unbegabt. Von Anfang an zeigte er großes Interesse an der Psychiatrie. Ein großer, verstorbener Psychiater aus der Ferne beeindruckte ihn: Dr. Franz Fanon mit seinem berühmten Buch „Die Verdammten dieser Erde". Sein großes Interesse lag jedoch im Bereich der sozialen und transkulturellen Psychiatrie. Professor Wolfgang Pfeiffer / Erlangen und Professor Metin Özek / İstanbul, gehörten unter anderen zu seinen Leitfiguren. Sein Wunsch war es, eine akademische Karriere zu machen und in den Fußstapfen seines Vaters zu bleiben. Nach seinem Staatsexamen als junger Arzt war der Weg, seinen Wunsch in der Türkei zu verwirklichen, ausgeschlossen, weil man dort nach dem Militärputsch von 1971 dabei war, den Staat und die Universität von „linksverdächtigen Elementen" zu säubern. Also blieb ihm nur, dieses Ziel in der zweiten Heimat zu verwirklichen. Aber auch dort stand ihm Pech bevor.

Trotz einer sozial-liberalen Koalitionsregierung befand sich Deutschland in einer schlimmen McCarthy-Periode, einer Zeit der Berufsverbote und Radikalenerlasse. Der deutsche Staat antwortete seinen demonstrierenden und revoltierenden Studenten mit Intoleranz. Von 1971–1973 konnte der junge Arzt Etem seine Facharztausbildung beginnen und fortsetzen im Münchener Schwabinger Krankenhaus und im Max-Planck-Institut für Psychiatrie. Danach wurde ihm von seiten des bayrischen Innenministeriums eine weitere Arbeitsgenehmigung in München verweigert.

Obwohl er seine Doktorarbeit mit dem Titel „Soziale Umstrukturierung und mißglückte Integration als Provokationsfaktoren bei der Auslösung aktueller neurotischer Krisen, Depressionen und Psychosen" weiter fortsetzen und erforschen wollte, konnte er die bayrischen Behörden nicht überzeugen. Man machte ihm deutlich „in diesem Land werden lediglich ausländische Arbeiter mit Muskeln und keine Akademiker mit spitzen Zungen gebraucht". Schließlich konnte Etem gerade noch eine Kompromißlösung retten, wobei er zweieinhalb Jahre lang in dem München nahen Augsburger Westkrankenhaus arbeiten durfte. So konnte er sich bis April 1975 in Augsburg betätigen und zugleich seine psychoanalytische Aus- und Weiterbildung fortsetzen. Dann ging es auch in Augsburg nicht weiter und er mußte für sein neurologisches Ausbildungsjahr in das entfernte Allgäu, nach Kaufbeuren ziehen. In der selben Zeit ließ dieses Mal der türkische Staat nicht locker und beorderte ihn im Sommer 1976 zur Ableistung seiner Wehrdienstzeit in die Türkei. So war er vier Monate lang im Rahmen seiner Wehrdienstzeit in einem Militärkrankenhaus in Ankara tätig und er selbst bezeichnet diese Zeit fachlich-transkulturell als die interessanteste.

Die Zeit zwischen 1975 und 1980 ist die leidvollste seines Lebens. 1975 starb der geliebte Vater nach einer langjährigen Erkrankung (Schlaganfall mit Bettlägerigkeit), 1976 starb ein sehr geschätzter Onkel (Herzinfarkt), 1977 folgte der leidvolle Tod der Mutter infolge eines Dickdarmkrebses und schließlich starb 1978 der zehn Jahre ältere Bruder. So waren tragende Säulen der Familie Ete nicht mehr vorhanden und Etem Ete blieb sozusagen als der letzte der Mohikaner übrig. In diesem schmerzvollen Zeitraum von fünf Jahren, hin- und hergerissen zwischen Deutschland und der Türkei, konnte er seine ärztliche Tätigkeit weder in der Türkei noch in Deutschland fortsetzen. Zwischenzeitlich abgelaufene Aufenthalts- bzw. Berufsgenehmigungen wurden nicht verlängert, die analytische Ausbildung konnte nicht fortgesetzt werden und er mußte Gerichtsprozesse führen, um seine Rechte zu erlangen. Ein Professor Ete, sein Vater, mit seinem großen Bekanntenkreis, war auch nicht mehr vorhanden. Dann kam es im September 1980 zu einem weiteren Militärputsch mit Repressalien gegen Intellektuelle und Säuberungen in den Universitäten. Er fand es nicht mehr sinnvoll und zweckmäßig, in seiner Heimat nach einem Arbeitsplatz bzw. nach einer beruflichen Chance zu suchen. Er entschied sich erneut für seine zweite Heimat und kam zurück nach Deutschland. Die Erfahrungen der letzten Jahre machten ihn realistischer und reifer. Er vermied weitere Querelen und Konflikte mit den bayrischen Behörden und verließ die geliebte Stadt München der 70er Jahre. Im Herbst 1980 ging er nach Hamburg, wieder nach Norddeutschland.

Von 1981 bis 1987 war er in einer der größten psychiatrischen Kliniken Norddeutschlands, im Allgemeinen Krankenhaus Ochsenzoll, als Stationsarzt tätig. 1983 wurde er Facharzt. Diese Zeit der Kliniktätigkeit empfand er als eine Aufbauphase, eine ruhige und besonnene Zeit nach der Sturm- und Drangperiode im München der 70er Jahre. Er erweiterte seinen Wirkungskreis. Hamburg half ihm dabei, München zu vergessen und eine neue Entwicklung zu machen. Er wurde und blieb glücklich in Hamburg-Altona. 1987 wurde er klinikmüde, verließ das Krankenhaus und ließ sich nieder in Hamburg. Seit 1987 ist er als niedergelassener Psychiater tätig, betreut vorwiegend türkische Patienten und ist als sachverständiger Gutachter bei vielen Gerichten im norddeutschen Raum tätig.

1992 nahm er die deutsche Staatsbürgerschaft an, dreißig Jahre nach seinem Eintreffen in Deutschland. Er fühlt sich an der Elbe und in Hamburg-Altona zuhause. Der echte İstanbulaner entwickelte sich zu einem „waschechten" Hanseaten.

Bild 8 – Das fremde Deutschland
Der Entschluß Alfred Heilbronns, daß sein Sohn Kurt in Deutschland die Schule besuchen sollte, muß zu heftigen Auseinandersetzungen mit der Mutter geführt haben, die das nicht wollte. Der Vater setzte sich durch und so kam Kurt in ein anthroposophisches Internat bei Fulda. Dort wurde er aufgrund seiner zwar vorhandenen deutschen Sprachkenntnisse, aber der fehlenden deutschen Schriftsprache in die 1. Klasse eingeschult. Seine Grundsprache war türkisch, mit Anastasia sprach er Griechisch und Deutsch mit seinem Vater.

Die Erziehung und Unterbringung im Internat war sehr spartanisch. Die Kinder schliefen auf Heumatratzen zu zwölft in einem Raum und die Toiletten waren außerhalb des Hauses. Gebadet wurde zu dritt in der Badewanne. Es ist schwierig sich vorzustellen, wie es einem verzogenem Kind ergeht bei der Konfrontation mit solch Neuem. In einem Klassenraum waren 4 Klassen untergebracht. Die erste Begegnung mit der Schule war für seine Mutter und ihn ein Trauma, der Abschied war dramatisch. Er fühlte sich von seinen Eltern, die noch in der Türkei lebten, in ein Land abgeschoben, das seinen Vater verfolgt hatte und in dem er jetzt mutterseelenallein leben muß-te. Mit Unterbrechungen war er insgesamt 5 Jahre in diesem Internat, hat sich aber nie wohlgefühlt und war auf die anthroposophische Erziehung nicht gerade gut zu sprechen.

Nach langer Krankheit starb Kurts Vater 1961. Auf dem Sterbebett legte er seiner Frau nahe, daß sie ihren Beruf in der Türkei aufgeben und zu ihrem Sohn nach Deutschland ziehen sollte.

1960 war der erste Umsturz des Militärs in der Türkei und Kurts Mutter wurde mit insgesamt 147 Hochschullehrern vom Dienst suspendiert. 1962 wurde sie wieder als Professorin für Botanik eingestellt, ließ sich dann aber 1964 pensionieren und zog nach Deutschland.

Die Schulzeit, aus der Retrospektive betrachtet, war bis zum Abitur ein Hürdenlauf mit Hindernissen.

Die 68er gingen eher ruhig an ihm vorbei und 1971 fing er an, sich intensiv mit Migrationsfragen und seiner Herkunft zu beschäftigen. Bemerkenswert war, daß er auch in seiner Schulzeit als eine Art „Exot" gesehen wurde. Das deutsch/türkische Kind. Fragte er seine Mutter oder andere Familienan-gehörige nach seiner Identität, so wurde immer sehr ausweichend über die jüdische Herkunft gesprochen. Einige brachen sogar die familiären Kontakte zu ihm ab. Ständig wurde er mit der Frage konfrontiert, warum er sich mit dieser Problematik auseinandersetzen wolle. Alles sei doch so schrecklich gewesen und er sollte sich gefälligst mit seiner Schule beschäftigen anstatt mit den Deutschen, den Türken, und den Juden.

IV. Jahre des Suchens und Findens

Bild 9 – Der lange Weg

Vor allem seit der Einbürgerung im Jahre 1992 fing für Etem Ete eine lange Suche nach historischer, kultureller und nationaler Identität an. Bei dieser Suche entstehen Probleme, weil beide Gesellschaften eine Aus-schließlichkeit verlangen. Die türkische sowie die deutsche Seite verlangen nämlich von jedem, daß man auf Andersartiges verzichtet und das Eigene strikt übernimmt. Wenn man in einer oder vielerlei Hinsicht kritisch gegenüber einer Seite ist, wird man nicht gerne geduldet. Die türkische Seite reagiert infantil und unreif, die deutsche Seite zwangsneurotisch. Selbstkritik wird von der türkischen Seite als Liebesentzug, Nestbeschmut-zung, Landesverrat und Verrat an heldenhaften Vorfahren betrachtet. Von der deutschen Seite wird man trotz deutschen Passes und Staatsbürger-schaft nicht als Landsmann betrachtet, wird Selbstkritik eines neuen

Deutschen teils mit großem Erstaunen betrachtet, zum Teil werden aber auch heftige Reaktionen gezeigt, wie z.b. die Äußerung: „Gibt man einem Ausländer den deutschen Paß, so wird er noch frecher." Insgesamt ist es sehr schwierig im Vergleich zu anderen Nationen, ein Deutscher oder ein Türke zu sein. Sich als beides zu fühlen, ist jedoch doppelt so schwierig. Diese schwierige Situation kann zu abnormen Erlebnisreaktionen, zu Suchterkrankungen, zur Selbstisolierung, zu einer psychosozialen Desintegration, sogar bis zur Persönlichkeitsspaltung führen. Die Migration kann als ein wichtiger Faktor krank machen. Wenn man aber mit stets vorhandenen Problemen einigermaßen gut umgehen oder sie meistern kann, ist es auch eine gute Chance im Leben. Dazu ist aber eine neue Identität als Folge einer langen Kultursynthese die Voraussetzung. Eine neue Identität kann man somit als eine Bereicherung auffassen. Der ganze Prozeß spielt sich dabei in einem Dreieck ab, die drei Eckpunkte sind: Die Persönlichkeit, die Kultur und die Identität. Türkisch kann man es mit drei „K" noch deutlicher erklären. Dabei handelt es sich nicht um Kirche, Küche, Kinder, sondern um: Kişilik = Persönlichkeit, Kültür = Kultur und Kimlik = Identität. Mitten in diesem Dreieck befindet sich ein Schlüssel, es ist die Sprache, die viele Türen öffnet. Die Persönlichkeit bzw. die Persönlichkeitsstrukturen bilden sich bekanntlich in der frühkindlichen Phase. Sie können elastisch sein oder starr, man kann sie im Laufe des Lebens bereichern, die Grundzüge sind aber konstant und unveränderlich. Die Kultur ist sehr durch die soziale Umwelt bestimmt, sie kann sehr einseitig sein oder aber bunt und vielseitig. Beeinflußt von beiden entwickelt jedes Individuum seine eigene Identität. Öfter wird es mißverstanden und dann auch heftig diskutiert, ob es nur eine Identität gibt oder ob es mehrere geben kann. Die Antwort ist jedoch klar: es kann mehrere geben. Hier kommt es lediglich darauf an, wie man die vorhandenen Identitäten in einer Rangordnung einreiht. Welche Kriterien sollen dabei angewendet werden? Die US-Amerikaner können am leichtesten mit dieser Frage umgehen, z.B. amerikanischer Staatsbürger deutscher Abstammung, Angehöriger des jüdischen Glaubens, geborener Danziger.

Was ist nun mit Etem Ete? Im rationalen Denken, der Arbeits- und Verhaltensweise handelt er eigentlich wie ein Deutscher. Im emotionalen Handeln, in der Vitalität bzw. Emotionalität ist er eher ein Türke. Man kann auch differenzierter fragen: „Welcher Türke, was für ein Türke?" In erster Linie ist er ein alter İstanbulaner (daher stammt vielleicht auch seine multikulturelle und kosmopolitische Einstellung) und im Gefühlsbereich ist er eher mediterran. Er ist nicht entwurzelt, alle Teile sind unzertrennlich und bilden eine Einheit. Er ist aber nicht auf dieser Stufe stehengeblieben. Er grübelt nicht mehr über Zugehörigkeit. Durch seine Weltreisen ist er einen weiteren

Schritt nach vorne gegangen, er betrachtet sich nunmehr als einen Weltbürger und versucht als solcher eine Über-(besser Meta?)-Identität zu gewinnen. Er empfindet sich von den Azoren bis Neuseeland, von Island bis Hong Kong nirgendwo als Fremder und Ausländer, hat keine wesentlichen Integrationsprobleme und kann sich dadurch überall Zuhause fühlen, es sei denn, er sei unerwünscht.

Ist das vielleicht nicht die lange ersehnte Über-(Meta?-)Identität als Weltbürger, als Homo sapiens? Vielleicht ist es die Chance eines jeden Individuums, der Mensch des 21. Jahrhunderts zu werden. Vielleicht ist es auch ein Sieg des Humanismus, wenn wir von einem neuen Menschen „el nuevo hombre" sprechen können.

Bild 10 – Spieglein, Spieglein an der Wand, sag' mir, wo gehöre ich hin?
Eine lange Zeit der Suche nach historischer, kultureller und nationaler Identität fing für Kurt Heilbronn an. So wie ein Kind etwas Verborgenes, Geheimes sucht, suchte er nach dem, was ihn ausmachte. Das Schwierige an der Situation war, daß er von allem etwas hatte, aber nichts Ganzes. Seine Mutter meinte, er sei zur Hälfte deutsch und zu anderen Hälfte türkisch. Manchmal ertappte er sich bei dem Gedanken, welche Seite von ihm denn nun deutsch und welche türkisch sei. Oben, unten, rechts, links, oder rationales Denken deutsch, emotionales Handeln türkisch. Sind das nicht alles Klischees?! Die Deutschen sagten zu ihm, er hätte zwar einen deutschen Namen, der aber jüdisch sei und zudem hätte er eine türkische Mutter. Die Türken sagten zu ihm, seine Mutter sei zwar Türkin, aber sein Vater sei Deutscher. Die Juden sagten zu ihm, er hätte zwar einen jüdischen Vater, aber eine türkische Mutter und zudem hätte sein Vater das Judentum nie praktiziert. So saß er zwischen den Stühlen.
Im Türkischen sagt man: Iki minare arasında bey namaz.
Als er aus dem Internat kam, war sein Griechisch vollkommen weg, das Türkische war nur noch bruchstückhaft vorhanden. Seine Mutter machte etwas sehr Gutes, sie fing an, mit ihm intensiv türkisch zu sprechen. Sie sprach türkisch, er antwortete deutsch. Manchmal verstand sie ihn in deutsch nicht, so mußte er versuchen, es ihr auf türkisch zu erklären, und allmählich entwickelte er wieder ein türkisches Sprachgefühl.
Seine Mutter hat die deutsche Sprache nie systematisch gelernt. Seine Eltern unterhielten sich hauptsächlich auf Französisch oder türkisch. Seine Mutter sprach ein nicht ausreichendes Deutsch, und er schämte sich dafür. Auch lief sie immer in Gummistiefeln herum und zog sich nicht gerade elegant und standesgemäß an. Sie war ein Mensch, der Gefühle kaum zeigte und wenn, mit ihnen sehr sparsam umging. Sie hatte grüngraue Augen und wenn sie ein Thema hatten, das ihr nicht gefiel, wurden sie grau, blaß gla-

sig. Sie wurde dann sehr laut und er tat das Gleiche. So konnten beide ihre Probleme nicht wirklich lösen. Trotzdem, der Stärkere gewann. Er dachte, sie sei kühl und berechnend und in bezug auf andere Menschen auf ihren eigenen Vorteil bedacht. Er hat seine Mutter lange Zeit, bis kurz vor ihrem Tode nicht verstanden.

Sein Vater war als guter, weiser, kluger und über alles erhabener Mann gestorben, und an diesem Bild durfte nicht gerüttelt werden. So hatte er zwei Extreme vor sich. Der eine über allem stehend, die andere nicht an sich heranlassend. War dies zu vereinbaren und steckten diese Anteile wohl noch in ihm? Schrecklich, dachte er und beobachtete sein Verhalten darauf hin, wem es ähnelte und je nach dem versuchte er, Verhalten auf seiner Festplatte zu speichern oder zu löschen.

Bei seiner Mutter war ihr Verhalten die Antwort ihres Unterbewußten auf ihr sogenanntes unfreiwilliges Exil in Deutschland. Diese Beziehung zwischen ihr und ihm war fast symbiotisch. Sie lebten unfreiwillig und doch freiwillig in einem vom Vater auferlegten Exil in Deutschland und waren fest im Glauben, dieses als ein unwiderrufliches Dogma akzeptieren zu müssen. Doch jeder von ihnen zeigte auf seine Art Widerstand.

Bild 11 – Beruf

Schon sehr früh in seinem Leben stand für Kurt Heilbronn fest, daß er einen helfenden Beruf erlernen wollte, aber da war nur der eiserne Wunsch der Eltern, daß er ein naturwissenschaftliches Studium beginnen sollte. Am Ende langer Diskussionen gab er nach und fing mit Agrarwissenschaften an. Ein Jahr auf einem Bauernhof reichten, um ihm und auch dem Bauern die Erkenntnis zu geben, daß Kurt für den Agrarwissenschaftler nicht geeignet war. Er fing an, Sozialpädagogik und Sozialarbeit zu studieren. Schloß dieses Studium ab und der Wunsch, sich mehr mit Theorien und menschlichem Verhalten, Fühlen und Denken zu befassen, brachte ihn zur Psychologie und zur Psychotherapie. Ständig war er damit beschäftigt, den vermeintlich Hilflosen privat, aber auch professionell behilflich zu sein.

1971 schloß er sich einem Arbeiterverein an. Der Verein wollte die politischen Strukturen in der Türkei verändern und die Arbeiter hier politisieren und bewußter machen. Kurt wollte helfen, er wollte raus aus seiner isolierten Stellung, nirgends dazuzugehören, für ihn war der arbeitende Mensch da, der hier im System der Bundesrepublik nicht klar kam und seine Hilfe benötigte. Dem Verein war dieses nur allzu Recht. Diese Arbeit war für ihn wie eine Droge. Er spürte in seinem Leben – vielleicht zum ersten Mal – daß er gebraucht wurde und andere Menschen von ihm abhängig waren. Seiner Mutter war diese Art von Betätigung überhaupt nicht recht, aber er ließ sich nicht davon abbringen.

Während seines Psychologiestudiums erkannte er allmählich, was mit ihm geschehen war. Den anderen zu helfen, war ein Mittel, um Liebe, Anerkennung, Zuneigung und Wertschätzung zu bekommen.

Nach Abschluß des Studiums wurde er bei der Arbeiterwohlfahrt in Ahlen in Westfalen als Leiter einer Bildungs- und Beratungsstätte für Türken eingestellt. Diese Arbeit war für ihn wie geschaffen, er war dort der gefragte Ausländerexperte Nr. 1. Dies führte bei ihm nur zu dem Gefühl, daß er der einzige auf der Welt sei, der türkischen Migranten helfen könne. Er war Tag und Nacht fast für alle erreichbar. So war es auch immer sehr schwierig für ihn, sich einzugestehen, daß es andere Kolleginnen und Kollegen gab, die besser waren als er. Er war der Einzelkämpfer par excellence.

Erst der Fortzug aus Münster und der professionelle Neubeginn als Psychologe beim Internationalen Familienzentrum in Frankfurt veränderten ihn. Dort lernte er erst einmal, daß er nicht allein auf dieser Welt es war, der diese Tätigkeit ausführt, sich unterzuordnen, Regeln zu beachten, Berichte regelmäßig zu schreiben, Handnotizen zu führen, sich auszutauschen hat. Nicht der Leiter zu sein und nicht immer die erste Geige zu spielen, auf Kollegen Rücksicht zu nehmen, war für ihn ein ganz neuer Erfahrungsprozeß. Die Jahre in Frankfurt sind für Kurt Heilbronn vielleicht nicht die spektakulärsten, aber die Jahre, die ihn gefestigt und professionell zu einer hohen Qualität gebracht haben. Er hat gelernt, sich Positionen zu erarbeiten und nicht aufgrund seines Charmes oder seiner multikulturellen Exotenstellung voran zu kommen.

Bild 12 – Am Ende einer Reise
Wir kommen zum Ende unserer Reise, ohne am Ende zu sein.
Kurts Leben in Deutschland ist eine Art Aussöhnungsgeste seines Vaters an das Land, das ihn verfolgt, gedemütigt, und ausgebürgert hatte. Er fühlte sich auch von der Türkei nicht verstanden, da er doch 22 Jahre aktiv am Hochschulsytem der Türkei beteiligt war, viele hunderte von Studenten ausgebildet hatte, türkischer Staatsbürger aus Dankbarkeit und Verehrung geworden war, und dann pensioniert wurde und von allem, was ihm lebensnotwendig erschien, abgeschnitten war.
Seine Reaktion: Fortzug aus der Türkei.
Lange Zeit waren all diese Faktoren für Kurt eher belastend und unverständlich. Jetzt sieht er es anders. Er sitzt nicht mehr zwischen den Stühlen, sondern auf mehreren, und hat eine Vielzahl an Möglichkeiten damit umzugehen. Er hat sich von einer nationalen Identität gelöst, lebt in Deutschland, hat zwei Staatsbürgerschaften. Hat deutsche, türkische, und jüdische Anteile. Kein Anteil schließt den anderen aus.
Er ist mit einer türkischen Biologin verheiratet und hat zwei Söhne.

Abschließend betrachtet, hat er als Exilantenkind eine ganze wichtige Aufgabe stellvertretend für seine Eltern übernommen, nämlich die Aufarbeitung der Flucht aus Deutschland, das Leben in der Türkei und der Neubeginn in Deutschland. Dieser Identitätsfindungsprozeß ist in einem gewissen Maße abgeschlossen.

Auch das öffentlich machen vom Intimen gehört zu diesem Prozeß.

Schlußbild

Abschließend kann gesagt werden: Solange es Menschen gibt, wird es auch Migration aus unterschiedlichen Beweggründen oder Motiven geben. Migration heißt auch Reibung, heißt, sich auseinandersetzen mit Altem und Neuem. Heißt auf jeden Fall eine Veränderung, bewußt oder unbewußt mit negativen wie auch positiven Folgen.

Migration kann zur Krankheit führen, das ist aber nicht ein ausschließliches Gesetz. Wir sehen die Migration als Chance und als Herausforderung, neue Entwicklungen zu machen. Die neue Form der Identität ist die Folge einer langen Kultur und Geschichtssynthese jedes einzelnen Individuums, die auch immer ihren Preis verlangt, die leid- und schmerzvoll, aber auch Freude, inneren Frieden und auch Zufriedenheit bringen kann.

II. Versorgungskonzepte

Wenn Minoritäten die Mehrheit sind – Psychosoziale Versorgung im Osten Londons

Stefan Priebe

Die Geschichte Londons ist eine Geschichte der Einwanderung. Wahrscheinlich gab es an der Stelle, wo jetzt London liegt, bereits vor mehr als 2000 Jahren eine keltische Siedlung. Dann kam die römische Besatzung, und die Römer bauten London zu einer prachtvollen Stadt aus mit einer hoch stehenden Kultur und mit Bewohnern, die aus dem gesamten römischen Reich zugewandert waren. Nach dem Zerfall des römischen Reiches besiedelten vor allem Angelsachsen und Wikinger London, bevor im Jahre 1066 die Herrschaft der Normannen begann. In den folgenden Jahrhunderten gab es Einwanderer u.a. aus Ost- und Südeuropa, Skandinavien, Deutschland und Frankreich. So war die Immigration aus Frankreich schon vor dem späteren Einwandererstrom der Hugenotten zeitweise so stark, daß 75 % aller Londoner mindestens eine Großmutter oder einen Großvater aus Frankreich hatten. Zu Beginn des 18. Jahrhunderts war London schon eine Millionenstadt; zur selben Zeit hatte Berlin kaum mehr als 50 000 Einwohner. Grund für diese hohe Einwohnerzahl war eine weitere starke Immigration sowohl aus anderen Teilen des britischen Königreiches als auch aus anderen europäischen Ländern. Im folgenden brachte es die Entwicklung des Vereinigten Königreiches zur weltumspannenden Kolonialmacht mit sich, daß Menschen aus fast allen Teilen der Erde, vor allem aber aus Gebieten des späteren Commonwealth nach London kamen und z.T. hier seßhaft wurden.

Erster Anziehungspunkt für viele Einwanderer war traditionell und ist auch heute noch der Osten Londons, das sogenannte East End. Der Osten Londons ist stets eine arme Gegend gewesen, in der Einwanderer eher als in wohlhabenden Vierteln eine Bleibe finden konnten und in der zudem bereits ansässige Immigranten immer wieder nachfolgende Einwanderer anzogen. Zahlenmäßig von besonderer Bedeutung waren starke Zuwanderungen von osteuropäischen Juden im letzten und zu Beginn dieses Jahrhunderts und aus Bangladesh in den letzten 40 Jahren.

Welche Bedeutung hat dieser kurze geschichtlicher Exkurs für die Betrachtung heutiger psychosozialer Versorgung (bezogen auf die Konsequenzen für die allgemeinärztliche Versorgung siehe Widgery 1991)? Mein persönlicher Eindruck ist, daß die Kenntnis dieser langen Tradition der Immigration und der Anpassung sowohl der Immigranten an die neue Heimat als auch der Einwanderer in Ostlondon an immer neuen Gruppen von Immigranten Voraussetzung ist, um die heutige soziale Situation im Osten Londons und damit auch die wesentlichen Schwierigkeiten und Prinzipien der psychosozialen Versorgung zu verstehen. Das Zusammenleben von Gruppen unterschiedlicher Herkunft, Kultur, Religion und Sprache hat zur Entwicklung eines „multikulturellen" Gemeinwesens geführt, das von großer Offenheit und gegenseitiger Akzeptanz geprägt ist. Mit dieser Bemerkung soll keineswegs die Bedeutung der immensen Probleme geschmälert werden, die sich weiterhin und immer neu aus dem Zusammenleben unterschiedlicher ethnischer Gruppen in Ostlondon ergeben und die auch die psychosoziale Versorgung erschweren. Diese Probleme bedürfen jedoch der Einordnung und Relativierung, und im Vergleich mit anderen Städten Europas gibt es in Ostlondon eine ungewöhnliche Offenheit für Fremde und eine große Bereitschaft, sich im Zusammenleben mit gegenseitigem Respekt zu arrangieren. So mag es Generationen dauern, bis sich Zuwanderer als „Engländer" fühlen. „Londoner" und Teil des multikulturellen Lebens werden sie jedoch im East End schnell.

Der Osten Londons hat drei Bezirke. Der größte davon, Newham, ist von besonderer kultureller Vielfalt gekennzeichnet und in einer speziellen Situation, da keine der Minoritäten dominiert, wie dies in den vielen anderen Bezirken Londons oder auch anderer europäischer Großstädte der Fall ist.

Tab. 1: Anteil ethnischer Minoritäten in Newham (233.188 Einwohner)

weiß	49.7 %
schwarz/Karibik	8.0 %
schwarz/Afrika	9.0 %
schwarz/andere Herkunft	2.1 %
Indien	13.4 %
Pakistan	7.0 %
Bangladesh	5.2 %
China	0.8 %
andere asiatische Herkunft	3.4 %
ander Herkunft	1.3 %

(zit. n. East London and City Health Authority 1998)

Anzumerken ist, daß der Begriff „Weiß" auch Einwanderer umfaßt, von denen viele aus Irland, der Türkei, anderen europäischen Ländern und Südamerika kommen. Der Anteil der in Großbritannien geborenen weißen Bevölkerung liegt Schätzungen zufolge derzeit bei ca. 41 % und wird in Zukunft vermutlich weiter sinken. Es gibt somit weder eine dominierende Immigrantengruppe noch überhaupt eine ethnisch homogene Mehrheit. Die Zusammensetzung der Bevölkerung ändert sich ständig, wobei derzeit insbesondere der Anteil von Immigranten aus Afrika, Süd- und Ostasien und Osteuropa wächst. Die Minoritäten stellen also die Mehrheit dar, wodurch die Begriffe Minderheiten und Mehrheit gleichsam bedeutungslos werden.

Was statistische Zahlen, wie sie in der obigen Tabelle aufgeführt sind, nicht wiedergeben, ist die große Schwierigkeit, eine bestimmte ethnische Minderheit überhaupt zu definieren. Welche Gruppen soll man abgrenzen, und welche sollen sinnvollerweise zusammengefaßt werden? Wollte man nur solche Gruppen als zu einer bestimmten Minderheit gehörig betrachten, die die gleiche Sprache, nationale Herkunft und Religion haben, müßten zahlreiche Untergruppen eingeführt werden. In Newham würde dies zu einer unüberschaubaren Vielzahl von gesonderten Kategorien führen. Zusammenfassende Beschreibungen sind also unvermeidlich. Nach welchen Kriterien allerdings zusammengefaßt werden sollte, ist oft unklar und kann in Abhängigkeit vom Zweck der jeweiligen Erhebung variieren.

Das Zusammenleben von ethnischen Minoritäten stellt besondere Aufgaben für die psychosoziale Versorgung dar. So hat die epidemiologische und versorgungsepidemiologische Forschung in England vielfach gezeigt, daß die psychische Morbidität und die Inanspruchnahme psychosozialer Versorgungseinrichtungen bei ethnischen Minoritäten stark variiert (siehe u.a. Cochrane 1977, King et al. 1994, Smaje 1995, Bhugra et al. 1997, Modood et al. 1997, Nazroo 1997, Shaw et al. 1999). Ein Beispiel hierfür zeigt Tabelle 2. Dargestellt sind die altersspezifischen Suizidraten bei drei Gruppen von Einwanderern in den Jahren 1979 bis 1983 im Vergleich zu der auf 100 standardisierten Rate in der in England oder Wales geborenen Bevölkerung. So haben ältere Frauen aus der Karibik und in einzelnen Altersgruppen männliche Einwanderer vom indischen Subkontinent und aus der Karibik ein signifikant geringeres Suizidrisiko als die Allgemeinbevölkerung. Insbesondere bei jungen Frauen vom indischen Subkontinent aber besteht eine deutlich, fast 3fach, erhöhte Selbstmordgefahr. Die genauen Gründe hierfür bedürfen noch weiterer Forschung (Prosser 1996). Möglicherweise lassen übergroße und konträre Rollenerwartungen den Suizid häufig als einzigen Ausweg erscheinen. Familienverbände erwarten von jungen Frauen aus Indien in der Regel die Erfüllung einer traditionellen und untergeordneten Frauenrolle mit dem selbstverständlichen Einverständnis in eine von den Eltern arrangierte Ehe. Gleichzeitig sehen sich diese Frauen aber auch unter dem Druck, im westlichen Sinne beruflich erfolgreich zu sein: widersprüchliche Erwartungen, deren Erfüllung manchen Mädchen und jungen Frauen unmöglich erscheint.

Tab. 2: Altersspezifische Suizidraten von 1979 bis 1983 bei Immigranten in England und Wales (im Vergleich zur auf 100 standardisierten Rate in der altersentsprechenden Bevölkerung von England und Wales)

Alter (Jahre)	15–24	25–34	35–44	45–54	55–64
HERKUNFT MÄNNER					
Indischer Subkontinent	82	63*	78	68*	83
Ost-Afrika	166*	127	124	58	65
Karibik	153	98	69	53*	104
England und Wales	100	100	100	100	100
HERKUNFT FRAUEN					
Indischer Subkontinent	273*	160*	96	62	87
Ost-Afrika	228*	155	53	182	-
Karibik	91	70	76	58	26*
England und Wales	100	100	100	100	100

*statistisch signifikanter Unterschied zur Bevölkerung aus England und Wales

(zit. n. Soni Raleigh und Balarajan 1992)

Allgemeine medizinische und speziell psychiatrische Versorgungseinrichtungen werden von manchen Minderheiten wesentlich mehr und von anderen seltener in Anspruch genommen als es ihrem Anteil in der Bevölkerung entspricht.

Tab. 3: Einweisung in psychiatrische Krankenhäuser in England und Wales 1981 für die angestammte Bevölkerung und für vier Einwanderergruppen. (Standardisiert pro 100.000 Einwohner)

	Alle Diagnosen		Schizophrenie/ Paranoia	
HERKUNFT	MÄNNER	FRAUEN	MÄNNER	FRAUEN
England	320	485	61	58
Irland	1023	1167	158	174
Karibik	502	589	259	235
Indien	148	331	77	89
Pakistan/Bangladesh	125	229	94	32

(zit. n. Cochrane und Bal 1987)

Bezogen auf alle Diagnosen wurden Einwanderer aus Irland besonders häufig und solche vom indischen Subkontinent besonders selten aufgenommen. Betrachtet man aber nur die Einweisungen wegen Schizophrenie/Paranoia, ändern sich die Verhältnisse zum Teil, und Männer aus der Karibik wurden deutlich häufiger eingewiesen als alle anderen Gruppen. Neuere Daten zeigen, daß dieser Unterschied noch größer wird, wenn nur Zwangseinweisungen berücksichtigt werden. So wurde gezeigt, daß Männer aus der Karibik bis zu zehnmal häufiger wegen einer Schizophrenie in eine psychiatrische Klinik zwangseingewiesen werden als Männer gleichen Alters in der Allgemeinbevölkerung. Diese deutlich höhere Zahl an Zwangseinweisungen ist nicht auf eine in entsprechendem Maße erhöhte Inzidenz schizophrener Erkrankungen bei Männern aus der Karibik zurückzuführen (Davies et al. 1996, Harrison et al. 1997, Nazroo 1997).

Diese Ergebnisse sollen nur exemplarisch zeigen, daß unterschiedliche und spezielle Versorgungsprobleme bei einzelnen Minoritäten bestehen. Das Wissen um diese Probleme ist unverzichtbar und erfordert eine systematische und gezielte Forschung, die die zugrundeliegenden Befunde liefert.

Die eben dargestellten Ergebnisse beziehen sich auf ganz England und Wales. Wenn wir nun wieder speziell Newham betrachten, so zeigt sich, daß die sozialen Lebensbedingungen für einzelne Minoritäten zum Teil erheblich differieren. So zeigt Tabelle 4, daß verschiedene ethnische Gruppen in unterschiedlicher Weise von Arbeitslosigkeit betroffen sind.

Tab. 4:   Arbeitslosenraten in Newham 1996

HERKUNFT	
Afro-Karibik (Männer)	27 %
Pakistan/Bangladesh (Frauen)	27 %
Pakistan/Bangladesh (Männer)	26 %
Afro-Karibik (Frauen)	16 %
Indien (Männer)	12 %
Indien (Frauen)	11 %
Weiß (Männer)	8 %
Weiß (Frauen)	6 %

(zit. n. London Borough of Newham Regeneration and Partnership Division 1997)

Diese Unterschiede bedeuten oft, daß das Ausmaß von sozialer Unterstützung, das Einwanderer aus unterschiedlichen Gruppen durch eine berufliche Arbeit erfahren, ebenso variiert wie die beruflichen Rehabilitationschancen psychisch Kranker aus diesen Immigrantengruppen.

Ein recht praktisches Problem ist die sprachliche Verständigung. Viele Einwanderer sprechen kein oder nur wenig Englisch, so daß Dolmetscher oder sogenannte Advokaten herangezogen werden müssen. Ein Advokat übernimmt nicht nur die sprachliche Vermittlung, sondern unterstützt den Patienten auch im Umgang mit den Versorgungseinrichtungen und versucht, kulturelle Unterschiede und Mißverständnisse zu überbrücken. Wenn Mitarbeiter der psychiatrischen Einrichtungen oder Patienten selbst einen solchen persönlich engagierten Helfer ablehnen und eher einen neutralen Dolmetscher wünschen, steht ein Telefondienst zur Verfügung, bei dem der Dolmetscher mit dem Patienten und dem therapeutischen Mitarbeiter gleichzeitig spricht und selbst neutral und unsichtbar bleibt. Gegenwärtig wird dieser Telefondienst pro Jahr für über 40 Sprachen in Newham in Anspruch genommen. Auf den Stationen des psychiatrischen Krankenhauses ist das offizielle Informationsblatt über Zwangseinweisungen nicht nur in Englisch, sondern auch in Hindi, Urdu, Bengali, Punjabi und Gujurati gehalten.
Es gibt nur wenige Spezialdienste für einzelne Minoritäten und Problemstellungen. In der Regel handelt es sich dabei um selbst organisierte, aber von staatlichen Stellen finanziell unterstützte Anlaufstellen für Immigranten einer bestimmen Herkunft. Diese Stellen bieten allgemeine Beratung

und Unterstützung in der Sprache des Herkunftslandes, aber kaum spezielle psychologische oder gar psychiatrische Behandlung. Unter anderem wegen der hohen Zwangseinweisungsrate bei jungen Männern aus der Karibik und der erhöhten Selbstmordgefahr bei jungen Frauen aus Indien/Bangladesh werden für diesen beiden Gruppen gezielt besondere Einrichtungen betrieben. So gibt es spezielle berufliche Beratungen und Anlauf- und Kontaktmöglichkeiten für diese Gruppen, die von ausgebildeten und im Problemfeld erfahrenen Mitarbeitern organisiert und geleitet werden, z.T. aber auch Selbsthilfecharakter haben (London Borough of Newham 1999).

Darüber hinaus sind einer kulturell spezifischen Versorgung in Newham praktische Grenzen gesetzt. Sollte man nur für die 16 zahlenmäßig bedeutsamsten Minderheiten in jedem gemeindepsychiatrischen Team oder auf jeder Station einen gesonderten Mitarbeiter einstellen, so müßte allein hierfür der gegenwärtige Personalstand erheblich erhöht werden. Die Idee, für jede Minderheit eine spezielle Einrichtung zu betreiben, wäre realistischerweise nicht zu finanzieren. Neben diesen praktischen Grenzen gibt es auch konzeptionelle. Die Vielfalt möglicher Spezialeinrichtungen würde zu einer kaum überbrückbaren Zersplitterung des psychosozialen Versorgungssystems führen, die die Qualität der Versorgung unweigerlich vermindern würde. Es müssen also andere Wege gefunden werden, und einen eindeutigen Königsweg hierfür gibt es wahrscheinlich nicht. Der Ansatz in Newham ist, die begrenzte kulturelle Spezifität durch einen hohen Grad kultureller Sensibilität zu ergänzen. Was heißt das in der Praxis?

Die acht psychiatrischen Fachärzte in der Erwachsenenpsychiatrie kommen aus acht verschiedenen Ländern und aus vier Erdteilen. Ähnliches gilt für die Mitarbeiterteams der meisten Einrichtungen der psychiatrischen Versorgung. Sie sind ebenso multikulturell zusammengesetzt wie die Bevölkerung. Diese Zusammensetzung entsteht nicht zufällig, sondern wird von dem Betreiber der Versorgung, einem sogenannten Trust, gezielt gefördert. Spezielle Richtlinien in der Personalpolitik des Trusts sollen darüber hinaus dafür sorgen, daß Mitarbeiter von ethnischen Minoritäten auch in Führungspositionen gelangen und leitend tätig sind. Diese Richtlinien sind Ausdruck des Bemühens um Fairneß Mitarbeitern unterschiedlicher Herkunft gegenüber, spiegeln aber auch eine therapeutische Ideologie wider:

Patienten aus bestimmten Minoritäten können nicht erwarten, von einem Arzt oder sonstigen therapeutischen Mitarbeiter derselben Herkunft behandelt zu werden. Wie oben angedeutet, wäre eine solche ethnische Zuordnung nicht realisierbar, zuweilen, z.B. im Fall von politischen Flüchtlingen, auch gar nicht erwünscht. Mit gewisser Wahrscheinlichkeit wird der betroffene

Patient aber z.B. einen Facharzt aus einer anderen Minorität im Flur treffen oder als Teil des ihn betreuenden Teams wahrnehmen. Dadurch erfährt er, daß Immigranten in der ihn behandelnden Einrichtung nicht nur untergeordnete Positionen einnehmen, sondern auch in leitenden Funktionen respektiert werden und Einfluß nehmen. Die Hoffnung ist, daß dies für den Patienten einen allgemeinen Respekt ethnischen Minoritäten gegenüber ausdrückt und er sich wegen seines Immigrantenstatus zumindest nicht schlechter behandelt oder abgelehnt fühlt.

Ein weiterer Effekt der multikulturellen Zusammensetzung der Mitarbeiterteams ist, daß jeder Mitarbeiter nicht nur in der Begegnung mit den Patienten, sondern auch bei jedem Arbeitstreffen und bei Besprechungen innerhalb der Teams mit anderen kulturellen Gepflogenheiten und – zunächst – ungewohnten Auffassungen oder Verhaltensweisen konfrontiert wird. Offenheit und Toleranz, aber auch Interesse und zuweilen Faszination durch die Andersartigkeit von Menschen anderer Herkunft entstehen somit im Umgang mit Mitarbeitern und sind nicht auf die spezielle therapeutische Beziehung mit Patienten beschränkt.

Kulturelle Sensibilität läßt sich nur schwer bei Mitarbeitern objektiv überprüfen und nicht durchgehend sicherstellen. In Newham gibt es keine formale Überprüfung, zumal die Gefahr besteht, daß durch offizielle Prüfungen die kulturelle Aufgeschlossenheit zur Sache der politischen Korrektheit verkommen könnte. In ihrem Bemühen um ein angemessenes kulturelles Vorgehen sind die Mitarbeiter unterstützt durch entsprechende Fortbildungsveranstaltungen über kulturelle Besonderheiten psychischer Störungen und durch eine ständige Rückmeldung empirischer Daten. So wird genau dokumentiert, mit welchen Altersgruppen von welchen ethnischen Minoritäten die jeweiligen Einrichtungen Kontakt haben und ob dies im Verhältnis zum Anteil in der Bevölkerung eine Über- oder Unterrepräsentation entspricht. Solche Über- oder Unterrepräsentationen können positiv oder negativ sein, in jedem Fall ist ihre Kenntnis ein Anlaß zur Diskussion und ggf. zur Modifikation der eigenen Versorgungsansätze.

Was läßt sich nun von den Erfahrungen im Osten Londons auf die deutsche Situation übertragen? Zurückkehrend zu den einleitenden historischen Bemerkungen ist zu vermuten, daß die Entwicklung eines multikulturellen Zusammenlebens wie im Osten Londons einer Tradition bedarf und viel Zeit benötigt. Kulturelle Offenheit und Akzeptanz lassen sich kaum durch wenige politische Entscheidungen und in kurzer Zeit herstellen. Will man Rückschlägen und Enttäuschungen auf Grund unrealistischer Erwartungen vorbeugen, so müssen die durch fehlende Tradition gesetzten Grenzen bedacht und sehr langfristige Perspektiven entwickelt werden.

Zu fordern ist, daß auch in Deutschland eine ähnlich systematische Forschung über die psychosoziale Versorgung von Minderheiten gefördert und finanziert wird und daß spezielle Ansätze für einzelne Minderheiten i.S. der kulturellen Spezifizität entwickelt werden. Forschung allein kann aber kaum die gewünschte kulturelle Sensibilität in psychiatrischen Einrichtungen schaffen und die Betreiber dieser Einrichtungen veranlassen, Mitarbeiter aus ethnischen Minoritäten auch in Leitungspositionen einzustellen. Dies ist eine Frage des politischen Willens und der Überzeugung, durch die multikulturelle Zusammensetzung von Mitarbeiterteams die therapeutischen Ansatzmöglichkeiten zu verbessern. In diesem Sinne ist die Einstellung von Mitarbeitern aus ethnischen Minoritäten keine Frage von Quotenregelungen oder politischer Korrektheit, sondern ein praktischer Weg, um die psychosoziale Versorgung effektiver zu gestalten.

LITERATUR

Bhugra D, Leff J, Mallett R, Der G, Corridant Be, Rudge S. 1997: Incidence and outcome of schizophrenia in Whites, Afro-Caribbean and Asians in London. Psychological Medicine, 27, 791–98.

Cochrane R, 1977: Mental illness in immigrants in the UK. Social Psychiatry, 12, 23–35.

Cochrane R, Bal S, 1987: Migration and schizophrenia: an examination of five hypotheses. Social Psychiatry, 22, 181–191.

Davies S, Thornicroft G, Leese M, Higgingbotham A, Phelan M. 1996: Ethnic differences in risk of compulsory psychiatric admission among representative cases of psychosis in London. British Medical Journal, 312, 533-7.

East London and City Health Authority 1998. The communities we serve: background data in Health in the East End Annual Public Health Report 1998/99. East London and the City Health Authority, London. pp. 65–75.

Harrison G, Glazebrook C, Brewin J, Cantwell R, Dalkin T, Fox R, Jones P, Medley I, 1997: Increase incidence of psychotic disorders in migrants from the Caribbean to the United-Kingdom. Psychological Medicine, 27, 799–806.

King M, Coker E, Leavey G, Hoare A, Johnson-Sabine E, 1994: Incidence of psychotic illness in London: comparison of ethnic groups. British Medical Journal, 309, 1.115–1.118

London Borough of Newham Regeneration and Partnerships Division 1997. Access to Jobs Strategy – Appendices. Author London.

London Borough of Newham 1999. Newham Community Directory. Author London.

Modood T, Berthoud R, Lakey J, Nazroo J, Smith P, Virdee S, Beishon S, 1997: Ethnic Minorities in Britain, Diversity and Disadvantage. London: Policy Studies Institute.

Nazroo J, 1997: Ethnicity and Mental Health, Policy Studies Institute, London.

Prosser D, 1996: Suicides by burning in England and Wales. British Journal of Psychiatry, 168, 175-82.

Shaw CM, Creed F, Tomenson Be, Riste L, Cruickshank JK, 1999: Prevalence of anxiety and depressive illness and help seeking behaviour in Afro-Caribbeans and white Europeans: two phase general population survey. British Medical Journal, 318, 302–305.

Smaje C, 1995: Health, Race and Ethnicity. King's Fund Institute, London.

Soni Raleigh V and Balarajan R, 1992: Suicide amongst Indians and West-Indians in the UK. British Journal of Psychiatry, 161, 365–68.

Widgery D, 1991: Some Lives: A GP's East End. London. Sinclaire Stevenson.

Psychosoziale Versorgung in der Migrationsgesellschaft: Die aktuelle Lage von Minoritäten im psychiatrischen und psychosozialen Versorgungssystem Deutschlands

Eckhardt Koch

EINLEITUNG

Die psychiatrische Forschung in Deutschland und ebenso die psychiatrische Versorgung haben die Situation von Minoritäten bislang kaum thematisiert. Publikationen und Initiativen haben haben nach wie vor mehr den Charakter von Einzelinitiativen, die diesbezüglichen Forschungsvorhaben sind zahlenmäßig gering und gehören nicht zum Kern der „förderfähigen" Forschungsinteressen. Doch steht hier eine Änderung bevor: die gesellschaftliche Diskussion wird in letzter Zeit breiter geführt und zunehmend versachlicht; nach der Änderung des Staatsbürgerschaftsrechts geht es nun um die Frage eines Einwanderungsgesetzes.

Nach langen Jahren des Stillstandes besteht für das Gesundheitswesen allgemein und speziell für das Netz der psychiatrischen und psychosozialen Versorgung die Notwendigkeit, die Frage eines angemessenen Umgangs mit den speziellen Problemen und Bedürfnissen von Minoritäten aufzugreifen. Die zunehmende Änderung der Bevölkerungsstruktur ist Ausdruck der Tatsache, daß die Bundesrepublik Deutschland bereits ein Einwanderungsland ist.

So widmete sich der III. Deutsch-Türkische Psychiatriekongresses 1998 unter dem Titel „Psychosoziale Versorgung in der Migrationsgesellschaft" speziell dieser Thematik. Nach den Ergebnissen der ersten beiden Kongresse, die in der Türkei (Antalya 1994 und İstanbul 1996) stattfanden, hatte sich dieser Schwerpunkt fast zwingend ergeben. In den Abschlußresolutionen beider Kongresse wurde darauf hingewiesen, daß die Einrichtungen der Regelversorgung sich den Bedürfnissen der Arbeitsmigranten aus der Türkei in größerem Maße öffnen sollten (Koch et al. 1995 und 1998). Arbeitsmigranten türkischer Herkunft stehen hier als größte Minderheit beispielhaft für alle Minoritäten in der Bundesrepublik! Daß in den vergangenen zwei Jahren bereits vermehrte öffentliche Aufmerksamkeit zu verzeichnen ist, zeigt das Erscheinen weiterer wichtiger Publikationen, die eine Bestandsaufnahme zum Ziel haben und bereits bestehende Projekte vorstellen (David et al. 1998, Ghaeni 1999, Heise 2000). In Fachkreisen werden seit Jahren unterschiedliche Wege der Versorgung diskutiert. Etwas zugespitzt steht auf der einen Seite die Öffnung aller Regeleinrichtungen für Ausländer und Zuwanderer – auf der anderen Seite werden Spezialeinrichtungen, die schwerpunktmäßig ausschließlich Nutzer ausländischer Herkunft versorgen, propagiert.

DESIGN DER UNTERSUCHUNG

Um eine Bestandsaufnahme des Problembewußtseins bezüglich der Behandlung von Patienten ausländischer Herkunft zu erhalten, wurde ein Erhebungsbogen entworfen, der mit dem „Call for papers", das im Februar 1998 an ca. 1.600 Adressaten (u.a. alle psychiatrischen Abteilungen und Fachkrankenhäuser) verschickt wurde. Die Adressenliste umfaßte auch zahlreiche Interessenten aus dem interdisziplinären Kontext, die nicht mit der Versorgung befaßt sind und somit auch nicht zur Rücksendung aufgefordert waren. Die Inhalte der Befragung gehen aus den unten aufgeführten Ergebnissen hervor. Insgesamt 198, zumeist vollständig ausgefüllte Bögen gingen in die rein deskriptive statistische Auswertung ein.

Bei den häufigsten Herkunftsländern der Patienten steht wie erwartet die Türkei vor Ex-Jugoslawien, den Ländern der GUS, Polen und verschiedenen afrikanischen Ländern an erster Stelle. Die klassischen westlichen Anwerbeländer wie Italien, Spanien und Portugal spielen zahlenmäßig mittlerweile eine untergeordnete Rolle.

Von den eingegangenen Erhebungsbögen betrafen 93 stationäre Einrichtungen: 33 psychiatrische Abteilungen, 25 Fachkrankenhäuser für Psychiatrie und Psychotherapie, 13 Einrichtungen für Kinder- und Jugendpsychiatrie, 9 psychosomatische Kliniken, davon eine Universitätsklinik, 5 Universitätspsychiatrien, 3 psychiatrische Tageskliniken, 3 Fachkrankenhäuser für Suchtkrankheiten, sowie eine große Klinik für Kardiologie. Die stationären psychiatrischen Einrichtungen sind relativ gut über die Bundesrepublik Deutschland verteilt mit Häufung in den Ballungsgebieten. Diese Rücklaufquote kann angesichts des bislang geringen offiziellen Interesses der Institutionen an dem Gegenstand der Befragung als zufriedenstellend eingeschätzt werden. Es muß aber davon ausgegangen werden, daß unter den Rücksendern solche Einrichtungen überrepräsentativ vertreten sind, die sich mit der Thematik bereits befassen. Das muß bei der Interpretation der Ergebnisse berücksichtigt werden. Allerdings fällt auf, daß Psychiatrische

Universitätskliniken, die mit Umfragen vertrauter sind als Versorgungskrankenhäuser, nur in fünf Fällen teilnahmen. Dies kann als Desinteresse der wissenschaftlichen psychiatrischen Institutionen in Deutschland aufgefaßt werden.

Aus dem ambulanten Bereich schickten 36 Nervenärzte, 20 Psychotherapeuten sowie 12 Institutsambulanzen psychiatrischer Versorgungskrankenhäuser mit einem Schwerpunkt in Berlin (hier vor allem die niedergelassenen Nervenärzte) die Bögen zurück. Die Adressenliste umfaßte außer Berlin (hier wurden über die Ärztekammer alle Nervenärzte angeschrieben) nur ausgewählte Nervenärzte aus dem Bundesgebiet (v. a. aus dem Rhein-Main-Gebiet und Hannover), so daß diese Daten schwerpunktmäßig einen Eindruck für die Metropole Berlin darstellen.

Aus dem komplementären Bereich (nichtstationäre Institutionen, die über keine Krankenkassenfinanzierung verfügen) beteiligten sich 24 Beratungsstellen, 6 Sozialpsychiatrische Dienste sowie 7 weitere Einrichtungen mit unterschiedlichen Schwerpunkten. Die komplementären Einrichtungen sind überwiegend in den Ballungsgebieten lokalisiert.

ERGEBNISSE

Der Anteil von Patienten ausländischer Herkunft liegt im Bereich der beteiligten komplementären Einrichtungen mit durchschnittlich 58 % (variierend von 7 bis 100 %) deutlich am höchsten. Von den ambulanten Rücksendern wurde er mit durchschnittlich 28 % (0,5 bis 100 %) angegeben. Hierbei ist zu beachten, daß sowohl im ambulanten als auch im komplementären Bereich zahlreiche Praxen oder Einrichtungen sich ausschließlich ausländischen Patienten widmen, was für die stationäre Versorgung nicht zutrifft. Immerhin beträgt der durchschnittliche Anteil von Patienten ausländischer Herkunft im stationären Bereich 8,91 %, wobei diese Zahlen teilweise von den Institutionen geschätzt wurden und sicherlich nicht statistisch valide sind. Zwischen den alten und den neuen Bundesländern bestehen erhebliche Unterschiede: so wurde in den neuen Bundesländern z.T. ein Ausländeranteil unter den Patienten von 0,1 bis 1 % angegeben, am höchsten wurde er in dem grenznah gelegenen Frankfurt/Oder mit 5 % geschätzt. Stationäre Einrichtungen in Ballungsräumen der alten Bundesländer hingegen haben einen Anteil nichtdeutscher Patienten von bis zu 30 % am behandelten Klientel angegeben.

Diese relativ hohen Prozentzahlen aus stationärem, ambulantem und komplementärem Bereich verwundern vor allem deshalb, weil eine geringere Inanspruchnahme der Institutionen der psychiatrischen und psychosozialen Versorgung durch Minoritäten bekannt ist. Zwar liegen auch die 8,91 % im Durchschnitt unter dem Anteil in der Wohnbevölkerung, aber unsere Daten für die Kliniken dürften hier deutlich höher sein als im statistischen Durchschnitt der Bundesrepublik. Ein Hinweis dafür ist die häufige Angabe von speziellen Behandlungsmöglichkeiten für ausländische Minoritäten und der relativ hohe Anteil von muttersprachlichen Behandlern aus dem ambulanten und komplementären Bereich unter den Rücksendern. Die Angaben der Nervenärzte aus dem Berliner Gebiet, die als relativ repräsentativ gelten dürfen, machen allerdings deutlich, daß der Anteil ausländischer Patienten hier meist bei 10 % des Klientels, teilweise sogar deutlich darüber liegt. Diese Zahlen zeigen die gesundheitspolitische Bedeutung der untersuchten Problematik.

Im folgenden werden die wesentlichen Ergebnisse zu den gestellten Fragen, prozentual auf die drei untersuchten Bereiche der psychiatrischen und psychosozialen Versorgung bezogen, dargestellt.

Des weiteren wurde gefragt: Treten nach Ihrer Erfahrung spezifische Probleme bei der Behandlung von Patienten ausländischer Herkunft auf? Es wurden dabei sechs Problemfelder vorgegeben.

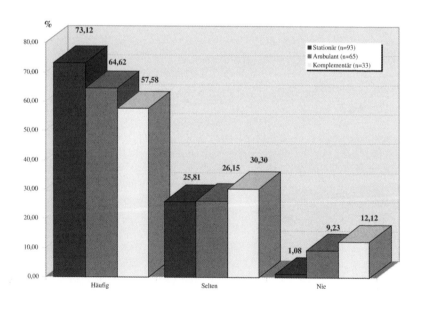

Abb. 1: Probleme mit der sprachlichen Verständigung

Das Problem der sprachlichen Verständigung wird als sehr bedeutsam eingeschätzt. Im stationären Bereich wurden von fast drei Viertel der Befragten häufige Probleme angegeben. Das läßt bereits grundsätzlich eine angemessene Behandlung zweifelhaft erscheinen. Haasen et al. (1999, S. 94) führen dazu aus: „Für erkrankte Migranten, die der einheimischen Sprache nicht mächtig sind, ist es sehr viel schwieriger, adäquate und rechtzeitige Hilfe oder Beratung zu finden." Behandlung erfolge erst, wenn sie unvermeidbar geworden sei und dann häufig zwangsweise. In ihrer Studie fanden sie eine Korrelation zwischen dem Vorhandensein von Sprachproblemen und der Qualität der dokumentierten Psychopathologie. Bei Migranten mit Sprachproblemen hätten sich signifikant häufiger psychotische Symptome oder Wahngedanken gefunden, depressive Symptome dagegen seltener.

Ähnlich wie zur sprachlichen Verständigung verhalten sich die Angaben zu Problemen mit dem Krankheitsverständnis der Patienten. Hier liegt der Anteil von Nennungen häufiger Probleme im ambulanten und komplementären Bereich sogar etwas höher, als in Abb. 1 (zum Sprachverständnis) dargestellt.

Diagnostische und therapeutische Unsicherheit aufgrund von Kulturdifferenz hingegen wurde zwar in den drei befragten Versorgungsebenen bejaht, nicht jedoch in einem Ausmaß wie zu den Problemen mit der sprachlichen Verständigung in Abb. 1 angegeben. Diese Aussagen verwundern bereits nach den vorherigen Angaben. Nur schwer ist aber zu verstehen, daß Einigung auf ein gemeinsames therapeutisches Vorgehen seltener als Problem angesehen wurde.

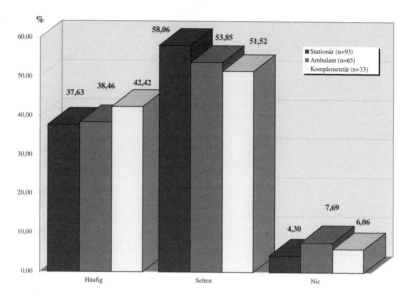

Abb. 2: Probleme bei der Einigung auf ein therapeutisches Vorgehen.

Hinter diesen Angaben kann tendenziell eine Haltung vermutet werden, daß der Berater oder Behandler schon weiß, was für den Patienten richtig ist, auch wenn er sich nicht ausreichend mit ihm verständigen kann. Dies muß als wenig kultursensibel bezeichnet werden und ist keine gute Voraussetzung für eine optimale Behandlung (s.a. Yılmaz in diesem Band).

Weiter wurden Behandlungsprobleme aufgrund der sozioökonomischen Lage und Probleme aufgrund des Aufenthaltsstatus (z.B. Asyl, Abschiebung) erfragt. Diese wurden insbesondere bei den komplementären Einrichtungen häufig gesehen. Die sozioökonomische Lage beispielsweise verursachte den komplementären Einrichtungen in mehr als 68 % häufige Probleme gegenüber jeweils 50 % im stationären und ambulanten Bereich. Ähnlich, wenngleich mit niedrigeren Zahlen, verhält es sich bezüglich Schwierigkeiten mit dem Aufenthaltsstatus.

Diese Einschätzungen sind sehr interessant und weisen darauf hin, daß ein Klientel, bei dem psychosoziale Probleme und aufenthaltsrechtliche Unsicherheiten im Vordergrund stehen, vermehrt in spezialisierten Institutionen des komplementären Sektors des Gesundheitssystems (Asylberatungsstellen und Migrationszentren in den Ballungsgebieten) versorgt wird. Dabei dürfte der Zugang zu krankenkassenfinanzierten Behandlern durch die oft problematische und hochbürokratische Finanzierung von

Asylbewerbern deutlich erschwert sein und stationäre Behandlungen oft nur im Notfall erfolgen.

Ergänzt wurden die obigen Fragen durch freie Äußerungen aus eigener Erfahrungen der Rücksender.

Als problematisch wurde eine hohe Erwartungshaltung der Patienten sowie, (insbesondere von niedergelassenen Psychotherapeuten geäußerte) fremdbestimmte Therapiemotivation der Patienten eingeschätzt (siehe auch Strate und Koch sowie Schmeling-Kludas et al. in diesem Band).

Probleme zwischen den Generationen wurden mehrfach genannt, aber auch mangelndes Problembewußtsein bei Therapeuten, Zusammenarbeit mit Angehörigen oder sehr körperbezogene Beschwerdedarstellung.

Insbesondere in für Asylbewerber spezialisierten Beratungsstellen wurde Traumatisierung nach Folter oder Krieg als schwerwiegendes Problem angegeben.

Des weiteren wurde mehrfach Rentenwunsch als Behinderung der Behandlung erwähnt.

Bei der Beantwortung der Frage „Gibt es in Ihrer Einrichtung spezielle Angebote für Patienten ausländischer Herkunft" fällt auf, daß immerhin mehr als 1/3 der antwortenden stationären Einrichtungen, mehr als 40 % der ambulant versorgenden und die überwiegende Mehrzahl der komplementären Einrichtungen sich gezielt um Patienten ausländischer Herkunft bemühen. Dabei ist zu beachten, daß sich aus dem ambulanten Bereich 14 Ärzte und Therapeuten ausländischer Herkunft beteiligten, die z.T. ausschließlich ausländische Patienten behandeln.

Bei der Differenzierung dieser Angebote wird deutlich, daß im stationären Bereich die Arbeit mit Dolmetschern vor muttersprachlicher Therapie bzw. Beratung, speziellen ambulanten Angeboten und der Kooperation mit Beratungsstellen am häufigsten genannt wird. Im ambulanten und komplementären Sektor handelt es sich mehrheitlich um muttersprachliche Behandlung. Einige Arztpraxen verfügen auch über nichtdeutsche Arzthelferinnen.

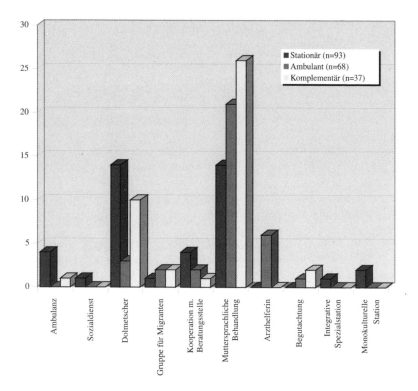

Abb. 3 Spezielle Angebote zur Versorgung von Minoritäten

Diese Angebote werden überwiegend für Patienten türkischer Herkunft, aus Ex-Jugoslawien, Rußland, Polen und dem Iran angeboten. Insbesondere in Hamburg und Hannover existieren Dolmetscherdienste, die für alle Nationalitäten ausgerüstet sind.

Deutlich mehr als die Hälfte der stationären Einrichtungen haben über gezielten Einsatz von Mitarbeitern ausländischer Herkunft bei der Behandlung berichtet. Im komplementären Bereich ist dies Verhältnis noch günstiger. Diese gezielt eingesetzten Mitarbeiter stammen aus insgesamt 45 Ländern, was die enormen Ressourcen in den Institutionen deutlich macht, die in diesem Ausmaß sicher erfreulich sind. Es verwundert wiederum nicht, daß die Mehrzahl aus der Türkei, den ehemaligen Ostblockstaaten (hier vor allem Rußland und Polen) aber auch Italien, Spanien und Griechenland stammt.

Zum Abschluß wurde nach Verbesserungen für die psychiatrische und psychosoziale Behandlung bzw. Beratung von Migranten gefragt und verschiedene Möglichkeiten vorgegeben.

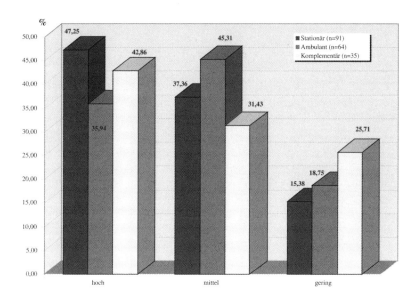

Abb. 4. Bedarf an qualifizierten Dolmetschern

Die eingangs als gravierend beschriebenen Probleme mit der sprachlichen
Verständigung finden in der Forderung nach qualifizierten Dolmetschern
ihren Niederschlag. Am niedrigsten wird diesbezüglich Bedarf von den
Kassenärzten eingeschätzt. Doch dahinter verbergen sich frustrierende
Versuche, für ambulante Behandlung einen Dolmetscher von den Kassen
finanziert zu bekommen. Nach wie vor ist dies trotz langjähriger Forderungen weiterhin nicht möglich. In den Krankenhäusern müssen Dolmetscher
aus dem (gedeckelten) Budget finanziert werden. Häufiger Dolmetscher-
einsatz kann dazu führen, daß Geld in anderen Bereichen fehlt.
Folgerichtig wird v.a. im stationären Bereich der höchste Bedarf bei den
muttersprachlichen Fachkräften gesehen. Von zahlreichen Einrichtungen ist
allerdigs bekannt, daß es offene Stellengesuche gibt, da bislang der Bedarf
nach qualifizierten muttersprachlichen Behandlern offensichtlich noch
größer ist als das Angebot. Hier wird sich aber schon in naher Zukunft eine
Änderung ergeben, so daß die gewünschte Zunahme von Mitarbeitern ausländischer Herkunft in den Einrichtungen auch verwirklicht werden kann.
Es ist aber zu vermuten, daß die Einstellungspolitik der Institutionen sehr
unterschiedlich ist. Unsere Befragung macht auf jeden Fall den großen
Bedarf an qualifizierten muttersprachlichen Fachkräften deutlich.
Weiter ging es um die Frage, ob auf Seiten der Migranten eine Haltungs-
änderung nötig sei. In der öffentlichen Diskussion wird immer wieder

gefordert, die Migranten müßten sich stärker um Integration bemühen, insbesondere ihre Kenntnisse der deutschen Sprache verbessern.
Unsere Befragung macht hier aber deutlich, daß ein Bedarf in dieser Richtung als nicht sehr hoch eingeschätzt wird. Bei den freien Kommentaren wurde sogar mehrfach darauf hingewiesen, daß sich die Haltung von Therapeuten, Gesellschaft und Politik gegenüber den Migranten zu ändern habe. Hier ist ein wechselseitiger Prozeß der Annäherung erforderlich.
Bei freien Äußerungen wurden von den Teilnehmern an der Befragung darüber hinaus Bedarf für Sozialarbeit, für integrative Konzepte in der Gemeinde, für muttersprachliche Aufklärung – was auch Beipackzettel der Medikamente betrifft – Supervision, transkulturelle Weiterbildung, Aufklärung über Rechtslage und Gesundheitswesen, Öffentlichkeitsarbeit bis hin zu veränderter politischer Haltung in der Ausländerpolitik angemahnt.
Der Bedarf nach speziellen Konzepten innerhalb der Regeleinrichtungen wird insbesondere im ambulanten und komplementären Bereich als hoch angesehen. Gerade die in den Stadtteilen tätigen Behandler wünschen sich offensichtlich gemeindenahe stationäre Behandlungsmöglichkeiten mit Kompetenz für die Behandlung ausländischer Minderheiten.
Der Bedarf an speziellen Institutionen für ausländische Minderheiten wurde deutlich zurückhaltender gesehen.

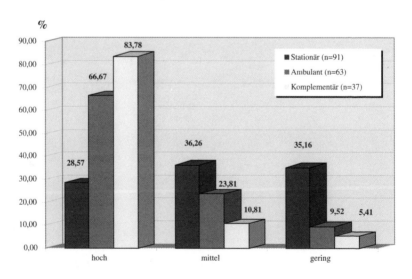

Abb. 5. Bedarf an speziellen Konzepten innerhalb der Regeleinrichtungen

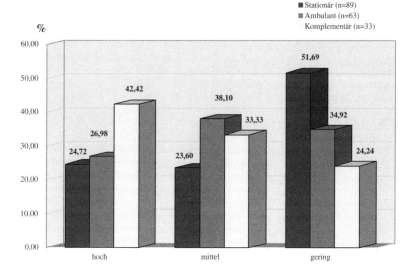

■ Stationär (n=89)
■ Ambulant (n=63)
Komplementär (n=33)

Abb. 6 Bedarf an speziellen Institutionen für ausländische Minderheiten

Bei differenzierter Betrachtung der Erhebungsbögen fiel insbesondere auf, daß die Einrichtungen, die sich mit speziellen Angeboten bereits an Ausländer wenden, in noch stärkerem Maße Konzepte innerhalb der Regeleinrichtungen fordern und deutlich seltener spezielle Institutionen für ausländische Minderheiten für sinnvoll halten. Spezielle Konzepte für Minoritäten werden insbesondere von den stationären Institutionen am wenigsten gewünscht. Das zeigt, daß Minoritäten nach wie vor in keiner Weise umworben werden, im Gegenteil existiert noch eine bedeutsame Minderheit, die dies Klientel in gesonderten Einrichtungen „besser" behandelt sieht. Diese Tendenzen sind aber in einer Einwanderungsgesellschaft wie der Bundesrepublik Deutschland gefährlich, da sie Segregation und sozialen Konflikten Vorschub leisten können.

ZUSAMMENFASSUNG

Das Ergebnis unserer Befragung zeigt, daß sowohl im Bereich stationärer, als auch ambulanter und komplementärer Versorgung seitens der Behandler erhebliche Probleme im Umgang mit Patienten ausländischer Herkunft gesehen werden. Offensichtlich sind komplementäre Einrichtungen bislang noch am ehesten auf dieses Klientel eingestellt. Aber auch in ambulanten

65

und vor allem stationären Institutionen gibt es in Form von zahlreichen fremdkulturellen Mitarbeitern Ressourcen, die in dieser Weise noch nicht bekannt sind. Vor allem scheinen diese Ressourcen strategisch weitgehend ungenutzt. Die Institutionen fördern Initiativen für integrative Behandlungskonzepte von Minoritäten nicht ausreichend. Auch ist deren Vernetzung trotz etlicher Fortschritte noch nicht ausreichend.

Wenn es gelänge das bereits bestehende „Kapital" fremdkultureller Mitarbeiter gezielter zu nutzen, wäre eine Verbesserung der Behandlung und Betreuung von Minoritäten in der Bundesrepublik ohne zusätzliche Kosten möglich. Dafür bedarf es aber eines Bewußtseins für die bestehenden Probleme und eines kultursensiblen Umgangs mit der aktuellen Mangelsituation (s.a. Priebe in diesem Band).

Die Ergebnisse der Befragung bestätigen die längst überfällige Forderung, eine qualitativ angemessene Behandlung in unserem Gesundheitswesen auch ethnischen Minoritäten zu bieten. Dafür ist es erforderlich, die Ausbildung der Berufe des Gesundheitswesens um transkulturell-psychiatrische Erkenntnisse zu erweitern und das Anliegen von Minoritäten in Forschung und Universität angemessen zu vertreten. Das neue Stichwort kultursensibler Behandlung benötigt noch mehr als Ausbildung Bereitschaft und Interesse, sich fremden Kulturen zuzuwenden und auch im Umkehrschluß neue Erfahrungen durch Zuwanderer innerhalb der eigenen, der Aufnahmekultur, zuzulassen und wahrzunehmen. Wie von einigen Teilnehmern an der Befragung gefordert, könnten sich vielleicht Forschungs- und Behandlungszentren an wenigen Standorten in Deutschland, die sich Forschung, Lehre und Versorgung widmen, im Sinne von Katalysatoren als fruchtbar und beispielgebend erweisen. Oberstes Ziel muß es aber sein, kultursensible Behandlung auch in der Gemeinde und in den traditionellen Institutionen Wirklichkeit werden zu lassen.

LITERATUR

David, M., Borde, Th. und Kentenich, H. (Hrsg.) Migration und Gesundheit. Mabuse, Frankfurt 1998

Ghaeni, Z. (Hrsg.): Krank in der Fremde. Perspektiven zur interkulturellen Entwicklung von deutschen Kliniken. Cinco. Frankfurt 1999

Haasen, Chr., Kraft, M., Yağdiran, O., Maß, R., Lambert, M., Müller-Thomsen, T. und Krausz, M.: Auswirkungen von Sprachproblemen in der stationären Behandlung von Migranten. In: Krankenhauspsychiatrie 10 (1999), 91–95

Heise, Th. (Hrsg.): Transkulturelle Beratung, Psychotherapie und Psychiatrie in Deutschland. VWB, Berlin 2000

Koch, E., Özek, M. und Pfeiffer, W.M. (Hrsg.): Psychologie und Pathologie der Migration. Lambertus, Freiburg 1995

Koch, E., Özek, M., Pfeiffer, W.M. und Schepker, R. (Hrsg.): Chancen und Risiken von Migration. Lambertus, Freiburg 1998

Kultursensibles Angebot für türkeistämmige Patienten in der Regelversorgungseinrichtung Institutsambulanz des NLKH Hildesheim

Meryam Schouler-Ocak

Das Zitat von Max Frisch „Man hat nach Arbeitskräften gerufen und Menschen sind gekommen" soll zu Beginn dieses Beitrages noch einmal erinnert werden.

Inzwischen leben ca. 7,5 Millionen Menschen nichtdeutscher Herkunft in Deutschland, von denen mit ca. 2 Millionen Migranten aus der Türkei die größte ethnische Minorität bilden gefolgt von knapp 2 Millionen Menschen aus osteuropäischen Staaten. Der Rest der Ausländer teilt sich auf mehr als 50 Nationalitäten auf. Sehr viele von ihnen leben bereits seit mehreren Jahrzehnten hier.

Arbeitsmigranten aus den sogenannten „Anwerbeländern" stellen inzwischen ca 9 % der Gesamtbevölkerung dar. Anzumerken ist auch, daß ca. 2/3 der unter 18jährigen bereits in Deutschland geboren sind.

Der größte Anteil ethnischer Minorität türkischer Herkunft (1. Generation) stammt mit ca. 90 % aus ländlichen Gebieten mit niedrigem Bildungsniveau und aus unteren sozialen Schichten. Sie wurden – männlich oder weiblich – je nach Bedürfnissen des damaligen Arbeitsmarktes als Einzelne, nicht als Familien, völlig unvorbereitet angeworben.

In jedem Fall kam es zur „Zerrissenheit und Trennungen der Familie und damit verbunden zu intra- und interpsychischen Belastungen der Familienmitglieder und dadurch zu innerfamiliären Konflikten" (Güç 1990). Es wurden also zu den migrationsspezifischen Beschwerden und Krankheiten zusätzlich Schwierigkeiten wie Entfremdungssymptomatik, Entwicklungsrückstände der Kinder vorprogrammiert.

Die Arbeitsbelastungen führten über Jahre hinweg zu körperlicher und psychischer Verausgabung. Die ursprüngliche Lebensplanung wurde immer wieder durch neue Entwicklungen wie Familiennachreise und –zusammenführung, Einschulung der Kinder, Arbeitslosigkeit, Verschuldung etc. durchkreuzt. Zu bestehenden Konflikten reihten sich auch Konflikte zwischen den Generationen.

Zwischenzeitlich trat eine Verschlechterung der wirtschaftlichen Lage ein, die anfangs überdurchschnittliche Gesundheitssituation der Migranten ließ deutlich nach. Ihr Krankenstand hat den der Einheimischen erreicht, m.E. bereits sogar überholt – subjektiver Eindruck. Im Vordergrund stehen dabei depressive Störungen, somatoforme Störungen, somatoforme Schmerzstörungen, Anpassungsstörungen, funktionelle Störungen, die insgesamt mehr als 10 Jahre früher auftreten sollen als bei einheimischen Arbeitnehmern (Collatz 1997).

Für diese Entwicklung gibt es viele Erklärungsansätze. Z.B. erhöhte Bereitschaft, auf u.a. psychosozial-gesellschaftlichen Druck mit Krankheit zu reagieren. Ethnische Minoritäten gehören insbesondere zu den Bevölkerungsgruppen, die die größten Erkrankungsrisiken tragen. Gerade bei ihnen ist eine besondere Häufung von sich gegenseitig verstärkenden gesundheitlichen Gefährdungsmomenten zu registrieren. Diese sind u.a. chronisch hohe psychische und physische Belastungen am Arbeitsplatz, ethnische Diskriminierung, niedriger sozialer Status, finanzielle Unzulänglichkeiten, chronische Mehrfachbelastungen und insbesondere während des gesamten bisherigen Migrationsprozesses stattfindende sozioemotionale Verausgabung.

Auch von Bedeutung ist, daß Krankheit von ethnischen Minoritäten aufgrund einer höheren sozialen Vulnerabilität häufig viel ernster und gefährdender erlebt wird und entsprechend auch verarbeitet wird.

Behandelnde Ärzte können sich noch immer auf diese besonderen Einschätzungen ihrer Patienten mit Migrationshintergrund schlechter einlassen. Die ursprüngliche Rückkehridee wurde zu der vielzitierten Rükkehrillusion. Die Verluste an Selbstwertgefühl, Handlungskompetenz, kultureller Sinnorientierung und kommunikativer Beziehungen begünstigen in der Fremde die Regression. Sehr viele aus der 1. Generation erleben sich als gescheitert. Ihr ursprünglicher Lebensentwurf, ihre Lebensplanung konnte häufig nicht umgesetzt werden. Ein Teil von ihnen erlebt sich sogar als Verlierer der Migration.

In den letzten Jahren entscheiden sich aus vielfältigen Gründen aktiv mehr und mehr Betroffene aus der 1. Generation für das Bleiben in Deutschland. Nicht nur sprachliche Schwierigkeiten, sondern auch kulturelle Kommunikationsschwierigkeiten erschweren einheimischen Untersuchern die Einschätzung der subjektiven Beschwerden und Belastungen und insbesondere des Krankheitswertes einer Störung auf einem anderen Kulturhintergrund.

Bei der interkulturellen Kommunikation im Rahmen der Behandlung kann nicht davon ausgegangen werden, daß „die Kommunikationspartner dieselben sprachlichen Zeichen benutzen, um dieselben Inhalte zu beschreiben und dieselben Bedeutungen zu übermitteln" (Tuna 1999).

Der Einsatz von Dolmetschern wird in der Regel durch die Finanzierungsfrage limitiert. Das Oberlandesgericht Düsseldorf (Az. 8 U 60 / 88) schreibt lediglich die Hinzuziehung von Dolmetschern vor operativen Eingriffen in Krankenhäusern vor, wenn nicht als sicher gilt, daß die Patienten die deutsche Sprache so gut beherrschen, daß sie die Erläuterungen der Ärzte verstehen können. Bei stationärer Behandlung ist die Finanzierung des Dolmetschers im Pflegesatz enthalten.

Im ambulanten Bereich existiert keine Finanzierungssicherheit. Nach einem Urteil des Bundessozialgerichtes (Az: IRK 20 / 94) braucht die Krankenkasse den Einsatz eines Dolmetschers nicht zu übernehmen, auch wenn ein kranker Migrant diesen zum Verständnis mit seinem behandelnden niedergelassenen Arzt heranzieht.

Die Zusammenhänge von Kultur, Sprache und Sprachgebrauch wirken sich „essentiell auf die interkulturelle Verständigung" im Behandlungsprozeß aus. „Über die Sprache (verbal und nonverbal) wird die Befindlichkeit vermittelt. Sie übermittelt Emotionen und bildet einen wichtigen Bestandteil der Identität" (Tuna 1999).

Des weiteren ist sie Voraussetzung für die Verständigung im interkulturellen Behandlungsprozeß. Sie kann das häufig beschriebene „Einverständnis im Mißverständnis" auslösen, aber auch verhindern.

Balint (1983) und Lipowski (1988) haben nämlich festgestellt, „...daß eine Vielzahl somatisierender Patienten körperliche Klagen als Eröffnungszug bei Konsultation ihres Arztes einsetzen und damit Somatisierungen auch ein soziales Kunstprodukt der gegenseitigen Rollenerwartungen von Ärzten und Patienten aneinander darstellen". Dieses Phänomen wird auch als „Einverständnis im Mißverständnis" beschrieben.

Hinzu kommt, daß die meisten Patienten, vor allem diejenigen mit keiner oder geringer Schulbildung, nur geringe Kenntnisse über ihren Körper haben. Fehlende Informationen über Körpervorgänge können zu ungewöhnlich Vorstellungen führen. Die Trennung von Psyche und Soma in der modernen westlichen Medizin ist in deren traditionellem Krankheitsverständnis nicht enthalten. Dieses soziokulturell – ganzheitliche Krankheitsverständnis zeigt sich in fast allen Krankheitsfällen durch leibnahe Symptome (Somatisierung).

Aus diesen Ausführungen ist zu entnehmen, daß bei der interkulturellen Behandlung die Kommunikation in jedem Fall gewährleistet sein sollte. Kenntnisse über kulturelle, religiöse und soziale Hintergründe sowie über die verbale und nonverbale Sprache mit ihren semantischen Bedeutungen sind als Grundlagen zu fordern.

Nur dann können Fehldiagnosen, Fehlbewertungen im Sinne von Aggravation und / oder Simulation vermieden werden, aber auch Fehleinschätzungen bei Übertragungs- und / oder Gegenübertragungsreaktionen mit z.B. gegenseitigen Fremdheitsgefühlen.

Um solche Fehldiagnosen, -behandlungen und –einschätzungen möglichst gering zu halten, sind zwischenzeitlich stationäre Angebote in der Versorgung von Migranten eingerichtet worden. Im ambulanten Bereich existieren daneben auch einige spezialisierte Migrantenpraxen.

Soweit bekannt, gibt es nur wenige psychiatrische Institutsambulanzen mit einem kultursensiblen Angebot für ethnische Minoritäten.

Nach § 118 SGB V Absatz 2 ist die Behandlung durch psychiatrische Institutsambulanzen auf diejenigen Versicherten auszurichten, die wegen der Art, Schwere und Dauer ihrer Krankheit oder wegen zu großer Entfernung zu geeigneten Ärzten auf die Behandlung durch diese Institutsambulanzen angewiesen sind. Es handelt sich hier um eine Gruppe von psychiatrischen Patienten, die aus verschiedenen Gründen nicht in der Lage sind, sich ausreichende ärztliche Hilfe im Rahmen der üblichen Kassenärztlichen Versorgung zu holen. Diagnostisch handelt es sich dabei um Patienten aus dem gesamten Spektrum psychiatrischer Erkrankungen.

Am Landeskrankenhaus LKH Hildesheim existiert seit 1990 eine Institutsambulanz, die bis 1995 durch einen Assistenzarzt und einen teilzeitbeschäftigten Sozialpädagogen besetzt war. Seit dem 01.01.1996 wurde auch ein Angebot für ethnische Minderheiten insbesondere türkischer Herkunft in das Behandlungskonzept aufgenommen. Bis dahin betrug der Anteil ausländischer Patienten in der Institutsambulanz nur wenige Prozent.

Zwischenzeitlich fand eine stetige Entwicklung statt. Das multiprofessionelle Team wurde bis zum jetzigen Zeitpunkt auf folgende Mitarbeiter aufgestockt (teilweise mit Teilzeitarbeit):

Multiprofessionelles Team (teilweise mit Teilzeitarbeit)
· Fachärztin für · Psychiatrie
······················· · Neurologie
······················· · Psychotherapie
· Diplom Psychologin · Psychologische Psychotherapie
· Fachkrankenschwester für Psychiatrie
· Krankenpfleger
· Sozialpädagoge
· zwei Arzthelferinnen
· Ergotherapeut

Das Pflichtaufnahmegebiet des Niedersächsischen LKH Hildesheim umfaßt ca. 540.000 Einwohner. In Hildesheim (Stadt und Landkreis) leben derzeit 292.489 Menschen (Stand 01.01.2000). Von diesen sind 15.366 ausländische Mitbürger. Sie machen 5,3 % aus. Damit liegt sie deutlich unter dem bundesweiten Durchschnitt von ca 9 %. Die Anzahl der Migranten aus der Türkei beträgt 4.971 und damit 1,7 % der Gesamtbevölkerung bzw. 32,3 % der ausländischen Bevölkerung in Hildesheim. Im Bundesdurchschnitt beträgt ihr prozentualer Anteil ca 2,5 % bzw. 26,7 % der ausländischen Gesamtbevölkerung.

Auch in Hildesheim bestehen keine weiteren muttersprachlichen Therapieangebote. Der Zugang zum Regelversorgungssystem ist für diese Patientengruppe mit einer höheren Schwelle behaftet. Viele Behandler begnügen sich auch mit den sehr spärlichen Deutschkenntnissen ihrer Patienten oder die Verständigung erfolgt vorwiegend über nicht-professionelle Dolmetscher. Auf diese Art und Weise sind – wie oben beschrieben – „Mißverständnisse" vorprogrammiert, die häufig zu teuren „Fehl"behandlungen führen.

In der Institutsambulanz des Niedersächsischen LKH Hildesheim wird daher im Rahmen der Regelversorgung ein kultursensibles Behandlungskonzept für ethnische Minoritäten insbesondere türkischer Abstammung bereitgestellt und damit gezeigt, daß in psychiatrischen Krankenhäusern mit Versorgungsauftrag Integration für Patienten mit Migrationshintergrund möglich ist.

In der Regel erfolgen Zuweisungen der Patienten durch Hausärzte, Nervenärzte, Orthopäden und andere niedergelassene Ärzte. Eine weitere Gruppe bilden selbst organisierte Patientenvorstellungen infolge von Mundpropaganda. Ein Teil der Patienten wird aus dem stationären / teilstationären Bereich des Krankenhauses überwiesen. Einige Patienten kommen durch Anregung von Behörden und anderen Institutionen. Vereinzelt werden auch Patienten zur Konsiliaruntersuchung aus anderen Krankenhäusern vorgestellt. Ein geringer Teil der Patienten wird ausschließlich durch aufzusuchende Tätigkeit betreut, diese Gruppe von Patienten würde ansonsten von selbst keine medizinische Versorgung in Anspruch nehmen. Ein geringer Teil der Patienten erreicht die Institutsambulanz aufgrund von Zuweisungen durch den Sozialpsychiatrischen Dienst.

Im ersten Quartal 2000 wurden z.B. 483 Patienten versorgt, davon waren 139 ausländischer Herkunft.

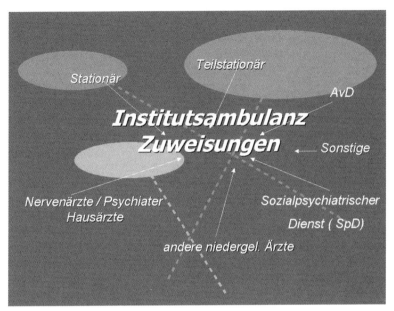

Abb 1.: Institutsambulanz – Zuweisungen

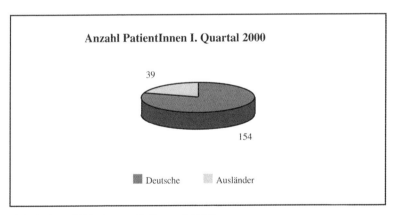

Abb. 2: Anzahl Patienten I. Quartal 2000

Die ausländischen Patienten machen knapp 29 % aus, von diesen stammen 27 % aus der Türkei. Betrachtet man ihren Anteil unter den ausländischen Patienten, so liegt sie mit 93 % weit an der Spitze. Die restlichen Patienten stammen aus dem ehemaligen Jugoslawien, aus den ehemaligen Staaten der Sowjetunion, Albanien, Libanon etc.

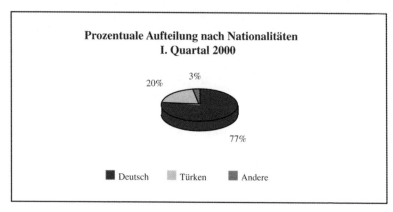

Abb. 3: Prozentuale Aufteilung nach Nationalitäten I. Quartal 2000

Bei der Geschlechtsverteilung fällt auf, daß sowohl bei einheimischen, wie auch ausländischen Patienten Frauen überwiegen. Bei den ethnischen Minoritäten ist der Anteil an Frauen doppelt so hoch wie bei den Einheimischen.

Möglicherweise hängt dies damit zusammen, daß sich im Team eine weibliche muttersprachliche Therapeutin befindet.

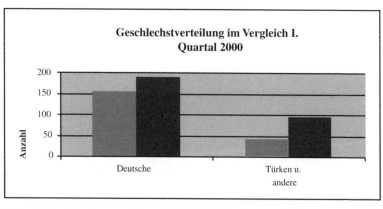

Abb. 4: Geschlechtsverteilung im Vergleich I. Quartal 2000

Hingewiesen werden soll in diesem Zusammenhang auf die Fluktuation der Patienten, die prä- und poststationär in der Krise engmaschig behandelt bzw. betreut werden. Sie werden nach psychischer Stabilisierung an niedergelassene Kollegen überwiesen.

74

Unter den deutschen Patienten sind Diagnosen von Psychosen aus dem schizophrenen Formenkreis (F 20) sehr häufig, gefolgt von depressiven Episoden (F 32), rezidivierenden depressiven Störungen (F 33), wahnhaften Störungen (F 22), akuten vorübergehenden psychotischen Störungen (F 23), Reaktionen auf schwere Belastungen und Anpassungsstörungen (F 43), Eßstörungen (F 50) etc.

Bei Patienten türkischer Herkunft bestehen der Häufigkeit nach depressive Episoden (F32) vor Reaktionen auf schwere Belastungen und Anpassungsstörungen (F 43), rezidivierenden depressiven Störungen (F33), somatoformen Störungen (F 45), schizophrenen Psychosen (F 20) etc.

Bei den anderen Nationalitäten sind Reaktionen auf schwere Belastungen und Anpassungsstörungen (F43) weit im Vordergrund gefolgt von Angststörungen (F 41), anhaltenden wahnhaften Störungen (F 22), schizophrenen Psychosen (F20) sowie nicht näher bezeichneten affektiven Störungen (F 39).

Diese Beobachtungen können nicht verallgemeinert werden. Allerdings fällt auf, daß die häufigsten Krankheitsbilder bei den türkeistämmigen Patienten mit den Feststellungen von Collatz (1995), der – wie oben beschrieben – depressive Störungen, Anpassungsstörungen, somatoforme Störungen als im Vordergrund stehende Erkrankungen bei Migranten der 1. Generation hervorhob, übereinstimmen. In der Institutsambulanz werden vorwiegend Migranten der 1. Generation behandelt.

Unter den Migranten der 2. und 3. Generation sind in ähnlicher Häufigkeit wie bei einheimischen Patienten schizophrene Psychosen anzutreffen. Auch sonst fällt auf, daß bei diesen Patienten die Krankheitsspektren denen der Einheimischen sehr ähnlich sind.

Die Institutsambulanz des Niedersächsischen LKH Hildesheim bietet den türkischen Patienten Einzel-, Paar-, Familien- und Gruppengespräche an. Daneben werden tiefenpsychologisch orientierte Einzel- und Gruppenpsychotherapien angeboten. Paar- und Familiengespräche erfolgen bei Bedarf. Traumazentrierte Psychotherapien werden ebenfalls bei Bedarf durchgeführt.

Die Gruppenpsychotherapien sind themenzentriert und problemorientiert. Eine weitere Gruppe bildet die psychoedukative Patientengruppe, die in Form eines Seminars angeboten wird. Die einzelnen Sitzungen erfolgen zu den Themen: Vorstellung der Teilnehmer, Anlaß der Teilnahme, Angaben der Beschwerden; fachliche Informationen über bestimmte Krankheitsbilder wie Depression, Psychosen, über anatomische und psychosomatische Zusammenhänge, über Symptome, Ursachen, Verlauf, Behandlungsformen, Frühwarnzeichen, Krisenplan, Prognose werden vermittelt.

Problemlösemöglichkeiten sind dabei ressourcenorientiert ausgerichtet.

Eine andere Gruppe wird für Angehörige türkeistämmiger Psychosekranker angeboten. Es handelt sich hier um eine psychoedukative Gruppe, die ebenfalls in Seminarform erfolgt. Für Angehörige einheimischer Psychosekranker wird diese Gruppe bereits seit vier Jahren angeboten.

Diese Gruppen finden am Abend statt, damit möglichst viele Angehörige auch von entfernteren Gebieten kommen können. Die Sitzungen finden zu folgenden Themen statt: Vorstellungsrunde (Angehörige stellen sich selbst und ihre erkrankten Angehörigen vor), Symptome der Erkrankung / Diagnosen. Wie entsteht die Erkrankung? Was hat bei den Angehörigen unserer Teilnehmer zur Erkrankung geführt? Wie verläuft die Erkrankung? Wie ist die Prognose? Medikamente, Wirkungsmechanismen, Hauptwirkungen und Nebenwirkungen, Bedeutung in der Rückfall-Vorbeugung, Frühwarnzeichen, Krisenplan (Wie verhalte ich mich im Notfall?), Erstellen eines Krisenplanes, Betreuung, Unterstützung nach dem Krankenhausaufenthalt (betreute Wohnformen, beschützte Tätigkeit, Sozialpsychiatrischer Dienst, Institutsambulanz, Angehörigen-Selbsthilfegruppen, Gruppe der Psychiatrieerfahrenen).

Therapieangebote für türkeistämmige Patienten
· Einzelgespräche
· Paargespräche
· Familiengespräche
· Psychotherapie: Einzel und in Gruppe
· traumazentrierte Psychotherapie
· psychoedukative Gruppe für Patienten
· psychoedukative Gruppe für Angehörige Psychoseerkrankter
· Ergotherapie: Arbeits- und Beschäftigungstherapie
· progressive Muskelrelaxation nach Jacobson
· Bewegungstherapie
· Hausbesuche: geplant/notfallmäßig

Für einige Patienten mit insbesondere somatoformen Störungen und chronischen Schmerzsyndromen wird eine bewegungstherapeutische Gruppe angeboten.

Einige unserer Patienten haben im Rahmen einer Bewegungsgruppe schwimmen gelernt.

Erwähnt sei zudem, daß auch Patienten ausländischer Herkunft die bislang nicht aufgeführten Angebote unserer Einrichtung zur Verfügung stehen. Diese sind Beschäftigungs- und die hausinterne Arbeitstherapie im Rahmen der Ergotherapie. Seit dem 01.07.1999 steht uns ein gut ausgebildeter Ergotherapeut zur Seite.

Selbstverständlich werden auch bei diesen Patienten geplante und in Krisensituationen notfallmäßige Hausbesuche mit unserem eigenen Pkw durchgeführt.

Ohne Inter- bzw. Supervisionsarbeit ist die Arbeit mit Migranten als „Alleinkämpfer" nicht zu bewältigen. Dieser Austausch ist für die Qualität der Arbeit aber auch für die Belastbarkeit und Ausdauer des Therapeuten und des Teams unverzichtbar. Der Bedarf an qualifizierten professionellen Therapeuten und Supervisoren mit interkultureller Kompetenz ist groß.

Im Arbeitsteam gab es wiederholt Probleme und Konflikte in der Betreuung und Behandlung von ausländischen Patienten. Mehrfach wurde intensiv über den Umgang und die Behandlung von ihnen gesprochen. So konnten bestehende Ängste, insbesondere Berührungsängste und Unsicherheiten im Umgang mit dem Anders- bzw. Fremdartigen abgebaut werden, so daß alle therapeutischen Mitarbeiter als Bezugstherapeuten auch ausländische Patienten behandeln.

Anfangs stellten die zunehmenden stationären Einweisungen von türkeistämmigen Patienten ein weiteres Problem dar. In einer Arbeitsgruppe wurden verschiedene Konzepte für den stationären Bereich diskutiert. So wurde entschieden, ein Spezialangebot z.B. auf einer Station nicht zur Verfügung zu stellen. Vielmehr wurde beschlossen, diese Patienten in die bestehenden Behandlungskonzepte zu integrieren, bei Bedarf professionelle Dolmetscher als Übermittler von Kultur und Sprache einzusetzen. Die zwischenzeitlichen Erfahrungen bestärken unsere Vorgehensweise.

Die erwähnten Berührungsängste bestanden nicht nur zwischen dem Institutsambulanz-Team und den türkeistämmigen Patienten, sondern auch zwischen den türkeistämmigen und den einheimischen Patienten. Um Spannungen abzubauen, wurde mit einigen gemeinsamen Aktivitäten begonnen.

Veranstaltungen wie der Offene Nachmittag zum Kaffeetrinken, Kuchenessen für alle Patienten der Ambulanz, gemeinsame Freizeitaktivitäten z.B. Kino-, Zoo-, Museumsbesuche sowie größere Veranstaltungen wie Grillfest, Sommerfest, türkischer Nachmittag, Weihnachtsfeier etc. sind in der Zwischenzeit zu einer Tradition geworden. Für diese Veranstaltungen stehen finanzielle Mittel aus dem Ambulanzbudget zur Verfügung.

Abschließend soll noch erwähnt werden, daß im Februar 1999 sechzehn therapeutische Mitarbeiter unseres Hauses, darunter fünf aus der Institutsambulanz, an dem ersten Intensivkurs „Türkisch am Krankenbett" in unserem Hause teilgenommen haben. Dieser Kurs bestärkte die Motivation und Bereitschaft der Mitarbeiter in der Arbeit mit dieser Patientengruppe. Weitere Kurse sind bereits geplant.

LITERATUR:

Ausländerzentralregister Spalte Bevölkerung in Hildesheim – Stadt und Landkreis, Stand 01.01.2000 (Hauptwohnsitz 30.06.99)

Balint, M., (1983): Der Arzt, der Patient und die Krankheit, Bd. 23: Gesundheitskult und Krankheitswirklichkeit, Stuttgart: Klett – Cotta.

Collatz, J., Auf dem Weg in das Jahrhundert der Migration. Auswirkungen der Migrationsbewegungen auf den Bedarf an psychosozialer und sozialpsychiatrischer Versorgung. In: Koch, E., Özek, M., Pfeiffer, W., M. (Hrsg.). Psychologie und Pathologie der Migration. Deutsch – Türkische Perspektiven, Band I der Schriftenreihe der Deutsch – Türkischen Gesellschaft für Psychiatrie, Psychotherapie und psychosoziale Gesundheit e. V., Freiburg im Breisgau: Lambertus, 1995, 31–45.

Collatz, J., Ethnomedizinische Grundlagen bei der Beurteilung von Arbeitsmigranten – Verschiedene Aspekte der Lebensleistung. In: Collatz, J., Koch, E., Salman, R., Machleidt, W. (Hrsg.). Transkulturelle Begutachtung – Qualitätssicherung. Sozialgerichtlicher und sozialmedizinischer Begutachtung für Arbeitsmigranten in Deutschland, VWB, Verlag für Wissenschaft und Bildung, Berlin, 1997: 13–35.

Collatz, J., Brandt, A., Salman, R., Timme, S., (1992): Was macht Migranten in Deutschland krank? Zur Problematik von Rassismus und Ausländerfeindlichkeit und von Armutsdiskriminierung in psychosozialer und medizinischer Versorgung, Hamburg: evb – Rissen.

Ete, E., Charakteristika des türkischen Patienten aus psychiatrischer Sicht. In: Izbirak, D. C., Dammann, H.-G., (Hrsg.). Der türkische Patient in Deutschland. Hamburg: Editio Medica 1992, 21–39.

Güç, F., Ein familientherapeutisches Konzept in der Arbeit mit Immigrantenfamilien, Familiendynamik 16. 1991.

Güç, F., Die geteilte Familie. Auswirkungen des Wanderungsprozesses auf die Familien-Dynamik. In: Kenntenich, H., Reeg, P., Wehkamp, K.-H. (Hrsg.): Zwischen zwei Kulturen. Frankfurt: Mabuse 1990: 86–95.

Koptagel-İlal, G., Kulturelle Aspekte der Begutachtung – der Stellenwert soziokultureller Hintergründe in Begutachtungsprozessen. In: Collatz, J.,Hackhausen, W., Salman, R. (Hrsg.). Begutachtung im interkulturellen Feld. Zur Lage der Migranten und zur Qualität ihrer sozialgerichtlichen und sozialmedizinischen Begutachtung in Deutschland. VWB – Verlag für Wissenschaft und Bildung, Reihe Forum Migration Gesundheit Integration Band 1, Berlin, 1999: 131–136.

Lipowski, Z., J. (1988): Somatization: the concept and its clinical application; Amer. J. Psychiat., 145 / 1988, S. 1358–1368.

Opalic; P., Röder; F., Existentialanalytische Psychotherapie konversionsneurotisch Erkrankter Arbeitsmigranten. Psychother. Psychosom. Med. Psychol. 43 (1993): 402–407.

Pfeiffer; W., M., Kulturpsychiatrische Aspekte der Migration. In: Koch, E., Özek, M., Pfeiffer, W., M. (Hrsg.). Psychologie und Pathologie der Migration. Deutsch-Türkische Perspektiven, Band I der Schriftenreihe der Deutsch – Türkischen

Gesellschaft für Psychiatrie, Psychotherapie und psychosoziale Gesundheit e.V., Freiburg im Breisgau: Lambertus, 1995, 17–30.

Salman, R., Sprache und Kultur bei der Bewertung von Gesundheit und Krankheit und Qualitative Aspekte des Einsatzes von Dolmetschern im Begutachtungswesen. In: Collatz, J., Koch, E., Salman, R., Machleidt, W. (Hrsg.). Transkulturelle Begutachtung – Qualitätssicherung sozialgerichtlicher und sozialmedizinischer Begutachtung für Arbeitsmigranten in Deutschland, VWB, Verlag für Wissenschaft und Bildung, Berlin, 1997: 99–116.

Schouler-Ocak, M. Kulturspezifische Bewertung. Spezialangebot in einer Regelversorgungseinrichtung-PatientInnen türkischer Herkunft in der Institutsambulanz des Niedersächsischen Landeskrankenhauses Hildesheim. In: Zahra Ghaeni (Hrsg.). Krank in der Fremde. Perspektiven zur interkulturellen Entwicklung von deutschen Kliniken. CINCO, centre of intercultural communication gGmbH, VAS Verlag. AG Text & Publikation, Frankfurt am Main, 1999: 157–161.

Schouler-Ocak, M., Spezialangebot in der Regelversorgungseinrichtung – Patienten türkischer Herkunft in der Institutsambulanz des NLKH Hildesheim. In: Schouler-Ocak, M., User, I., Koch, E., Psychosoziale Versorgung in der Migrationsgesellschaft. Abstraktband zum III. Deutsch – Türkischen Psychiatriekongreß 15.–19.09.1998, Berlin, Lambertus-Verlag, Freiburg im Breisgau:13.

Tuna, S., Transkulturelle Begutachtung – Beispiele ethnokultureller Bewältigungsstrategien In der Migration. – Kasuistiken. In: Collatz, J., Hackhausen, W., Salman, R. (Hrsg.). Begutachtung im interkulturellen Feld. Zur Lage der Migranten und zur Qualität ihrer sozialgerichtlichen und sozialmedizinischen Begutachtung in Deutschland. VWB-Verlag für Wissenschaft und Bildung, Reihe Forum Migration Gesundheit Integration Band 1, Berlin, 1999: 153–168.

Tuna, S., Salman, R., Phänomene interkultureller Kommunikation im Begutachtungsprozeß. In: Collatz, J., Hackhausen, W., Salman, R. (Hrsg.). Begutachtung im interkulturellen Feld. Zur Lage der Migranten und zur Qualität ihrer sozialgerichtlichen und sozialmedizinischen Begutachtung in Deutschland. VWB – Verlag für Wissenschaft und Bildung, Reihe Forum Migration Gesundheit Integration Band 1, Berlin, 1999: 179–188.

Türkischsprachiges stationäres Psychosomatisches Heilverfahren

Christoph Schmeling-Kludas, Annegret Boll-Klatt und Reinhard Fröschlin

VORBEMERKUNG

Im Jahre 1995 entwickelte der Bereich Psychosomatische Medizin der Segeberger Kliniken GmbH auf Anregung verschiedener Landesversicherungsanstalten ein Konzept für die psychosomatische Rehabilitation türkischsprachiger Versicherter. Die Zahl der bis zum Sommer 2000 behandelten türkischen Patienten liegt bei über 800, wobei das Behandlungsangebot in den vergangenen 5 Jahren ständig modifiziert und verbessert wurde. Wir schildern im folgenden das Krankeitsspektrum und die spezifischen Probleme psychosomatisch erkrankter türkischer Migranten, berichten, wie psychosomatische Heilverfahren in türkischer Sprache in den Segeberger Kliniken entwickelt wurden und wie sie heute durchgeführt werden, und erläutern, welche Behandlungserfahrungen wir in den vergangenen 5 Jahren gemacht haben.

KRANKHEITSSPEKTRUM BEI DER GRUPPE DER TÜRKISCHEN PATIENTEN

Im Bereich Psychosomatische Medizin der Segeberger Kliniken GmbH wird das gesamte Spektrum der Erkrankungen aus dem Gebiet Psychosomatik / Psychotherapeutische Medizin behandelt. Bezogen auf die Entlassungsdiagnosen (bei der Möglichkeit von Mehrfachnennungen) überwiegen aber bei den türkischen Patienten die somatoformen Störungen mit fast 60 %, wobei insbesondere anhaltende somatoforme Schmerzstörungen zu verzeichnen sind, gefolgt von depressiven Störungen mit 38 %. Jeweils weniger als 10 % machen die dissoziativen Störungen, die Anpassungsstörungen, die Persönlichkeitsstörungen sowie phobische und Angststörungen aus. Ein Anteil von etwa 5 % der türkischen Patienten leidet an Psychosen, die in der Regel vor der Zuweisung nicht als solche erkannt wurden.

Unsere Behandlungserfahrungen mit über 800 türkischen Patienten zeigen, in Übereinstimmung mit der Literatur, daß bei dieser Patientengruppe folgende Probleme bzw. Fragestellungen gehäuft auftreten:

· Es handelt es sich meist um bereits über mehrere Jahre chronisch verlaufende psychosomatische Erkrankungen, die zu langen Arbeitsunfähigkeitszeiten geführt haben. Regelhaft kommt es dabei zu umfangreichen und kostenintensiven diagnostischen Maßnahmen (oft mit Mehrfachuntersuchungen) und unbefriedigend ausgegangenen, fehlindizierten somatischen Behandlungsversuchen.

· Die Patienten leiden unter einem starken Beschwerdedruck, wobei ein überraschend hoher Anteil der türkischsprachigen Kranken traumatisierende Erfahrungen mit offener Gewalt und massiv beeinträchtigenden Unfällen gemacht hat.

· Viele der bei uns behandelten Kranken stammen aus ländlichen Gebieten der Türkei mit schlechter Infrastruktur. Entsprechend eingeschränkt waren schulische und kulturelle Angebote im Heimatland, so daß mache Patienten nie eine Schule besucht haben und Analphabeten geblieben sind (10–15 %). Gleichzeitig spielen der islamische Volksglaube und die dazugehörigen Vorstellungen zu Gesundheit und Krankheit eine große Rolle, so daß viele türkische Migranten mit Gesundheitsproblemen zuerst oder parallel zur medizinischen Behandlung Hocas (volkskundliche Heiler) in Anspruch nehmen.

· Vielen Patienten fällt es außerordentlich schwer, die Psychogenese ihrer psychosomatischen Erkrankungen anzuerkennen. Wenn eine solche Krankheitseinsicht erzielt werden kann, besteht häufig die unrealistische Erwartung, daß durch eine kurzfristige ärztliche Behandlung eine vollständige Heilung erfolgen müßte.

· Bei Behandlungsbeginn besteht oft eine passive Haltung („Ich lasse alles mit mir machen!"), so daß ein Arbeitsbündnis für eine Psychotherapie erst erarbeitet werden muß.

· Die Patienten befinden sich häufig in schwierigen sozialen Konstellationen in ihrer Familie, der türkischen Gemeinde, der Arbeitswelt oder ihrem sonstigen Umfeld, wobei es – zum Teil durch die Migration in einen fremden Kulturkreis ausgelöst – häufig zu Rollenkonflikten und/ oder sozialem Rückzug kommt. Krankheiten wie zum Beispiel eine anhaltende somatoforme Schmerzstörung stellen dann nicht selten die einzig möglichen „Lösungsversuche" für soziale Konfliktsituationen dar, in denen keine Verhaltensspielräume mehr zu bestehen scheinen,

etwa wenn eine 50jährige türkische Frau sich wegen ihres Rollen-
verständnisses und der Erwartungen ihres türkischen Umfeldes nicht von
einem schwierigen Ehemann trennen darf bzw. kann.

· Bei der Mehrzahl der Patienten liegen neben der psychosomatischen Erkrankung weitere, zum Teil schwerwiegende organische Gesundheitsstörungen und Risikofaktoren vor. Trotz umfangreicher Vordiagnostik
fehlt in der Regel ein Gesamtbehandlungskonzept, und die Patienten sind
über ihre Körpererkrankungen schlecht informiert, so daß die Behandlungsmöglichkeiten häufig bei weitem nicht ausgeschöpft werden.

Im Verlauf der letzten 5 Jahre haben wir dabei allerdings die Erfahrung
gemacht, daß der Anteil der Patienten, die wir mit einem psychotherapeutischen Angebot im engeren Sinne erreichen, zunimmt, was unseres
Erachtens unter anderem damit zu tun haben dürfte, daß neben Erstgenera-
tionsmigranten zunehmend auch solche aus der zweiten Generation ins
psychosomatische Heilverfahren gelangen.

IMPLEMENTIERUNG EINES TÜRKISCHSPRACHIGEN HEILVERFAHRENS IM BEREICH PSYCHOSOMATISCHE MEDIZIN DER SEGEBERGER KLINIKEN GMBH

Bei der Segeberger Kliniken GmbH handelt es sich um eine Fachklinik mit
650 Betten und den Abteilungen Herzchirurgie, Anästhesie, Kardiologie
sowie den Rehabilitationsbereichen Kardiologie, Neurologie und Psychosomatische Medizin. Letzterer Bereich hat sich in den vergangenen 12 Jahren aus der Kardiologie heraus entwickelt, was bis heute das psychosomatische Behandlungsangebot prägt:

· Der Bereich Psychosomatische Medizin und die dort behandelten Kranken sind in der Klinik ebenso akzeptiert wie die anderen Fachgebiete und
ihre Patienten. Die Psychosomatik befindet sich insofern in der Klinik
nicht in der vielerorts zu beobachtenden Außenseiterposition.

· Die personelle und die organisatorische Verzahnung des Bereichs Psychosomatische Medizin mit den somatischen Fachbereichen des Hauses
ist bis heute außergewöhnlich eng. Gemeinsame Versorgungsangebote
(z.B. Chefvisiten und Schmerzkonferenzen), eine regelmäßige Mitarbei-
terrotation im ärztlichen Bereich, ein gemeinsamer kardiologisch-
psychosomatischer Nachtdienst und ein reger informeller Austausch
(z.B. beim Mittagessen) sind dafür wesentliche Voraussetzungen. Umgekehrt besteht ein psychosomatisch-psychotherapeutischer Liaison- und
Konsiliardienst für die somatischen Fachabteilungen.

· Vor dem geschilderten Hintergrund verfügen die ärztlichen und pflegeri-
schen Mitarbeiter des Bereichs Psychosomatische Medizin über hohe

internistische und neurologische Behandlungskompetenzen, im Bedarfsfall stehen Spezialisten aus beiden Gebieten konsiliarisch auf kurzem Wege zur Verfügung. Diese enge Verzahnung von psychosomatischer und somatischer Medizin nutzen die Kostenträger, indem sie vorzugsweise Patienten zuweisen, die neben einer psychischen bzw. psychosomatischen Störung auch eine somatische Erkrankung aufweisen. Hiermit hängt es wiederum zusammen, daß das Durchschnittsalter der in Bad Segeberg behandelten psychosomatischen Patienten mit knapp 50 Jahren deutlich höher ist als in vielen anderen psychosomatischen Fachkliniken. Angesichts der hohen Rate von Körpererkrankungen bei türkischen Patienten, die in die psychosomatische Rehabilitation gelangen, stellt die geschilderte Verzahnung des Bereichs Psychosomatische Medizin mit den somatischen Fachabteilungen unseres Hauses eine günstige Voraussetzung dar.

Eine zweite Bedingung, die die Entwicklung eines türkischsprachigen psychosomatischen Heilverfahrens erleichtert hat, ist die Schulenvielfalt, die im Bereich Psychosomatische Medizin von Beginn an praktiziert wurde. Neben tiefenpsychologisch-psychoanalytischen Verfahren einschließlich einer psychoanalytisch begründeten Körpertherapie sind die Verhaltenstherapie und die wissenschaftliche Gesprächspsychotherapie im Leitungsteam des Bereichs Psychosomatische Medizin repräsentiert und werden von den hier tätigen ärztlichen und psychologischen Psychotherapeuten ausgeübt. Dabei wird eine differenzielle Indikationsstellung in der Form praktiziert, daß auf einer im psychotherapeutischen Team durchgeführten wöchentlichen Verteilungskonferenz die neu eingetroffenen Patienten auf die freien Psychotherapieplätze mit der Frage verteilt werden:

Welcher Patient mit welcher Störung wird von welchem Psychotherapeuten mit welchem Behandlungsmodell am besten behandelt? Neben der vorliegenden Störung bzw. Problematik spielen entsprechend dem Allgemeinen Modell von Psychotherapie nach Orlinsky und Howard (1988) bei der Patientenzuteilung auch personale Merkmale von Patient und Therapeut eine große Rolle. Im Zusammenhang mit diesem Ansatz wird im Bereich Psychosomatische Medizin der Segeberger Kliniken GmbH von Anfang an darauf geachtet, daß eine Vielfalt des therapeutischen Angebotes nicht nur im Hinblick auf die praktizierten Verfahren, sondern auch im Hinblick auf die Psychotherapeuten selbst besteht (Alter, Geschlecht, Therapieerfahrung, Spezialkompetenzen, soziale Herkunft usw., Einzelheiten siehe bei Schmeling-Kludas und Wilke 2000). Die geschilderte Struktur der psychotherapeutischen Versorgung erleichterte die Integration türkischer bzw. türkischsprachiger Psychotherapeuten erheblich:

- Die türkischsprachigen Kollegen mit ihren spezifischen persönlichen und fachlichen Eigenschaften gelangen in ein heterogenes psychotherapeutisches Team, in dem sie „Besondere" neben anderen „Besonderen" sind.
- Ebenso, wie die türkischen Patienten nicht auf einer Station konzentriert sind, bilden die türkischen Ärzte und Psychotherapeuten kein abgetrenntes eigenes Team.
- Die Schulenvielfalt ermöglicht es, türkischen Kollegen sowohl eine tiefenpsychologisch-psychoanalytische, eine verhaltenstherapeutische wie auch eine gesprächspsychotherapeutische Supervision auf dem erforderlichen Niveau anzubieten. Das erhöht die Zahl der potentiell für die Klinik in Frage kommenden türkischen Psychotherapeuten und erleichtert es, geeignete Mitarbeiter zu finden.
- Im Rahmen des von uns praktizierten Vorgehens ist es möglich, den türkischen Therapeuten auch deutsche Patienten zuzuteilen bzw. umgekehrt gut Deutsch sprechende türkische Patienten von deutschen Kollegen behandeln zu lassen. Das fördert die Integration der türkischen Kollegen in das psychotherapeutische Team.
- Der mit der differenziellen Indikationsstellung verbundene Grundansatz beinhaltet, daß das psychotherapeutische Team versucht, den unterschiedlichen Patienten, so wie sie in die Klinik gelangen, ein geeignetes Angebot zu machen. Damit besteht eine psychotherapeutische Kultur, die den Patienten möglichst wenig Anpassungsleistungen an das psychotherapeutische Programm abfordert, sondern statt dessen versucht, dem einzelnen Patienten in seiner Individualität gerecht zu werden. Entsprechend diesem Ansatz bemühen wir uns unter anderem auch darum, der Gruppe der türkischen Patienten in besonderer Weise gerecht zu werden, statt ihnen Anpassungsleistungen an das psychotherapeutische Programm einer deutschen Klinik abzufordern, die sie nicht erbringen können.

MITARBEITERSTRUKTUR, BEHANDLUNGSKAPAZITÄT UND UNTERBRINGUNG

Der Bereich Psychosomatische Medizin der Segeberger Kliniken GmbH umfaßt aktuell 150 Betten. Die Leitung mitgerechnet sind 23 Psychologen (einige in Teilzeit) und Ärzte tätig. Die türkischen Patienten werden von einer Ärztin, einem männlichen und 2 weiblichen psychologischen Psychotherapeuten und einer Krankenschwester betreut, die allesamt in der Türkei geboren sind, ihre Berufsausbildung aber in Deutschland absolviert haben. Aufgrund dieser Bilingualität kommt es weder mit den Patienten, noch mit den anderen Mitarbeitern des Bereichs Psychosomatische Medizin zu sprachlichen Verständigungsschwierigkeiten. Wichtig ist des weiteren, daß alle bilingualen Mitarbeiter nicht nur über die türkische Sprachkompetenz verfügen, sondern den kulturellen Hintergrund in der Türkei aus der eigenen Sozialisation heraus kennen.

Von den 150 Betten des Bereichs Psychosomatische Medizin sind im Jahresschnitt etwa 25 bis 30 (manchmal bis 35) mit türkischen Patienten belegt. Dies entspricht dem Bedarf, wie er in Form der Anmeldungen für psychosomatische Rehabilitationsmaßnahmen an unsere Klinik herangetragen wird. Die meisten Patienten werden von den Landesversicherungsanstalten zugewiesen und stammen insbesondere aus den Ballungsgebieten Hamburg, Berlin, Frankfurt und dem Ruhrgebiet. Ganz überwiegend handelt es sich um türkische Migranten mit Arbeiterberufen, daneben gibt es aber einen Anteil von türkischen Patienten aus dem Angestelltenbereich, die über die Bundesversicherungsanstalt für Angestellte zu uns kommen. Regional wird unsere Einrichtung ferner von Krankenkassen in Anspruch genommen, wenn psychosomatische, psychotherapeutische oder manchmal auch psychiatrische Behandlungen von türkischsprachigen Patienten aus dem norddeutschen Raum an der Sprachbarriere zu scheitern drohen. In Einzelfällen wird hier dann auch die Durchführung einer Krankenhausbehandlung genehmigt, obwohl der Bereich Psychosomatische Medizin der Segeberger Kliniken GmbH bisher nicht über entsprechende Planbetten verfügt.

Alle Patienten werden in unserer Klinik in modernen Einzelzimmern (Naßzelle, auf Wunsch Fernseher und Telefon) untergebracht. Auch wenn die Betten für die ärztliche Versorgung zu Stationen zusammengefaßt sind, ist der Charakter des Hauses mehr der eines Hotels als eines Krankenhauses. Die Patientenzimmer sind von daher – anders als beispielsweise auf einer psychiatrischen Krankenstation – nicht zu Stationsfluren, sondern zu stationären Bereichen mit insgesamt 3 Pflegestützpunkten zusammengefaßt. Bei Bedarf suchen die Patienten diese Pflegestützpunkte auf bzw. benachrichtigen die Schwester telefonisch. Die türkischen Patienten wohnen „verstreut" Tür an Tür mit deutschen Kranken. Im Klinikalltag sind sie dennoch als eigene Gruppe erkennbar, weil sie sich an bevorzugten Stellen in der Klinik (z.B. im Kommunikationszentrum oder einem bestimmten Aufenthaltsraum) als Gruppe versammeln. Dies erleichtert neu eingetroffenen türkischen Patienten die Integration in die Gruppe der Mitpatienten erheblich, löst bei deutschen Patienten, bei denen eine vergleichbare Gruppenbildung in der Regel nicht zu verzeichnen ist, aber gelegentlich Distanzierungswünsche, zum Teil auch aufgrund von Neidgefühlen aus.

Während den Einzelpsychotherapeuten wie bereits beschrieben im Rahmen der differenziellen Indikationsstellung Patienten aus der gesamten Klinik zugeteilt werden können, ist die ärztliche Versorgung entsprechend den 3 Stationsbereichen strukturiert. Das hat zur Konsequenz, daß die türkischen

Patienten nicht nur von der türkischen Ärztin, sondern auch von deutschen Ärzten betreut werden. Bei sprachlichen Verständigungsschwierigkeiten wird hier die türkische Krankenschwester als Dolmetscherin tätig oder die ärztliche türkische Kollegin eingeschaltet.

Das Leitungsteam des Bereichs Psychosomatische Medizin besteht aus dem Leitenden Arzt (Arzt für Psychotherapeutische Medizin und für Innere Medizin), der Leitenden Diplom-Psychologin (Approbierte Psychologische Psychotherapeutin mit jahrzehntelanger Erfahrung in stationärer Psychotherapie), einem Oberarzt, der Facharzt für Psychotherapeutische Medizin ist und das türkischsprachige Heilverfahren mit konzipiert hat, sowie einem zweiten Oberarzt, der als Arzt für Psychiatrie und Psychotherapie auch über spezielle Erfahrungen in der Schmerztherapie verfügt. Damit ist das Gesamtgebiet der „Psychosomatik / Psychotherapeutischen Medizin" einschließlich der Nachbarfächer Innere Medizin und Psychiatrie sowie der Klinischen Psychologie fachlich abgedeckt, unter anderem wegen der internistischen und der psychiatrischen Morbidität bei der Gruppe der türkischen Patienten stellt dies eine wichtige Voraussetzung dar.

Ebenso sind die unterschiedlichen psychotherapeutischen Richtungen im Leitungsteam vertreten, so daß – wie bereits gesagt – die Mitarbeiter, die die türkischen Patienten versorgen, entsprechend angeleitet werden können.

Die bilinguale ärztliche Mitarbeiterin befindet sich in Weiterbildung zur Fachärztin für Psychotherapeutische Medizin mit tiefenpsychologischer Ausrichtung, der männliche psychologische Psychotherapeut verfolgt die gleiche Therapierichtung, hat die Ausbildung aber noch nicht begonnen, und die beiden weiblichen psychologischen Psychotherapeutinnen sind bei einem anerkannten Institut in verhaltenstherapeutischer Weiterbildung. Damit gehören die bilingualen Behandler der türkischen Patienten zum weniger erfahrenen Teil des psychotherapeutischen Teams, was eine entsprechend intensive Supervision erforderlich macht (2 Stunden Einzelsupervision pro Psychotherapeut pro Woche neben der einmal wöchentlich angebotenen Gruppensupervision der gesamten Abteilung).

SOVIEL INTEGRATION WIE MÖGLICH, SOVIEL SPEZIALISIERUNG WIE NÖTIG: PSYCHOSOMATISCHES UND PSYCHOTHERAPEUTISCHES BEHANDLUNGSANGEBOT FÜR DIE TÜRKISCHEN PATIENTEN

Das psychosomatische bzw. psychotherapeutische Behandlungsangebot für die türkischen Patienten besteht aus folgenden Elementen:

· Im Zentrum der Behandlung steht die Einzelpsychotherapie. Die entscheidenden beiden Kriterien für die Zuweisung der Patienten zu den

Psychotherapeuten im Rahmen der differenziellen Indikationsstellung sind die Sprachkompetenz (in der Regel ist die Therapie nur von einem bilingualen Mitarbeiter durchführbar) und das Geschlecht, da die meisten männlichen Patienten nach unseren Erfahrungen vorzugsweise von einem Mann, die meisten weiblichen Patientinnen von einer Frau behandelt werden. Gelegentlich spielt darüber hinaus das psychotherapeutische Verfahren eine Rolle, beispielsweise wenn eine klassische Angststörung ein verhaltenstherapeutisches Vorgehen erfordert. Die Durchführung der Einzeltherapie verlangt den Psychotherapeuten eine hohe Flexibilität, aber auch eine große Frustrationstoleranz ab. Im Zusammenhang mit den oben geschilderten spezifischen Problemen türkischer Migranten ist ein Teil von ihnen psychotherapeutisch nicht erreichbar, d.h. somatisches Krankheitsverständnis, passive Heilungserwartung und fehlende Eigenaktivität erweisen sich auch in mehreren ausführlichen Interventionen als nicht veränderbar, wobei in der Regel ein hoher Leidensdruck fortbesteht. Das ist für den Psychotherapeuten oft schwer auszuhalten, zumal wenn es sich bei seinen Patienten häuft. Auf der anderen Seite des Spektrums sind Psychotherapiepatienten im engeren Sinne angesiedelt, bei denen dann aber kulturspezifische Aspekte zu berücksichtigen sind, zum Beispiel, daß der Gruppen- bzw. Familienzugehörigkeit gegenüber der Emanzipation und Selbstverwirklichung des Individuums im türkischen Kulturkreis ein stärkeres Gewicht beigemessen wird – auch von Migranten der 2. Generation – als von deutschen Patienten. Die bilingualen Psychotherapeuten unserer Abteilung sind somit deutlich größeren Belastungen ausgesetzt als ihre deutschen Kollegen..

· Geeignete Patienten werden gezielt einer Gruppenpsychotherapie zugewiesen, die zweimal wöchentlich mit 60minütigen Sitzungen stattfindet. Geeignet heißt, daß die Patienten ansatzweise ein psychosomatisches Krankheitsverständnis und eine Motivation zur aktiven Mitarbeit bei der Psychotherapie entwickelt haben sollten. Um den unterschiedlichen Voraussetzungen der Patienten gerecht zu werden, ist es erforderlich, in der Gruppentherapie flexibel zwischen verschiedenen Vorgehensweisen zu variieren, wobei einzelne Abschnitte als Einzelpsychotherapie in der Gruppe durchgeführt werden, andere im Sinne einer interaktionellen Psychotherapie. Vielfältige erklärende Interventionen sowie psychoedukative und supportive Elemente sind unverzichtbare Bestandteile dieser speziellen Gruppenarbeit, damit die gruppentherapeutischen Wirkfaktoren wie Kohäsion, Identifikation, interpersonelles Lernen usw. sich überhaupt entfalten können und es nicht zu einer gegenseitigen Verstärkung somatisierender Verarbeitungsmodi und passiver Behandlungserwartungen kommt.

- Wöchentlich findet ein Einführungsseminar in türkischer Sprache für die neu eingetroffenen Patienten statt. Darüber hinaus wird für alle Patienten einmal pro Woche ein psychoedukatives Patientenseminar in türkischer Sprache mit einer Dauer von 60 Minuten angeboten. Hier werden unter anderem Informationen zur Entstehung und Art psychischer bzw. psychosomatischer Erkrankungen, zu den Behandlungsmöglichkeiten und zur Notwendigkeit einer aktiven Mitarbeit vermittelt. In regelmäßigen Abständen nimmt der für das türkischsprachige Angebot zuständige Oberarzt an diesen Patientenseminaren teil, um medizinische bzw. pharmakologische Fragen zu beantworten.
- Allen türkischen Patienten wird Gelegenheit geboten, in ihrer Heimatsprache die Progressive Muskelrelaxation nach Jacobson zu erlernen. Das Angebot findet viermal pro Woche über jeweils 45 Minuten statt.
- Zweimal pro Woche (jeweils 30 Minuten) findet eine Tanztherapiegruppe statt, die sich ausschließlich an türkische Frauen richtet. Die Gruppe wird von einer deutschen Tanztherapeutin geleitet. Im Mittelpunkt steht der Tanz und das Körpererlebnis, die Erfahrungen der Teilnehmer werden nicht vertiefend bearbeitet.
- Schließlich wird als weiteres Spezialangebot im Rahmen der Ernährungsberatung gemeinsames Kochen für die türkischen Patienten angeboten, von denen viele unter zum Teil erheblichem Übergewicht, Fettstoffwechselstörungen und/oder Diabetes mellitus leiden.

Neben diesen Spezialangeboten für die türkischen Patienten gibt es solche, die sie gemeinsam mit den deutschen Patienten nutzen:

- Eine intensive Bewegungstherapie, die praktisch auf jedem Belastungsniveau (15 Watt bis 75 Watt und Sportgruppe) als Gruppenbehandlung durchgeführt wird und die für jeden Patienten 3 Termine pro Tag bereithält.
- Die Rückenschule bzw. das Muskelaufbautraining zur gezielten Übungsbehandlung bei Rückenbeschwerden.
- Die Krankengymnastik als Einzel- oder Gruppenbehandlung.
- Ein differenziertes Angebot von physikalischen Therapiemaßnahmen (Massagen, Fango und Pelosepackungen, Entspannungsbäder, Stangerbäder, Inhalationstherapie, Elektrotherapie usf.).
- Die TENS-Behandlung im Rahmen der chronischen Schmerztherapie, in die die Patienten von ausgebildeten Krankengymnasten, ggf. unter Inanspruchnahme eines türkischsprachigen Mitarbeiters zur Übersetzung, eingewiesen werden.
- Die Ergotherapie als Einzel- und Gruppenbehandlung in Form der Auseinandersetzung mit verschiedenartigen Materialien (Malen, Töpfern, Seidenmalerei, Steinarbeiten usf.).

· Die wöchentlich stattfindenden Stationsversammlungen, die ebenfalls für türkische und deutsche Patienten gemeinsam angeboten werden, wobei jeweils für die Anwesenheit eines bilingualen Mitarbeiters gesorgt wird.

Die geschilderten Therapieansätze werden aufgrund der Aufnahmeuntersuchung von den zuständigen Stationsärzten des Bereichs Psychosomatische Medizin individuell verordnet und zu einem Gesamtbehandlungsplan zusammengefügt. Diese koordinierende Funktion der Ärzte kann in ihrem Stellenwert für den Erfolg des psychosomatischen Heilverfahrens nicht überschätzt werden.

BEHANDLUNGSZIELE

Vor dem Hintergrund der geschilderten Probleme psychosomatisch erkrankter türkischsprachiger Patienten stehen in der Regel folgende Behandlungsziele im Vordergrund:
· Linderung des zum Teil enormen Beschwerdedrucks durch das mehrdimensionale Angebot (ggf. inklusive einer differenzierten Psychopharmakotherapie).
· Die Erhaltung oder Wiederherstellung der Arbeitsfähigkeit bzw. Erwerbsfähigkeit.
· Die Durchbrechung der sozialen Isolation vieler türkischsprachiger Patienten durch die Gruppenangebote und die informellen Kontakte mit Patienten deutscher und türkischer Herkunft.
· Die Erarbeitung eines psychosomatischen Krankheitsverständnisses und die diesbezügliche Aufklärung der Patienten mit dem Ziel einer Vermeidung künftiger fehlindizierter somatischer Diagnostik und Therapie.
· Die Motivierung für am Wohnort realisierbare Nachbehandlungen (wir haben Kontakte zu türkischsprachigen Psychotherapeuten, Nervenärzten, psychosozialen Beratungsstellen und Selbsthilfegruppen in den meisten Regionen Deutschlands, insbesondere in den Großstädten).
· Die Klärung schwieriger sozialer und sozialrechtlicher Probleme, ggf. mit Hilfe von Beratungen durch unsere Sozialarbeiter oder Mitarbeiter des Arbeitsamtes oder der Rentenversicherer, die in unserem Hause eine Sprechstunde abhalten.
· Die umfassende Diagnostik und Behandlung somatischer Begleiterkrankungen und Risikofaktoren, ggf. in Kooperation mit den übrigen Fachbereichen, sowie die Aufstellung eines Gesamtbehandlungsplanes und die umfassende Aufklärung der Patienten hierüber.
· Die fundierte sozialmedizinische Stellungnahme zur Erwerbs- und Arbeitsfähigkeit bzw. zum Leistungsvermögen der Patienten.

In der Segeberger Kliniken GmbH können wir türkischsprachigen Patienten ein stationäres psychosomatisches Heilverfahren anbieten, das dem Angebot für deutsche psychosomatisch Erkrankte gleichwertig ist. Das Motto „Soviel Spezialisierung wie nötig, soviel Integration wie möglich" hat sich nach unseren Eindrücken, auch im Vergleich mit anderen Klinikkonzepten, außerordentlich bewährt, wobei die Integration sowohl auf der Ebene der Mitarbeiter, insbesondere der Psychotherapeuten, wie auch auf der Ebene der Patienten gleichermaßen wichtig ist. In der Klinik kommt es nur sehr selten zu Spannungen zwischen den Gruppen der deutschen und der türkischen Patienten, die wir jeweils sofort sehr offensiv und öffentlich angehen, etwa indem solche Spannungen zum Thema der Stationsvollversammlungen gemacht werden. Ausländerfeindliche Äußerungen werden dabei von den Mitarbeitern und der Leitung der Klinik mit aller Eindeutigkeit zurückgewiesen, zum anderen wird aber auch versucht, Hintergründe für solche Äußerungen verständlich zu machen (z.B. die Angst vor Überfremdung bzw. vor fremden Kulturen oder eigene Minderwertigkeitsgefühle). Gelegentlich kam es zu Besuchen von muslimischen Geistlichen (Hocas) mit Versuchen religiöser Einflußnahme auf die Krankenbehandlung bzw. die Verhaltensweisen von Patienten, so zum Beispiel indem Frauen vorgeworfen wurde, daß sie sich nicht traditionell mit Schleier kleideten. Einige Male waren auch Auseinandersetzungen zwischen türkischen und kurdischen Patienten zu beobachten. Auch hier wurde jeweils von seiten des Behandlungsteams eindeutig und offensiv eingeschritten und darauf verwiesen, daß solche Einflußnahmen nicht geduldet würden, und daß eine Krankenbehandlung in der Klinik unabhängig von der Nationalität oder Religionszugehörigkeit erfolgt. Insgesamt ist es jedoch kaum zu nennenswerten Zwischenfällen gekommen, was um so erstaunlicher ist, da die beiden Patientengruppen sich in bestimmten Aspekten durchaus unterschiedlich verhalten. Deutsche Patienten bemerken zum Beispiel häufiger, daß ihre türkischen Mitpatienten sich anstellten, passiv seien und nicht aktiv mitarbeiteten. Das umgekehrte Stereotyp der türkischen Kranken lautet, daß die deutschen Patienten nur zur Erholung herkämen und gar nicht krank seien, da sie ja das gesamte Behandlungsangebot ohne Probleme mitmachen könnten.

Als durchaus schwierig hat es sich erwiesen, geeignete bilinguale Mitarbeiter, insbesondere solche mit Berufserfahrung, zu finden. Eine Folge dieses Mangels in unserem Hause ist, daß die bilingualen Kollegen als Berufsanfänger zum Teil ein höheres Einkommen erhalten, als deutsche berufserfahrenere Kollegen. Nach unserem Eindruck haben männliche psychotherapeutische Berufsanfänger größere Schwierigkeiten, ihren Anfänger-status zu akzeptieren als die weiblichen Kolleginnen, was im Zusammenhang mit dem männlichen und weiblichen Rollenverhalten in der türkischen Kultur stehen könnte. Ein wichtiger Punkt ist, daß die schwerpunktmäßige Arbeit mit türkischen Patienten, unter anderem wegen deren Schichtzugehörigkeit, Krankheitsverständnis und Psychotherapiemotivation wesentlich anstrengender ist als eine psychotherapeutische Behandlung deutscher Kranker (die in unserer Klinik ganz überwiegend aus dem Angstelltenmilieu stammen). Ferner erwarten die türkischen Patienten von ihren Behandlern häufig eine Solidarität unter türkischen Migranten und reagieren enttäuscht oder verärgert, wenn sie von ihren Psychotherapeuten beispielsweise mit ihren passiven Behandlungserwartungen konfrontiert werden. Im Gesamtteam ist das in Form gezielter Supervision und Unterstützung der bilingualen Mitarbeiter zu berücksichtigen. Eine besonders wichtige unterstützende Funktion hat in diesem Zusammenhang für die türkischen Kollegen nach unseren Beobachtungen die Integration in ein psychotherapeutisches Team als gleichwertige Mitglieder.

Im Zusammenhang auch mit einer veränderten Zuweisungsstruktur – es kommen inzwischen deutlich mehr und jüngere Migranten der zweiten Generation bei uns zur Behandlung als noch vor 5 Jahren – hat sich der Anteil der Patienten nach unseren Beobachtungen erhöht, die wir mit einem psychotherapeutischen Angebot im engeren Sinne erreichen. Entsprechend hat sich auch der Anteil der Patienten deutlich erhöht, die wir arbeitsfähig für die zuletzt ausgeübte Tätigkeit oder mit einem vollschichtigen Restleistungsvermögen entlassen. Ebenfalls zu diesem Resultat beigetragen hat ein gezielterer Umgang mit der Problematik „Rentenbegehren". Patienten, bei denen wir den Eindruck bekommen, daß ein solches Rentenbegehren vorliegt, konfrontieren wir früher mit unserem Eindruck, etwa indem wir das Verhalten in den Visiten mit Alltagsbeobachtungen im Stationsalltag abgleichen. Mit ausschlaggebend hierfür waren unter anderem auch Erfahrungen mancher Landesversicherungsanstalten, die von ganz gezielten und organisierten Aktivitäten türkischer Mitbürger berichteten, die darauf abzielten, ihren Landsleuten eine Rente unter Hinweis auf eine psychosomatische Störung zu verschaffen (bis hin zum „Coaching" in Rentenfragen, das von einer türkischen Gruppe gegen entsprechende Bezahlung angeboten wurde, wobei zur Beratung auch Professionelle aus dem Gesundheitswesen, zum Beispiel aus Pflegeberufen, eingesetzt wurden). Nach unseren bisherigen Beobachtungen stellt allerdings die Gruppe der Patienten, die sich mit bewußter Simulation eine Rente „erschleichen" wollen, eine außerordentlich kleine Minderheit dar. Sehr viel häufiger sind unbewußte Verdeutlichungstendenzen im Rahmen der psychosomatischen Erkrankungen, ins-

besondere bei den somatoformen Störungen. Dies spricht für eine gute
Vorauswahl auf seiten der Kostenträger.

BEHANDLUNGSERGEBNISSE

Auch wenn aufgrund der gerade bei türkischsprachigen Patienten chronischen Verläufe die Wiederherstellung der Arbeitsfähigkeit teilweise nicht ge-
lingt, profitieren diese Patienten von unserem stationären psychosomatischen Heilverfahren: In aller Regel kommt es – auch bei den meisten Patienten, die einer Psychotherapie im engeren Sinne nicht zugänglich sind – zu
einem deutlichen Rückgang des zum Teil enorm hohen Beschwerdedrucks,
schwierige soziale Situationen im persönlichen Umfeld der Patienten können geklärt werden. Ein sinnvoller und abgestimmter Gesamtbehandlungsplan kann erarbeitet werden, der alle vorhandenen somatischen und psychischen Gesundheitsstörungen berücksichtigt. Wir klären die Patienten
hierüber umfassend auf und initiieren am Wohnort realisierbare Nachbehandlungen, bei Bedarf in türkischer Sprache. Darüber hinaus können bei
einem Teil der Patienten ein psychosomatisches Krankheitsverständnis und
die Motivation für eine ggf. langfristige psychotherapeutische Behandlung
im eigentlichen Sinn hergestellt werden. Nach unserer Einschätzung dürften dadurch nach der Entlassung fehlindizierte diagnostische und therapeutische medizinische Maßnahmen reduziert und so ein erheblicher Beitrag
zur Kostendämpfung geleistet werden.

LITERATUR

Orlinsky DE, Howard KI (1988). Ein allgemeines Psychotherapiemodell. Integrative Therapie 4: 281–308
Schmeling-Kludas C, Wilke E (2000) Besonderheiten stationärer Psychotherapie.
In: Reimer C, Eckert J, Hautzinger M, Wilke E (Hrsg) Psychotherapie. Ein Lehr-
buch für Ärzte und Psychologen. 2. Aufl. Springer, Berlin Heidelberg New York,
382–412

III. Spezielle interkulturelle Zugangswege

Familien in der Migration – soziale Lage, Entwicklung und Auswirkungen für soziale Versorgungsstrukturen

Ursula Boos-Nünning

Einleitung

Längst nicht jeder und jede – in den Schulen, in den Kommunen, in den Ministerien aber auch in den gesellschaftlichen Gruppen – hat realisiert, wie sich die deutsche Gesellschaft in den letzten Jahrzehnten geändert hat und wie sich die Veränderungen an der Schwelle zum Jahr 2000 auswirken werden. 1997 hatten 13 % der in Deutschland geborenen Kinder Eltern mit ausländischem Paß, über 7 % stammten aus binationalen Ehen, ca. 2 % waren nichteheliche Kinder einer ausländischen Mutter. Werden noch die Kinder hinzugerechnet, deren Eltern als Aussiedler de-jure Deutsche, de-facto Zugewanderte sind und diejenigen, deren Eltern als zugewanderte Ausländer die deutsche Staatsangehörigkeit angenommen haben oder die doppelte Staatsangehörigkeit besitzen, so haben heute schon etwa 28 oder 30 %, wenn nicht mehr, der in Deutschland geborenen Kinder zwei Eltern oder Großeltern mindestens aber ein Eltern- oder Großelternteil mit Migrationshintergrund. Dies sind weitaus mehr als die Statistik, die allein die juristische Staatsangehörigkeit berücksichtigt, ausweist. Die Zahlen werden immer größer werden: Ebenfalls 1996 ist jede 8. Ehe in Deutschland eine binationale; in nächster Zukunft wird die Zahl der Kinder aus binationalen Ehen wohl um die 15 % betragen. Darüber hinaus gibt es keinen Grund zu der Annahme, daß es keine weiteren Zuwanderungen nach Deutschland geben wird. Die o.g. Zahlen gelten für Deutschland insgesamt. Es gibt Regionen und Städte mit einem weitaus höheren Anteil an ausländischer Wohnbevölkerung und damit auch von Kindern, die bei der Geburt rechtlich Ausländer und Ausländerinnen sind.

Hinsichtlich der Herkunft der Kinder ist auf erhebliche Verschiebungen in den letzten Jahren hinzuweisen. Zwar hat die überwiegende Anzahl der Kinder noch immer die Nationalität der Staaten, mit denen bis 1973 Anwerbeverträge bestanden, aber die Zahl der Kinder mit anderer Nationalität oder Herkunft wächst stetig. Ohne daß exakte Zahlen zur Verfügung stehen, kann davon ausgegangen werden, daß es inzwischen weit mehr als 100 „mitgebrachte" bzw. in den Familien gesprochene Sprachen gibt.

Diese Zahlen und die aufgezeigte Entwicklung und ihre Konsequenzen werden aber in Deutschland nicht wahrgenommen oder zumindest nicht offen diskutiert. Ohne Bezug zur Realität, die im übrigen dieser Vorstellung nie entsprochen hat, wird sowohl in der politischen Diskussion als auch in der Wissenschaft Kindheit in Deutschland verstanden als das Aufwachsen eines nicht-gewanderten, einsprachigen Kindes in einer sprachlich, kulturell und religiös homogenen Gesellschaft. Kinder- und Familienuntersuchungen beziehen weder die Kinder aus Familien mit Migrationshintergrund noch die sich aus der Migration ergebenden gesellschaftlichen Veränderungen für die Einheimischen mit ein (Ausnahme: der 10. Kinder- und Jugendbericht, s. Bundesministerium für Familie, Senioren, Frauen und Jugend 1998).

I. Die Lage von Familien mit Migrationshintergrund: Leben unter den Bedingungen sozialräumlicher Segregation

Der Einfluß der sozialen Rahmenbedingungen, unter denen ausländische Familien leben und arbeiten, wird häufig unterschätzt. Ihre Lebenssituation ist auch heute noch weitaus ungünstiger als die der durchschnittlichen deutschen Bevölkerung. Im beruflichen Sektor sind ausländische Arbeitnehmer überwiegend in angelernten und Hilfsarbeitertätigkeiten eingesetzt und verfügen über durchschnittlich niedrigere Einkommen als die deutsche Bevölkerung. Wegen der Mitarbeit der Ehefrauen und der Kinder sind die Familieneinkommen allerdings manchmal höher als die deutscher Arbeitnehmerhaushalte. Ausländische Arbeitnehmer sind auf bestimmte Arbeitsbereiche im industriellen Sektor und im Dienstleistungsgewerbe konzentriert und in besonderer Weise von Arbeitslosigkeit bedroht. Im familialen Bereich wird die Situation durch die Berufstätigkeit der Mutter beeinflußt, wobei das Problem berufstätiger Mütter weniger in der zeitlichen Abwesenheit als vielmehr in den Arbeitsbedingungen liegt, denen sie in Beruf und Familie ausgesetzt sind. Im Wohnbereich bereitet die Versorgung mit entsprechenden Wohnungen nach wie vor Schwierigkeiten, obwohl sich statistisch hier wie in vielen anderen Bereichen die Situation in den letzten Jahren deutlich verbessert und in einigen Punkten der der deutschen Arbeiterfamilien angeglichen hat.

Diese schlechten Rahmenbedingungen, unter denen ein Teil der Familien und damit auch der Kinder in Deutschland aufwachsen, werden in den letzten Jahren verstärkt unter dem Gesichtspunkt von Armut thematisiert

(s. dazu Bundesministerium für Familie, Senioren, Frauen und Jugend (Hg.): Zehnter Kinder- und Jugendbericht 1998, S. 88–94). Dabei wird in zunehmendem Maße darauf hingewiesen, daß Kinder, die in migrierten Familien leben, unter besonders schlechten Rahmenbedingungen aufwachsen, besser, daß diese Gruppe von Kindern die Kindheit negativ beeinflussende Faktoren wie insbesondere Armut und unzureichende Wohnbedingungen deutlich häufiger trifft als deutsche Kinder. Ungünstige Rahmenbedingungen des Aufwachsens, soziale Deprivation im Kindesalter hat jedoch – für Kinder ausländischer Herkunft wie für deutsche Kinder – Folgen für deren weitere Entwicklung. Das Aufwachsen in Armut und in einem unzureichenden Wohnumfeld bedeutet nicht nur eine Beschränkung der Erfahrungs- und Entwicklungsmöglichkeiten, sondern enthält Risiken für Gesundheit, für die Sozialentwicklung und für das Selbstbild. Es ist notwendig, den Blick auf die objektiven Bedingungen, die sozialen Faktoren ihres Aufwachsens zu lenken.

Hier soll die sozialräumliche Situation thematisiert werden: Ausländer und daher auch ausländische Familien leben überwiegend in Ballungsgebieten: 86 % der Griechen, 82 % der Italiener, 81 % der Personen aus dem ehemaligen Jugoslawien und 77 % der Türken haben ihre Wohnung in Städten mit mehr als 100.000 Einwohnern (Mehrländer u.a. 1996, S. 245). In den Städten wohnen sie konzentriert in bestimmten Wohnregionen. Die Städte werden räumlich durch Armut und Reichtum gespalten. Die Vision des Raumordnungsgesetzes, zu in allen Teilräumen gleichwertigen Lebensbedingungen zu führen, trifft in den Städten nicht zu. Alle Stadtberichte (s. z.B. für Koblenz: Baum 1996, 1997; für Dortmund: Krummacher / Waltz 1996; für Köln: Eckert / Kißler 1997) beschreiben die scharfen Trennungslinien zwischen besser und schlechter gestellten Stadtteilen. Die Trennung der Stadt hat drei Dimensionen: Zuerst ist die ökonomische Ungleichheit nach Einkommen, Eigentum und Position auf dem Arbeitsmarkt zu nennen. An zweiter Stelle spielen die sozialen Unterschiede nach Bildung, gesundheitlicher Lage, sozialer Teilhabe und Position auf dem Wohnungsmarkt eine Rolle. Und drittens wirken sich die kulturellen Unterschiede nach ethnischer Zugehörigkeit, Religion, zivilisatorischen Verhaltensformen und normativen Orientierungen aus. In den schlechter gestellten Stadtteilen, auch als Armutsquartiere bezeichnet, sind überdurchschnittlich deutsche Haushalte zu finden, die von Sozialhilfeabhängigkeit und Arbeitslosigkeit betroffen sind, sowie Haushalte von Arbeitsmigranten, Flüchtlingen und Aussiedlern.

Familien mit Migrationshintergrund wohnen in den innenstadtnahen Altbauquartieren mit einem hohen Anteil von Armutslagen und noch häufiger in Großsiedlungen mit einem überdurchschnittlichen Anteil an Sozialwohnungen. In den Landkreisen leben sie ebenfalls in Gemeinden mit hohem Anteil von Familien in Armutslagen. Das Aufwachsen von Kindern in sozialen Brennpunkten – von Baum (1997) als Urbanisierung der Armut bezeichnet – führt zu besonderen Lebensbedingungen und hat Konsequenzen für die Kinder in allen Lebensbereichen. Armut, Kargheit ist für Kinder aus diesen Wohngebieten, die aus für (Groß)Städte typischen sozialräumlichen Differenzierungsprozessen entstanden sind, räumlich und damit sinnlich im gesamten Wohnnahbereich wahrnehmbar. Es handelt sich um eine erzwungene Segregation, entweder – so Baum 1997, S. 2 – aufgrund einer strukturell (Mietpreise) oder einer gesetzlich erzwungenen (Einweisung durch die Kommune) Segregation. Das Wohngebiet ist räumlich abgegrenzt. Aus der räumlichen Segregation wird die soziale mit der Handlungsfolge der Stigmatisierung und Diskreditierung aufgrund der Adresse des Wohngebietes, der dort vorherrschenden Bebauung und der Bausubstanz sowie des Wohnumfeldes und der dort lebenden Bewohner. Das Wohnumfeld wird durch seine Bewohner geprägt und prägt seine Bewohner, insbesondere aber die Kinder und das Kinderleben. Es läßt sich beschreiben durch reduzierte Einkaufsmöglichkeiten, minimale Gemeinschafts- und Freizeiteinrichtungen, das Fehlen einer attraktiven Infrastruktur, und – so folgt in den Schilderungen – den hohen Anteil von Problemfamilien, Langzeitarbeitslosen und Sozialhilfeempfängern sowie einen teils sehr hohen Anteil von Ausländern und Aussiedlern.

Der hohe Anteil von Ausländern und Aussiedlern wird zur Charakterisierung von sozialen Brennpunkten genannt; kaum thematisiert wird, was das Aufwachsen in solchen Regionen für die Kinder aus Zuwandererfamilien und für die Eltern bedeutet und zwar über die Einschränkungen hinaus, die auch für deutsche Kinder gelten. Eltern aus Zuwandererfamilien errichten ein zweites Getto im sozialen Brennpunkt für ihre Kinder: Sie suchen Kontakte zu deutschen Kindern aus dem Wohnumfeld soweit wie möglich zu verhindern, da sie deren Verhalten nicht akzeptieren und die Lebensformen der deutschen Familien ablehnen. Für die Eltern und noch mehr für die Kinder, die kaum über Differenzierung erlaubende Erfahrungen verfügen und die wenig Zugänge zu deutschen Lebensformen besitzen, wird die Vorstellung vom deutschen Familienleben durch das geprägt, was sie im sozialen Brennpunkt erfahren. Das dort wahrgenommene Familienleben wird ebenso abgelehnt wie das, was sie über das Verhalten und die Erziehung der Kinder wahrnehmen oder wahrzunehmen glauben.

Nicht wenige Kinder in den industriellen Ballungszentren wachsen in ethnischen Gettos auf. Unter Gettos werden abgrenzbare räumliche Einheiten verstanden, in denen Bewohner relativ homogen nach bestimmten Merkmalen, hier ethnischer Zugehörigkeit, von anderen relativ abgeschlossen mit eigener subkultureller Organisation leben. Wir wissen nicht, wie viele Kinder mit Migrationshintergrund in solchen Gettos leben, da die Statistik wegen der Kleinräumlichkeit der Gebiete darüber keine Auskunft gibt. Um Informationen zu bekommen, ist es notwendig, sich die Binnenstruktur der Städte genau anzusehen.[1] In kleinräumigen Gettos mit so hoher Konzentration einer Ethnie leben vor allem türkische Arbeitsmigrantenfamilien und Aussiedler.

Was bedeutet das Leben im ethnischen Getto, in abgegrenzten ethnischen Communities für das Aufwachsen, die Lebenssituation und die Zukunftsperspektiven von Kindern? Für die zweite Generation, also die Kinder, und teilweise auch für die dritte, die Enkel der Zugewanderten, ist die Community vor allem der Raum, in dem sie die Traditionen ihrer Eltern ernstgenommen sehen, der Raum der herkunftsbezogenen Bildung und (Sekundär-)Sozialisation, dann aber auch ein soziales Auffangnetz bei mißlingender Integration und ein Forum der Beratung und der Verbindung mit den Gleichaltrigen. Sie können Schutz vor anhaltender Diskriminierung bieten und die Entfaltung von kultureller Eigenständigkeit ermöglichen. Im Wechsel der Generationen kann sie so auch zum Raum der Organisation von Einwandererinteressen gegenüber der Gesellschaft und Politik des Einwanderungslandes werden. Die relative Geschlossenheit des Gettos vermittelt Sicherheit und die durch die Mitbewohner ausgeübte soziale Kontrolle erlaubt Kindern Freiheiten, die vielleicht in anderen Wohnumfeldern nicht gegeben wären. Die Abgeschlossenheit des Gettos und die sozialräumliche Isolierung der dort lebenden Menschen erschwert jedoch den Zugang zu den Normen, Werten und Gewohnheiten der Mehrheitsgesellschaft. Es fehlt die Einbindung in deren Kommunikationsnetze. Das, was für die Bewältigung des Lebens in dieser Mehrheitsgesellschaft notwendig wäre, wird von einem Teil der im Getto lebenden Kindern nicht hinreichend gelernt: die deutsche Sprache, die Umgangsformen, die Auseinandersetzung mit pluralen Lebensformen und -orientierungen. Daraus wiederum resultieren eingeschränkte Schulbildung und Berufschancen. Diese wiederum führen zur Verhinderung von Aufstieg, wenn nicht sogar zu einer Verringerung der Lebenschancen in der Mehrheitsgesellschaft. Der Grad der Einbindung der ausländischen Familien in die ethnischen Communities und der Einfluß, den sie auf das Leben und die Alltagsorientierungen der Menschen der jeweiligen Ethnie gewonnen hat, ist von Nationalität zu Nationalität, oftmals auch von Stadt zu Stadt sehr unterschiedlich. Bei einer Diskussion der Situation der Fami-

---

[1] Betrachtet man etwa Duisburg als Stadt mit dem zehnthöchsten Ausländeranteil in Deutschland, so lassen sich fünf Wahlbezirke feststellen, die einen Ausländeranteil zwischen 60 % und 70 %, drei, die einen zwischen 50 % und 60 % haben. Daneben gibt es auch in Duisburg Bezirke, in denen die ausländische Wohnbevölkerung um oder unter 10 % beträgt.

lie muß ihr Einfluß stärker als bisher in den Blick genommen werden.
Zwei Aspekte dürfen nicht außer acht gelassen werden:
- Kinder wachsen nicht nur in einem ethnischen Getto auf, sondern diese Gettos liegen in solchen Stadtteilen oder kleinräumigen Zonen in Stadtvierteln, die infrastrukturell benachteiligt sind. Die im vorigen Punkt diskutierten Bedingungen treffen auch stets für diese Viertel zu. Die räumliche und ethnische Konzentration von Armut mit ihrer Mischung aus hohen Anteilen von Arbeitslosen und Sozialhilfeempfängern, die die US-amerikanischen Gettos kennzeichnet, greift auch in Deutschland Raum. Es bietet den Kindern ein vernachlässigtes, anregungsarmes Wohnumfeld, deren Bezüge zu der Mehrheitsgesellschaft nur noch über die Bildungsinstitutionen hergestellt werden (s. dazu Wilson 1992).
- Ein nicht unerheblicher Teil der Familien lebt nicht freiwillig im Getto, sondern hat sich ursprünglich und teilweise auch heute noch dort angesiedelt, weil sie auf dem freien Wohnungsmarkt keinen Wohnraum erhielten oder erhalten.

Wir wissen nicht, wie viele Kinder aus Zuwandererfamilien in absoluten Zahlen oder prozentual unter ihr Leben beeinträchtigen Bedingungen, einem sozialräumlich separierten sozialen Brennpunkt oder in einem ethnischen Getto, das ebenfalls häufig ein infrastrukturell vernachlässigtes Wohngebiet ist, leben, aber es muß ein erheblicher Teil von ihnen sein. Nicht immer, aber häufig sind gerade die Wohngebiete mit hohen Zuwandereranteilen von sozialräumlichen Defiziten bestimmt und werden von Familien und damit auch von Kindern bewohnt, deren Leben durch soziale Benachteiligung geprägt wird. Städtestudien wie die von Dortmund (s. Krummacher u.a. 1995; Krummacher / Waltz 1996) vermitteln einen realitätsgerechteren Eindruck als Darstellungen zur allgemeinen Lebenssituation, die von Durchschnittswerten ausgehen.

II. Kinder in einer multikulturellen Gesellschaft und das Zusammenleben mit Fremden[2]

Kinder in Deutschland wachsen hinein in eine Gesellschaft der verschiedenen Ethnien und Kulturen. Sie erleben, in Westdeutschland häufiger als in Ostdeutschland, in städtischen häufiger als in ländlichen Regionen, Menschen mit anderer Sprache, anderem Aussehen, anderen Umgangsformen. In den Großstädten sehen und erleben (west)deutsche Kinder Menschen, die

---

[2] Dieser Teil folgt dem Kapitel B7 des Zehnten Kinder- und Jugendberichtes, s. Ministerium für Familie, Senioren, Frauen und Jugend 1998

in Moscheen gehen. Frauen, die Kopftücher tragen, Kinder, die spätabends auf der Straße spielen (dürfen), Familien, die in den Grünanlagen Picknick machen. Kinder ausländischer Herkunft sehen und erleben das Läuten der Glocken von Kirchen, deren Gottesdienste nur von wenigen Gläubigen besucht werden, Menschen, die gepflegte Hunde spazierenführen, Frauen und Männer, die sich nackt in Parks tummeln, Nachbarn, die Kontakte auf oberflächliches Grüßen reduzieren. Multikultur ist Realität in den Stadtteilen, Kindergärten, Schulen und Einrichtungen, an denen deutsche Kinder und Kinder von Arbeitsmigranten, Flüchtlingen und Aussiedlern teilhaben.

Die Zuwanderung von Millionen Menschen anderer Nationalität, Sprache und Kultur hat Deutschland verändert. Es wanderten Menschen ein, die andere Lebensstile und Werte, z.B. im Bereich der Familienstrukturen und der familialen Orientierungen, mitbrachten. Für die Aufnahmegesellschaft vergrößert die Zuwanderung die Vielfalt im Lande. Für die Zugewanderten und ihre Kinder bedeutet die Wanderung und das Leben in einem Land mit anderen Lebensstilen und Orientierungen die Konfrontation mit einer noch größeren Vielfalt als für die Einheimischen, da sie teilweise aus Ländern oder Regionen mit geringerer Heterogenität ausgewandert sind und das Vertraute zurücklassen mußten oder es in Deutschland nur noch im engen Rahmen der ethnischen Communities wahren können.

Die Konflikte zwischen Einheimischen und Zugewanderten sind seit der Wiedervereinigung gewachsen, die zeitlich mit einem wirtschaftlichen und gesellschaftlichen Umbruch für alle in Deutschland lebenden und arbeitenden Menschen zusammenfiel. Deutlichster Ausdruck für die Schwierigkeiten ist der Fremdenhaß, der sich in Gewalttaten gegen Ausländer entlädt. Gewalt und Bereitschaft zu Gewalt gegen Fremde wird – wegen des jugendlichen Alters des größten Teils der Täter – entlastend als Jugendphänomen bewertet und damit nur einer kleinen Gruppe als Verhalten oder Haltung zugeschrieben. Alle Untersuchungen weisen jedoch nach, daß Ablehnung von Ausländern als Fremden ein weit verbreitetes Einstellungsmuster in allen Altersgruppen darstellt.

Weitaus weniger Untersuchungen vermitteln einen Eindruck davon, wie die Zugewanderten die Deutschen und das deutsche Leben sehen und bewerten. Die wenigen, meist älteren Untersuchungen beschreiben, daß türkische männliche Jugendliche negativ über deutsche Mädchen und Frauen denken. Ihre Aussage angewandt auf türkische Mädchen, diese seien „verdeutscht" oder „Deutsche geworden", impliziert Ablehnung und moralische Abqualifizierung. Ähnliche Tendenzen zeigen Untersuchungen bei türkischen Mädchen, die kundtun, daß das Verhalten, das deutsche Mädchen gegenüber ihren Eltern zeigen bzw. das türkische Mädchen als Verhalten deutscher Mädchen wahrnehmen, bei ihnen kein Verständnis findet. Viele türkische

Mädchen halten eine Lebensweise, wie sie sie bei den Deutschen wahrnehmen, nicht für erstrebenswert; sie wollen nicht wie Deutsche sein. Ihre Vorstellungen über das Verhalten deutscher Mädchen sind stereotyp und vorurteilsvoll: Deutsche Mädchen schlafen sofort und häufig mit Jungen, haben schon mit 18 ein Kind, dürfen rauchen, trinken, werden nicht von den Eltern behütet. Schülerinnen türkischer Herkunft sprechen den deutschen Schülerinnen Familiensinn ab und setzen sich in diesem Punkt positiv von ihnen ab.

So wie es Fremdenfeindlichkeit der Deutschen gibt, gibt es Deutschenfeindlichkeit bei Zugewanderten, nicht selten unterstützt und geschürt durch fundamentalistische Organisationen. Dazu zwei Klarstellungen: Auch wenn aufgrund der Literaturlage und der öffentlichen Diskussion sich die Beispiele auf die türkischen Zuwanderer richten, sind ähnliche Abwehrhaltungen und Distanzierungen von den „deutschen Vorstellungen" auch bei einem Teil der anderen Zuwanderer vorhanden, bei den Arbeitsmigranten anderer Nationalität und den Flüchtlingen ebenso wie bei den Aussiedlern. Zweitens ist zu berücksichtigen, daß ein erheblicher Teil der Zugewanderten bereit war, teilweise noch ist, sich mit den deutschen Vorstellungen auseinanderzusetzen, daß aber dazu – wegen Abwehrhaltungen von Deutschen – wenig Möglichkeiten geboten wurden.

Die Vielfalt der Ethnien und Kulturen, wahrgenommen am Aussehen, an der Kleidung oder an Festen, wird von den Kindern selbst aufgrund der öffentlichen Thematisierung als eine besondere erfahren. Es bestehen zwei gegensätzliche Auffassungen, wie Kleinkinder Fremdes wahrnehmen und sich mit ihm auseinandersetzen. Neben der Vorstellung, daß Fremdenfurcht als angeborene Reaktion gegenüber Fremden und universales Muster das Miteinander auch von Kindern erschwert, gibt es eine andere, die davon ausgeht, daß Kinder von sich aus niemals auf die Idee kämen, wahrgenommene Unterschiede als eine Frage der Nationalität oder Ethnie zu sehen. Weder die kindliche Unbefangenheit im Umgang mit anderen Nationalitäten noch die Fremdenfurcht beim Kind sind durch empirische Untersuchungen belegt, wie überhaupt Daten in diesem Bereich aus Untersuchungen von Kindern bis zu 14 Jahren rar sind. Wir sind, was die Einstellungen der deutschen Kinder zu Ausländern und zu Kindern ausländischer Herkunft betrifft, auf die Ergebnisse soziometrischer Verfahren und einiger weniger Untersuchungen über Kinder zu ethnischen Stereotypen und Vorurteilen angewiesen. Diese ermitteln, daß Kinder mit Migrationshintergrund in der Massengemeinschaft eher isoliert sind, daß sie häufiger abgelehnt werden, insbesondere, wenn sie türkischer Herkunft sind. Irgendwann und zwar sehr früh in der Kindheit, auf jeden Fall im Vorschulalter wird „Ethnie" für Kinder zu einer bedeutsamen, wenn nicht zu der bedeutsamsten Unterscheidungskategorie überhaupt. Da es bei der Gruppe der Kinder keine neueren Untersuchungen gibt, läßt sich nur für die Gruppe der etwa 11jährigen Kinder (Mitulla 1997) belegen, daß die im Durchschnitt etwa 11 Jahre alten Kinder sehr vieles über Ausländer gehört und aufgenommen haben. Sie kennen die negativen Zuschreibungen, die zum stereotypen Bild von Ausländern gehören: „Ausländer sind aggressiv und dumm, sie sind schmutzig, sie stinken" (ebd., S. 160). Wegen methodischer Mängel der Untersuchung ist eine Trennung zwischen der Wiedergabe von gesellschaftlichen Stereotypen und Bewertungen von Ausländern und der eigenen Meinung der Kinder nicht möglich. So wird nur nachgewiesen, in welchem Ausmaß negative Bilder in den Köpfen der Kinder Raum haben: Es werden kaum positive persönliche Merkmale und Verhaltensweisen oder positive Einstellungen genannt, und wenn, dann sind es blasse Eigenschaften wie „nett" (ebd., S. 119).

Alle Untersuchungen weisen darauf hin, daß Stereotypen gegen Ausländer und fremdenablehnende Haltungen sehr früh im Kindesalter wahrgenommen und aufgebaut werden. Ohne daß neuere Untersuchungen vorliegen, muß davon ausgegangen werden, daß auch heute ein Teil der Vorschulkinder negative Haltungen gegen Kinder aus anderen Ethnien mitbringen. Bei den 10- bis 12jährigen sind es etwa 10 bis 15 %, die verfestigte negative Einstellungen gegenüber Fremden bis hin zur Akzeptanz von Gewalt zeigen, und insgesamt etwa 40 %, die deutliche Abwehrhaltungen einnehmen. Kindern und Zuwanderern ausländischer Herkunft gegenüber positiv eingestellt ist nur eine Minderheit. Dabei muß besondere Berücksichtigung finden, daß immer dann, wenn differenziert gefragt wird, die türkischen Zuwanderer und ihre Kinder in besonderem Maße negativ attribuiert und besonders häufig abgelehnt werden.

Stereotypen, die in einem frühen Stadium des Sozialisationsprozesses erworben werden, sind besonders wirksam. sie schlagen sich nicht nur in geäußerten Vorurteilen nieder, sondern begründen auch bei denen, die keine manifeste Ablehnung äußern, Negativbilder von Ausländern, die ihrerseits den Aufbau von Beziehungen über ethnische Grenzen hinweg behindern (Mitulla 1997). Die erworbenen kulturellen Vorurteile und Stereotypen bleiben im Gedächtnis präsent, auch wenn sie nicht mehr der aktuellen Einstellung entsprechen. Sie werden in Situationen, in denen automatische Informationsprozesse ablaufen, aktiviert. Kinder wissen von den negativen Einschätzungen, die mit der Anwesenheit von Ausländern verbunden werden: „Sie nehmen die Arbeitsplätze weg, sie sind Kriminelle, sie sollen Deutschland verlassen, das Boot ist voll." Auch im Alltag bemerken sie Abgrenzungen: Manche Kinder dürfen nicht mit ausländischen Kindern spielen. Die gesellschaftliche Tradierung ethnischer Stereotype

scheint – so die Autorin – zu funktionieren. Allerdings werden die Stereotype von den etwa 11jährigen Kindern nicht kritiklos übernommen. Ein Teil
der Kinder, und zwar diejenigen, die als weniger vorurteilsvoll eingestuft
wurden, lehnen die negativen Zuschreibungen ab. Aber auch eher vorur-
teilsvolle Kinder äußern sich kritisch zu den Zuschreibungen, stimmen
ihnen aber stärker zu. Deutlich formuliert wird hingegen die Abgrenzung
gegenüber Türken. Ihnen wird besonders wenig Sympathie entgegen-
gebracht (Mitulla 1997). In der Bereitschaft, sich mit den negativen
Zuschreibungen der Erwachsenen auseinanderzusetzen, die nach der
Untersuchung von Mitulla ein erheblicher Teil der Kinder zeigt, liegen
Chancen für eine Veränderung der Einstellungen.

III. Soziale Lage, Orientierungen von Migrantenfamilien und der Zugang zu Beratungsangeboten

Nicht allein aus der Familienstruktur und der sozialen Lage erklärbar, aber
durch diese verstärkt hat sich auch bei den heute in Deutschland lebenden
Familien (das sind mittlerweile die Enkel der Arbeitsmigranten und Ar-
beitsmigrantinnen) die Inanspruchnahmebarriere gegenüber Angeboten
deutscher Institutionen nicht verringert. Den ausländischen Familien stehen
im Rahmen der kinder- und jugendpsychiatrischen Dienste, der kommunalen Betreuungseinrichtungen und in den anderen Bereichen der Gesundheitsvorsorge grundsätzlich die Angebote offen, die für deutsche Familien,
Jugendliche und Kinder zur Verfügung stehen. Bei Behinderungen, Lern-
schwierigkeiten und psychischen Problemen ihrer Kinder können sie sich
an Einrichtungen und Beratungsangebote richten, die die Kommune bereit-
stellt. Sie haben das Recht und die Möglichkeit, an Vorsorgeuntersuchungen
teilzunehmen, psychologische oder psychiatrische Beratungsstellen aufzusuchen, heiltherapeutische Hilfen u.a.m. zu erhalten. Daneben bestehen –
getrennt nach Nationalitäten – die speziellen Betreuungseinrichtungen für
ausländische Arbeitnehmer und ihre Familienangehörigen. Beide Formen
der Betreuung werden aber den spezifischen Bedürfnissen ausländischer
Familien häufig nicht gerecht: Die allgemeinen Beratungsstellen verfügen
meistens weder über Personal aus den Herkunftskulturen noch über deutsche
Berater und Beraterinnen mit Kenntnissen der Sprache und Kultur der Migranten. Ausländische Eltern finden selten einen Ansprechpartner für ihre
Anliegen und meiden auch deswegen diese Einrichtungen. Die speziellen
Einrichtungen für Ausländer haben zwar muttersprachliche Sozialbetreuer
eingestellt; diese verfügen jedoch nicht über spezielle Kenntnisse in den
Bereichen, in denen die Familien Rat und Hilfe suchen. Diese Sozialbetreuer

sind vielmehr für alle Fragen und Probleme ausländischer Arbeitnehmer und ihrer Familien zuständig, vom Ausländerrecht über Arbeits- und Mietrecht sowie Fragen zu sozialer Sicherung bis hin zu Schul- und Erziehungsfragen. Wegen der Vielfalt der Aufgaben verfügen die ausländischen Sozialbetreuer über kein ausreichendes Expertenwissen. Nur in wenigen Städten gibt es Angebote für ausländische Eltern mit dem notwendigen spezialisierten Personal aus dem Herkunftsland oder aus den ethnischen Communities oder mit deutschem Personal, das über spezifische Sprach- und Kulturkenntnisse verfügt. In den meisten Städten gibt es keine oder zu wenige Angebote in den Regionen, in denen die Familien mit Migrationshintergrund leben.

Wenig thematisiert wird die Unterrepräsentanz von Familien mit Migrationshintergrund in allen Formen der Hilfen zur Erziehung. Dieses gilt z.B. für die Angebote der Förderung der Erziehung in der Familien, etwa der Familienbildung. Quantitativ beziehen zu wenige Angebote diese Gruppen ein. Qualitativ gibt es – wie es in dem Projektantrag von Koderisch heißt, „eine ganze Reihe positiver Erfahrungen sowohl von Familienbildungsarbeit mit Angehörigen ethnischer Minderheiten als auch von interkulturell orientierter Arbeit, doch sind diese Erfahrungen weithin nicht sehr bekannt. Sie entstehen zum Teil zufällig, häufig auch unter schwierigen Rahmenbedingungen. Das hat zur Folge, daß manche kreative und hilfreiche Konzeption zwar entwickelt und erprobt wird, ihre Sicherung, Fortführung und Weitervermittlung aber unterbleibt, weil Mittel und Kräfte dafür nicht zur Verfügung stehen" (Koderisch 1996, S. 7). Das KJHG bietet die Grundlage für „die Gestaltung von Angebotsstrukturen, die die pluralen Lebenswelten einer modernen Einwanderungsgesellschaft miteinander vermitteln helfen können im Sinne einer zwar an der Gleichheit der Chancen orientierten Integrationskonzeption, die gleichwohl sich respektvoll und diskursiv auf vorhandene Vielfalt einläßt" (ebd., S. 23). Über die bestehenden Einzelprojekte hinaus, die eine Einbeziehung der Zuwandererfamilien leisten oder interkulturelle Ansätze vertreten, muß die Praxis aller Familienbildungseinrichtungen in Regionen mit Zuwanderern – und das wird immer mehr Räume betreffen – sich dem Gedanken einer interkulturellen Öffnung stellen.

Auch bei der Thematisierung der Trennungs- und Scheidungsberatung finden Familien mit ausländischem Paß und die daraus folgenden Auswirkungen auf die Kinder, kaum Berücksichtigung. Die Zahl der Scheidungen vor deutschen Gerichten ist bisher relativ gering, allerdings haben die Zahlen auch nur begrenzten Aussagewert, weil nur jene Verfahren erfaßt werden, die vor Familiengerichten der Bundesrepublik anhängig waren und als Scheidung abgeschlossen wurden. Zahlreiche Scheidungsverfahren werden in den

Herkunftsländern beantragt und durchgeführt (Pasero 1990). Die Scheidungszahlen sind dennoch bisher eher gering, die Scheidungsfolgen sind ungleich größer als in deutschen Familien: Neben rechtlichen Risiken des nicht sorgeberechtigten Elternteils ohne gesicherten Aufenthaltsstatus spielen Versorgungsfragen und ggf. der Verlust eines Elternteils für die Kinder eine besondere Rolle. Die Diskussion um eine adäquate Ehe- und Trennungsberatung für diese Gruppe hat bisher noch nicht einmal begonnen.

Unterversorgungen lassen sich darüber hinaus in nahezu allen anderen Formen der Beratung im Rahmen der Hilfe zur Erziehung ausmachen. Als letztes soll hier auf die Erziehungsberatung hingewiesen werden. Die Anzahl aller beratenen Nichtdeutschen ist in den letzten Jahren in absoluten Zahlen nicht gestiegen, eine Differenzierung nach Altersgruppen erlauben die Daten nicht. Zudem hat sich der prozentuale Anteil an allen Beratungen konstant verringert, er ist von 6,7 % im Jahr 1991 auf 5,7 % im Jahr 1995 kontinuierlich zurückgegangen.

Vergleicht man diese Zahlen mit dem prozentualen Anteil der 0- bis 27jährigen Nichtdeutschen an der Bevölkerung, der bei rund 12 % liegt, wird deutlich, daß die Nichtdeutschen in Beratungsstellen eindeutig unterrepräsentiert sind. Ihr Anteil müßte doppelt so hoch liegen. Geschlechtsspezifische Unterschiede können nicht festgestellt werden (Expertise Schilling / Krahl 1989, Tab. 4).

Als Grund, warum die institutionelle Beratung wie alle anderen deutschen Beratungseinrichtungen von ausländischen Eltern und Familien nicht aufgesucht werden, wird die „Inanspruchnahmebarriere" genannt. Dabei lassen sich folgende Beweggründe benennen: die geringe Vertrautheit ausländischer Eltern mit Einrichtungen, die geringe Kenntnis über Erziehungsschwierigkeiten, die erst dann wahrgenommen werden, wenn es zu einem auffälligen Verhalten kommt, Reserven, sich gegenüber dem meist deutschen und ausschließlich deutschsprachigen Personal zu öffnen und sich ihm anzuvertrauen, die Furcht vor einer Entfremdung der Kinder von den heimatlichen Normen und, noch mehr, die Sorge, wegen der Inanspruchnahme Benachteiligung ausgesetzt zu sein.

Gründe sind darüber hinaus darin zu sehen, daß die Bestimmungen des § 46 Ausländergesetz hochgradig verunsichernd wirken, während gleichzeitig Hilfen zur Erziehung auf kulturelle unterschiedliche Hilfenotwendigkeiten kaum eingestellt sind und daher die Inanspruchnahmebarriere nicht verringern. Von einer interkulturellen Öffnung der Hilfen zur Erziehung kann noch in keiner Weise gesprochen werden.

Über die genannten Mängel hinaus hat die zur Zeit vorhandene Beratungsstruktur weitere inhaltliche Mängel. Ein Kritikpunkt, der schon sehr früh geäußert wurde, richtet sich auf die Klientelisierung der Ausländer im

Prozeß der Beratung.[3] Damit zusammen hängt der Ausgang vom Defizit-
ansatz: Ausländer werden als hilfsbedürftige Sondergruppe definiert, die
sich in der deutschen Sprache nicht verständigen können und die nicht über
Fähigkeiten verfügen, im politischen und sozialen Raum zurechtzukommen.
Über solche Überlegungen wurde das sozialpädagogische Prinzip der „Hilfe zur Selbsthilfe" vernachlässigt oder sogar ausgeschaltet. Die für Deutsche
vorhandenen Einrichtungen, die diesem Prinzip weitaus stärker folgen,
werden jedoch aus den oben diskutierten Gründen nicht in Anspruch
genommen.

Zudem muß herausgestellt werden, daß das „deutsche" System der Beratung
und Qualifizierung sich seinerseits gegen Ansprüche der ethnischen
Communities auf Selbstbestimmung, ja sogar auf Mitwirkung abschottet.
Nur wenige Kommunen und wenige Bundesländer fördern die ausländischen Selbstorganisationen außerhalb des kulturellen (oft folkloristischen)
Bereichs (vg. das Konzept des Senats von Berlin nach Puskeppeleit / Thränhardt 1990, S. 133 ff.). Findet überhaupt eine Förderung statt, dann erfolgt
sie oft ohne langfristige Planungsmöglichkeit und ohne kontinuierliche
materielle Absicherung. Nur wenige Kommunen machen ein Angebot, die
Beratungen für Familien der Zuwanderer durch Erweiterung der sachlichen
und personellen Ausstattung zu vergrößern.

IV. Konsequenzen und Forderungen

Familien mit Migrationshintergrund haben einen deutlich eingeschränkten
Zugang zu Beratungseinrichtungen, weil Sie in sozial deprivierten Stadtbe-
zirken leben und weil sie durch die Inanspruchnahmebarriere bedingt, „deutschen" Einrichtungen fern blieben. Ein sehr weitgehendes Konzept, das
Aufbrechen der sozialen Brennpunkte und der ethnischen Gettos durch
Herabzonen oder Umsiedlung ist zur Zeit nicht diskutierbar. Es muß daher
geleistet werden, die Lebensbedingungen und die soziale Versorgung in den
entstandenen benachteiligten Sozialräumen, die für alle dort lebenden Per-
sonengruppen – zugewanderte wie Deutsche – zu verbessern. Erreicht werden können diese durch die Verwirklichung einer sozialraumbezogenen
Konzeption.

---

[3] „Aufgrund ihrer strukturellen Machtposition konnten die Betreuungsverbände ihre eigenen Definitionen und
Konstruktionen der sozialen Lage und Formen der sozialen Versorgung der ausländischen Bevölkerung
weitgehend unter Ausschluß der Betroffenen und der Positionen anderer freier Träger durchsetzten. Dieses
beinhaltet neben Aufklärungsprozessen über die soziale Lage der Betroffenen und stellvertretender Vertretung gegenüber der Politik auch Etikettierungs- und Stigmatisierungsprozesse auf makrosozialer Ebene,
die eigentlich durch Formen der sozialen Versorgung und Hilfestellung überwunden werden sollten"
(Puskeppeleit / Thränhardt 1990, S. 115).

In einer solchen Konzeption wird als Ausgangspunkt für die Planung von Familien in diesen Stadtvierteln, insbesondere der Stadtteil und die Gemeinde sein. Kinder nehmen selten weite Wege auf sich; deshalb ist räumliche Nähe für die Möglichkeit zur Teilnahme wichtig, was für Mädchen und Frauen mehr als für Jungen und Männer gilt, für Kinder aus Zuwandererfamilien und hier nochmals besonders für die Mädchen, mehr als für deutsche Kinder.

Hilfen für Kinder und für Familien müssen sich an den Bedürfnissen der Menschen im Stadtteil, in der ländlichen Region orientieren. Armutsregionen z.B. in Trabantenstädten, infrastrukturell schlecht ausgestattet und bewohnt von Familien, die größtenteils von Sozialhilfe leben und den verschiedenen Zuwanderergruppen angehören, bedürfen einer anderen Ausstattung als etwa Einfamilienhaussiedlungen. Die besondere, kostenaufwendige Ausstattung muß allen Familien im Stadtteil, in der Region zugute kommen. Unzureichend ist es, wenn sich die Programme ausschließlich auf Problemgruppen beziehen oder sich gegen unerwünschte Erscheinungen (z.B. Drogenabhängigkeit, Gewalt) richten.

Das bedeutet z.B. konkret den Aufbau eines Frauen- und Kindergesundheitszentrums in der Region mit medizinischer, psychologischer und sozialer Beratung; vor Ort organisiert, Akzeptanz gewinnend (auch) durch ein ganzheitliches Beratungskonzept. Darüber sind migranten- und migrantinnenspezifische Gesichtspunkte in der Neukonzeption der Beratung zu berücksichtigen, insbesondere durch Änderungen bei der Rekrutierung und Fortbildung des Personals. Dieses verweist auf die Frage der Einstellung von Pädagogen und Pädagoginnen, Psychologen und Psychologinnen, Ärzten und Ärztinnen ausländischer Herkunft in deutschen Einrichtungen. Qualifiziertes zweisprachiges Personal steht nunmehr in größerer Zahl zur Verfügung, da immer mehr Studierende ausländischer Herkunft auch im pädagogischen und medizinischen Bereich ihr Universitätsstudium abschließen. Sie werden jedoch häufig nur dann eingestellt, wenn ihre zweisprachige Kompetenz speziell zur Beratung von Familien ausländischer Herkunft genutzt werden kann. Stellen für diesen Bereich stehen jedoch nur in wenigen Einrichtungen zur Verfügung. Es bestehen Reserven, Professionelle ausländischer Herkunft in Bereichen einzustellen, wo sie auch oder sogar überwiegend deutsche Familien oder Kinder und Jugendliche zu beraten haben.

Ferner muß die Beratung wohnortnah und als eine Familienberatung nicht nur als Beratung für Individuen angeboten werden. Interkulturelle Ansätze, die zur Überwindung des Defizitgedankens beitragen und von dem Bewußtsein bestimmt sind, daß es Angelegenheit der Zuwanderer und der Deutschen ist, die durch die Migration geschaffene Situation aufzuarbeiten, müssen mehr Gewicht erhalten. Die Zusammenarbeit aller in der Kommune tätigen Professionellen in den Beratungs- und allen Versorgungseinrichtungen muß unter Einbeziehung der ausländischen Selbsthilfeorganisationen wie auch der ethnischen Communities intensiviert werden. Eine direkte Förderung der Initiativen der ethnischen Communities, die bisher kaum finanzielle und sachliche Unterstützung finden, ist dabei ein notwendiger Schritt.

Die sozialraumbezogene Arbeit überwindet die Zersplitterung der kommunalen Planung. Die Ressorts Umwelt, Verkehr, Wohnen, Soziales, Gesundheit u.a. werden danach befragt, was sie zur Verbesserung der Lage der Menschen, in der Region, im Stadtteil leisten können, diese Leistungen werden dann von der Kommune, vom Land oder vom Bund abgefordert. Unterversorgte Zielgruppen (z.B. Kinder von Zuwanderern, von Sozialhilfeempfängern, Mädchen, Frauen) müssen in der Jugendhilfeplanung entsprechend ihrem Anteil berücksichtigt werden bzw. es muß Rechenschaft darüber abgelegt werden, daß auch sie von den Aktivitäten profitieren. Eine kleinräumig angelegte Sozialberichterstattung und eine ebensolche Jugendhilfeplanung und dessen Defizite, Ressourcen und Bedarf bilden die Planungsgrundlage.

In die Planung eingehen müssen auch die vorhandene Infrastruktur und deren Defizite (z.B. der heruntergekommene Spielplatz, der wenig in Anspruch genommene Kindertreff), die Wohnbedingungen, die Familienkonstellationen und die wirtschaftliche Lage der Familien. Die Situation im Stadtteil, in der Region soll, auch unter Berücksichtigung der Ressourcen, der dort lebenden Familien und der Kinder selbst, beschrieben werden, die Defizite des Raumes und der Versorgungsstruktur müssen benannt und die Gründe dafür offengelegt werden. Der unter Beteiligung von Eltern und Kindern erhobene Bedarf in den sozialen Räumen einerseits und die Qualität der Dienstleistungen, bezogen auf das gewünschte Konzept, andererseits bilden dann die Grundlage für die Mittelzuweisung. Die Verteilung der Ressourcen muß nach einer sozialräumlichen Planung, und nur nach dieser, erfolgen; der soziale Raum ist dann das Kriterium für die Ressourcenverteilung. Die freien Träger können sich mit ihren Angeboten einbringen. Innerhalb des Raumes wird das Angebot dann so vielfältig sein, wie es der Zugehörigkeit der Menschen zu verschiedenen Gruppen entspricht. In einem solchen Ansatz wird auch die zur Zeit vorherrschende paternalistische Vertretung der Zugewanderten überwunden.

LITERATUR

Avcı, Meltem (1992): Charakterisierung ethnischer Gruppen und Selbsteinschätzung türkischer und deutscher Schülerinnen. Dortmund: unveröffentlichte Diplomarbeit

Bade, Klaus J. (Hrsg.) (1994): Das Manifest der 60. Deutschland und die Einwanderung, München

Barwig, Klaus D. / Hinz–Rommel, Wolfgang (Hrsg.) (1995): Isolation oder Vernetzung? Ausländerorientierte Sozialarbeit, Freiburg

Baum, Detlef (1996): Wie kann Integration gelingen? Städtische Kindheit und Jugend im sozialen Brennpunkt – Bedingungen und Folgen räumlicher und sozialer Segregation. In: Kind Jugend Gesellschaft 2, Zeitschrift für Jugendschutz, S. 49–56

Baum, Detlef (1997): Armut durch die Stadt oder die Urbanisierung der Armut. Städtische Jugend im sozialen Brennpunkt – Bedingungen und Folgen räumlicher und sozialer Segregation in einem städtischen Kontext, nicht veröffentlichtes Manuskript

Beauftragte der Bundesregierung für Ausländerfragen (Hrsg.) (1999): Daten und Fakten zur Ausländersituation, 18. Auflage, Bonn

Boos-Nünning, Ursula (1994): Türkische Familien in Deutschland. Auswirkungen der Wanderung auf Familienstruktur und Erziehung. In: Luchtenberg, Sigrid / Nieke, Wolfgang (Hrsg.): Interkulturelle Pädagogik und Europäische Dimension. Herausforderung für Bildungssystem und Erziehungswissenschaft. Festschrift für Manfred Hohmann, Waxmann Verlag, Münster, S. 5–24

Bundesministerium für Familie, Senioren, Frauen und Jugend (Hrsg.) (1998): Zehnter Kinder- und Jugendbericht. Bericht über die Lebenssituation von Kindern und die Leistungen der Kinderhilfen in Deutschland, Bonn

Bundesministerium für Jugend, Familie Frauen und Gesundheit (Hrsg.) (1990): Achter Jugendbericht. Bericht über Bestrebungen und Leistungen der Jugendhilfe, Bonn

Dollase, R. (1994): Wann ist der Ausländeranteil zu hoch? Zur Normalität und Pathologie soziometrischer Beziehungen in Gruppen. In: Heitmeyer, Wilhelm (Hrsg.): Das Gewalt-Dilemma. Gesellschaftliche Reaktionen auf fremdenfeindliche Gewalt und Rechtsextremismus. Frankfurt / M., S. 404–434

Eckert, Josef / Kißler Mechtilde (1997): Südstadt, wat es dat? Kulturelle und ethnische Pluralität in modernen urbanen Gesellschaften am Beispiel eines innerstädtischen Wohngebietes in Köln, Köln

Friedrich-Ebert-Stiftung (Hrsg.) (1996): Integration und Konflikt. Kommunale Handlungsfelder der Zuwandererpolitik, Bonn

Hinz-Rommel, Wolfgang (1994): Interkulturelle Kompetenz: Ein neues Anforderungsprofil für die soziale Arbeit, Münster / New York

Jaede, Wolfgang / Portera, Agostino (Hrsg.) (1986): Ausländerberatung. Kulturspezifische Zugänge in Diagnostik und Therapie, Freiburg

Kampmann, Bärbel (1995): Handlungsebenen und Interventionsstrategien gegen Rassismus. In: Attia, Iman (Hrsg.): Multikulturelle Gesellschaft – monokulturel-

108

le Psychologie. Antisemitismus und Rassismus in der psychologischen Arbeit. Tübingen

Koderisch, A. (1996): Interkulturelle Öffnung – aber wie? – Familienbildung und Elternarbeit in der Einwanderungsgesellschaft, Bonn

Krummacher, Michael / Waltz, Viktoria (1996): Einwanderer in der Kommune. Analysen, Aufgaben und Modelle für eine multikulturellen Stadtpolitik, Essen

Krummacher, Michael u.a. (1995): Ausländerinnen und Ausländer im Stadtteil. Beispiel Dortmund – Nordstadt. Probleme – Konflikte – notwendige Reformen, Bochum

Mehrländer, Ursula / Ascheberg, Carsten / Keltzhöfter, Jörg (1996): Repräsentativuntersuchung '95: Situation der ausländischen Arbeitnehmer und ihrer Familienangehörigen in der Bundesrepublik Deutschland, Forschungsbericht Nr. 263, Berlin / Bonn / Mannheim

Ministerium für Arbeit, Gesundheit und Soziales des Landes Nordrhein-Westfalen (1994): Landessozialbericht, Band 6: Ausländerinnen und Ausländer in Nordrhein-Westfalen. Die Lebenslage der Menschen aus den ehemaligen Anwerbeländern und die Handlungsmöglichkeiten der Politik, Neuss

Mitulla, Claudia (1997): Die Barriere im Kopf. Stereotype und Vorurteile bei Kindern gegenüber Ausländern. Opladen

Pasero, Ursula (1990): Familienkonflikte in der Migration. Eine rechtssoziologische Studie anhand von Gerichtsakten, Wiesbaden

Puskeppeleit, Jürgen / Thränhardt, Dietrich (1990): Vom betreuten Ausländer zum gleichberechtigten Bürger, Freiburg

Schilling, Mattias / Krahl, Petra (1999): Kinder in der Kinder- und Jugendhilfe. Eine Auswertung der amtlichen Kinder- und Jugendhilfestatistik, Expertise zum 10. Kinder- und Jugendbericht, im Erscheinen

Wilson, William Julins (1992): Ghettoisierte Armut und Rasse. Zur öffentlichen Meinungsbildung in den USA. In: Leibfried, Stephan / Voges, Wolfgang (Hrsg.): Armut im modernen Wohlfahrtsstaat, Sonderheft: Kölner Zeitschrift für Soziologie und Sozialpsychologie, Opladen, S. 221–236

Der familiäre Umgang mit psychosozialen Krisen Jugendlicher: Eine transkulturelle Untersuchung zur Frage der Effekte von Minoritätenstatus und Kulturhintergründen

Renate Schepker und Güler Okman Fişek

Vor jegliche psychologische und psychiatrische Beratung oder Behandlung ist ein „Auffälligwerden" und ein Hilfeersuchen gestellt. Nach wie vor ist die Inanspruchnahme jugendpsychiatrischer oder -psychologischer Hilfen durch ethnische Minderheiten eher geringer als im Bevölkerungsdurchschnitt zu erwarten wäre.

Die Fragestellung dieser Untersuchung war es, zu eruieren, wie Familien in der Migration mit Erziehungsproblemen und Krisen ihrer Kinder umgehen und ab welchem Punkt das Aufsuchen professioneller Hilfen zu einer möglichen Bewältigungsstrategie wird.

Wissenschaftlich ist bisher ungelöst, wodurch der geringe Anteil türkeistämmiger Patienten in deutschen Institutionen erklärbar ist: ob es sich um einen Migrationseffekt handelt, d.h. möglicherweise durch den Status bedingt, in einer ethnischen Minorität innerhalb einer Mehrheitskultur zu leben, deren Institutionen für die Dominanzkultur ausgelegt sind – oder ob sich das Phänomen kulturell erklären läßt – d.h. bestenfalls hätten Familien aus der Türkei eigene, adäquatere Ressourcen und könnten auf unsere westliche Psychiatrie verzichten.

Für das Minoritätenphänomen würde sprechen, daß sich weltweit Jugendliche aus ethnischen Minderheiten seltener in psychologischer oder psychiatrischer Behandlung befinden als einheimische, so daß von „undertreatment" gesprochen wird (z.B. Cuffe et al. 1995, Mc Miller und Weisz 1996): Dieses verursache eine zu späte und zu geringe Inanspruchnahme mit Chronifizierung und schlechteren Behandlungsergebnissen.

Für die Kulturbedingtheit würde sprechen, daß es Untersuchungen gibt, die ein anderes Krankheitsverständnis belegen – ganzheitliche oder magische Sichtweisen könnten den „Weg zum Doktor" verstellen. Auch Forschungsergebnisse zum Kollektivismus in Familien aus der Türkei (vgl. Kağıtçıbaşı 1997) könnten belegen, daß Familien alle Probleme mit eigenen Mitteln, höchstens unter Zuhilfenahme der erweiterten Familie, zu lösen versuchen. Darin ist dann ein Modernitätstheorem versteckt – nur die moderne und postmoderne Familie geht zum Seelendoktor.

Eine dritte Möglichkeit wäre die, Inanspruchnahme pragmatisch mit der Versorgungsdichte zu erklären: wo kein Angebot, dort auch kein Akzeptanzproblem, denn Inanspruchnahme ist gar keine Handlungsmöglichkeit. Deswegen nutzt es wenig, nur vergleichende Inanspruchnahmedaten zu untersuchen – Aufschluß über die Wege zur Psychiatrie erhalten wir nur durch die Haltungen und Aussagen der Familien selbst.

Zur Klärung dieser Frage ist es notwendig, in einer transkulturellen Untersuchung kulturspezifische Handlungsmuster zu eruieren, die in Deutschland und in der Türkei bei türkeistämmigen Familien ähnlich vorhanden sein müßten. Migrations- oder minoritätenspezifische Besonderheiten würden sich dann eher bei Familien, die in Deutschland leben finden lassen. Erst wenn die Lösungen in der Herkunftskultur mit denen nach der Migration übereinstimmen und wenn beide zusammen von Vorgehensweisen der Aufnahmekultur differieren, wäre es ein Kultureffekt. Wenn keine Unterschiede bestünden, wäre es ein universell gültiges Vorgehen.

Wir haben dazu freiwillig teilnehmenden Familien im Ruhrgebiet und in İstanbul die gleichen Fragen gestellt. Beide Gruppen lebten in der Stadt und hatten Kinder im Adoleszenzalter. Um Migrationseffekte im Sinne von Effekten des Umgebungswechsels und der Verstädterung auszuschließen, wurden in İstanbul ausschließlich Gecekondu-Familien befragt, d.h. Familien in den schnell gebauten Zuzugsgebieten am Stadtrand, die eine Binnenmigration vom Land hinter sich hatten. Die Tonbandinterviews wurden nach gemeinsam entwickelten Kriterien mittels der Mayring-Methode inhaltsanalytisch ausgewertet (Mayring 1980).

Es wurden 77 Essener Familien und 200 İstanbuler Familien im Hausbesuch befragt. Die Essener und die İstanbuler Stichprobe zeigten geringfügige soziodemographische Unterschiede: Die Eltern in der Türkei hatten einen höheren Grad an lebenslanger Urbanisierung und waren im Durchschnitt 6 Jahre jünger als die Zuwanderer in Deutschland; unter den Binnenmigranten in der Türkei waren Analphabeten seltener: 29 % der in Deutschland lebenden, aber nur 14 % der Mütter in İstanbul waren ohne jede Bildung oder beherrschten gerade das Lesen und Schreiben, bei den Vätern waren es 13 bzw. 1 %. Die Familien beider Stichproben erzogen durchschnittlich 3,5 Kinder. Ein höherer Bildungsgrad war in beiden Gruppen gleich häufig vertreten, aber es gab viel weniger gut bezahlte Angestellte in Deutschland. Weitere Unterschiede in der Arbeitstätigkeit waren darauf zurückzuführen, daß, z.T. aufgrund des höheren Alters, berentete Väter sich nur in Deutschland fanden. In Deutschland war andererseits die Zahl der berufstätigen Mütter deutlich höher (50 % gegenüber 26 % in İstanbul). Alleinerziehende waren in İstanbul nicht befragt worden (0 % vs. 20 %).

Auf die Frage, woher körperliche Beschwerden bei Kindern stammen könnten, zu denen ein Arzt keine Ursache findet, antworteten viele der befragten Familien mit einem psychosomatischen Grundverständnis, d.h. familiären oder individuellen Gründen.

Tab. 1: Mögliche Ursachen kindlicher Körperbeschwerden ohne somatisches Korrelat (Attributionen pro Familie)

	% Essen[1] N = 77	% İstanbul[2] N = 200
Familie (D und TR:) zu wenig Liebe, Vernachlässigung, Druck, Nichtbeachtung; D: Zerbrechen der Familie	26	28
Lebensbedingungen D: Horrorfilme, Schulprobleme, Fremdenfeindlichkeit TR: Anpassungsschwierigkeiten, unregelmäßiges Leben	5	4
Körperlich D: Krankheit, körperl. Ausstattung TR: Ernährung, Krankheit	7	16
Psychisch (individuell) D: Charakter, Ängste TR: Faulheit, keine Willenskraft	14	23
Nazar, Abweichen vom Islam	3	–

[1]Inhaltsanalyse Familieninterviews
[2]Mittel mütterlicher / väterlicher Antworten

In beiden Gruppen erhielten die Familien die meiste Bedeutungszuschreibung in Hinsicht auf eine Symptomgenese. Zerbrechen der Familie war ein typisches Problem in Deutschland (7 %), was die gegenüber der Türkei deutlich erhöhte Scheidungsrate und Erfahrungen mit zerbrechenden Familien widerspiegelt, auch möglicherweise ein Samplingeffekt ist, denn die befragten Familien in İstanbul waren sämtlich vollständig, die in Essen zu 20 % nicht. Ebenfalls erwähnten Familien in Deutschland Effekte der

Kulturdifferenz wie Horrorfilme oder Ausländerfeindlichkeit. In der Türkei war gute Ernährung sehr wichtig. Individuelle Gründe fanden sich unerwarteterweise mehr in İstanbul, wie eine mangelnde Willenskraft oder Faulheit. Abergläubische und religiöse Gründe fanden sich nur in Deutschland. Es sei hier dahingestellt, ob sich unter den Migranten in Deutschland magische Überzeugungen im Sinne eines Verharrens in dörflichen Erklärungsmustern häufiger finden oder ob die İstanbuler Familien auf jeden Fall aufgeklärt und städtisch erscheinen wollten und solche Überzeugungen gegenüber den akademischen Interviewern nicht erwähnten. Beide Erklärungen unterstellen einen Verstädterungseffekt im Sinne eines Modernitätsparadigmas.

Tab. 2: Bewältigung von körperlichen Beschwerden
(Prozentanteile aller Antworten)

	% Essen N = 77	% İstanbul N = 200
innerfamiliäre Lösungen: mit dem Kind reden, mehr Zuwendung D: Urlaub, TR: Kind mehr Verständnis zeigen	11.4	9.9
Medizinisch: D/TR: Anderen Arzt aufsuchen D: Aspirin	37.8	50.5
Psychologen aufsuchen	8.1	20.8
Heiler	7.6	0.0
Kind besser ernähren	0.9	5.2
Koran lesen	0.9	0.0
„Alte Hausmittel", Kräuter, D: Tee, Umschläge TR: regelmäßige Lebensführung	20.7	1.5
Weiß nicht / gibt keine Hilfe	11.7	9.8

Die Antworten demonstrieren klar eine Bevorzugung von Selbstmanagement in Deutschland, einschließlich der Hausmittel. Das Verabreichen von „mehr Zuwendung" an die Kinder war in beiden Gruppen eine zentrale Bewältigungsstrategie. Die Tendenz, in İstanbul eher professionelle Hilfe aufzusuchen, mag einen Untersuchereffekt abbilden (da überwiegend Psychologen genannt wurden – die Interviewer kamen von der Psychologischen Fakultät und hatten sich vorher dementsprechend vorgestellt). Diese Antworten zeigen keine Verbindung mit der Versorgungsdichte und der Zugänglichkeit von professionellen Angeboten, die in Essen weitaus ausgebauter sind. Die Angaben zum Aufsuchen Professioneller kontrastierten desweiteren damit, daß in der İstanbuler Gruppe weniger Mütter berufstätig waren, also theoretisch mehr Zeit für häuslich-/ innerfamiliäre Problemlösungen gehabt hätten. In İstanbul wiederum bedeutender als in Deutschland war die Ernährung. Hocas (magische Heiler) wurden ausschließlich in Deutschland erwähnt. Ferien wurden nur in Deutschland als Heilmittel benannt. Aus unseren Ergebnissen läßt sich eine Tendenz zum Rückzug auf eigene Ressourcen in der Migration ableiten.

Vergleicht man die angegebenen Ursachen für ungeklärte körperliche Beschwerden mit den angegebenen Lösungen pro Familie, zeigt sich, daß nur 37,7 % der Essener Familien Ursachen benannten, andererseits von 88,3 % Lösungen vorgeschlagen wurden. Von den İstanbuler Familien benannten 69 % mögliche Ursachen. Dies zeigt ein Herangehen an Alltagsfragen, durch das sich bäuerliches, pragmatisches Denken gegenüber betrachtend-analytischen Mustern auszeichnet, und führt uns zur Hypothese, daß ein großer Teil der Familien unter Zuwanderungsbedingungen in Deutschland das lösungsorientierte Denken des Herkunftskontextes – zumindest bezogen auf familiäre Problemstellungen – beibehalten hatte.

In den nächsten Fragen benannten wir hypothetisch jugendpsychiatrische Probleme (Angstproblematik, Drogenprobleme, soziale Verhaltensstörungen) und fragten, was man einer befreundeten Familie bei deren Auftreten raten würde. Hierdurch war eine Distanzierung von der eigenen Familienrealität möglich und der Aufforderungscharakter hinsichtlich des Benennens von Lösungen war höher (und ein abwehrendes „Allah bewahre!" als alleiniger Kommentar lag ferner). In den nachfolgenden Antworten sind Mehrfachnennungen im Sinne von Polypragmasie enthalten.

Tab. 3: Empfehlungen an Bekannte mit gestörtem Kind

	% Essen[1] N = 77	% İstanbul N = 200
Professionelle (Arzt, Psychologe, ruh doktoru), D: Spezielle Beratungsstelle (z.B. für Drogen)	21.1	56.6
Heiler, Muska schreiben lassen	9.4	0.0
Mit Eltern reden, (andere) Familienprobleme zu lösen versuchen	3.2	7.0
Mehr Zuwendung, Nähe, Freundlichkeit gegenüber Kind	17.3	25.2
Mit Kind reden, v.richtigen Weg überzeugen TR: Keinen Druck auf Kind ausüben	15.8	3.9
Kind kontrollieren, von schlechten Freunden fernhalten, TR: Kind beschäftigen (Sport u.a.)	9.4	3.7
Kind bestrafen /schlagen	4.1	0.0
Kind in Türkei schicken, professionelle Hilfe in Turkei suchen	4.1	–
Institutionelle Lösungen in D (Jugendamt, Internat, Polizei)	3.8	–
Koran lesen, religiösen Regeln folgen	0.1	0.0
Weiß nicht, man kann nichts tun	5.2	3.7

[1] ohne Antworten zu Körperbeschwerden

In Deutschland war 22 % der Familien der Begriff „Entzug" bekannt, und das Wissen über spezielle Beratungsstellen war begrenzt vorhanden. Erneut werden in Deutschland magische Methoden erwähnt, in der Türkei nicht – nach Erfahrungen der communities bildet dies auch den aktuellen Markt ab (mit einer gut ausgebildeten Angebotsstruktur durch naturkundliche Heiler). Jedoch spricht die polypragmatische Haltung – Familien erwähnten magische Methoden oft als eine Möglichkeit unter vielen – gegen jede einseitige Erklärung (etwa: die nach Deutschland migrierten Familien hätten dörfliche, traditionelle magische Denkmuster handlungsleitend verfestigt).

Ein interessanter und unerwarteter Unterschied war der, daß Eltern in Deutschland eher mit dem Kind selbst, in der Türkei eher mit dessen Eltern sprechen würden. Wahrscheinlich spiegelt dies die Erfahrung wider, daß Kinder in der Migration sich in für Eltern unzugänglichen Lebensräumen bewegen und daher auf individuelle Regulationsformen des eigenen Verhaltens angewiesen sind. Darüberhinaus könnte sich hier eine Ver-Westlichung dergestalt darstellen, daß eine Kindzentriertheit in der Erziehung entsteht und daß kindliche Autonomie mit der je eigenen Verantwortungsübernahme zu einem möglichen Erziehungsziel wird. Durch Verstädterungseffekte allein – wie durch den Umzug in die Großstadt İstanbul – scheint die Autonomie der Jugendlichen noch nicht derart ins elterliche Blickfeld zu geraten.

Institutionelle Lösungen und repressiv-strafende Lösungen fanden sich nur bei den in Deutschland lebenden Familien. Dies mag durch eine Identifikation der Eltern mit den Ausgrenzungsbestrebungen und Abwertungstendenzen der Aufnahmegesellschaft oder einfacher durch elterliche Hilflosigkeit erklärt werden. Eltern in Deutschland nehmen offensichtlich wahr, daß die neue Umwelt viele Gefahren bietet, aber sie verfügen noch kaum über adäquate pädagogische Mittel, die über „büyütmek" (großwerden lassen) und Begrenzen hinausgingen. Körperliche Bestrafungen wurden in Gecekondu-Familien gar nicht benannt. Das entspricht den Erfahrungen von Kağıtçıbaşı (1997) nach einem Elternschulungsprogramm. Darüberhinaus mag sich hier der etwas höhere Bildungsgrad der Gecekondu-Familien widerspiegeln. Insgesamt lassen sich die Antworten dahingehend interpretieren, daß der erforderliche migrationsbedingte Wandel in familiären Haltungen wie theoretisch anzunehmen graduell vor sich geht (vgl. Fişek und Schepker 1997), daß jedoch die Binnen- und die Außenmigration sehr unterschiedliche Anforderungen an die Familiensysteme stellen und daß sich die Schwerpunkte des Wandels daher recht unterschiedlich ausbilden.

Hinsichtlich des Aufsuchens von Experten fragten wir dann, was denn in einer Beratung getan werde, und ob sich die Familien unter Psychotherapie etwas vorstellen könnten. Mit „wenig Kenntnisse" beschrieben wir die Familien, die Versorgungsangebote (Beratungsstellen etc.) kannten, aber über Ziele und Inhalte nichts wußten; Mäßige Kenntnisse hieß: Es gab eine Vorstellung von Zielen und Inhalten.

Insgesamt waren die Kenntisse über Psychotherapie gering, und trotz des leicht höheren Bildungsgrades bei den Familien in İstanbul deutlich geringer als bei den in Deutschland lebenden.

Tab. 4: Kenntnisse über Psychotherapie

	% Essen n = 77	% İstanbul n = 200
Keine Kenntnisse	55.8	71.8
Wenig Kenntnis	24.7	18.7
Mäßige Kenntnisse	9.1	4.9
Differenzierte Kenntnisse	10.4	4.7

Unabhängig vom Bildungsgrad und trotz der höheren Analphabetenquote in der Essener Gruppe war diese besser informiert. Obwohl Migrantenfamilien in Essen verglichen mit Binnenmigranten nach İstanbul über einen höheren Informationsgrad über Psychotherapie neben einem besseren Versorgungsgrad mit Angeboten verfügen, zeigten sie in unserer Untersuchung eine eher geringere Bereitschaft, existierende professionelle Hilfen auch aufzusuchen. Das Wissen über Hilfen scheint daher zwar mit der Verfügbarkeit von Hilfen zusammenzuhängen, das Aufsuchen sich jedoch nach noch anderen Kriterien zu richten. Eines ist unserer Erfahrung nach die Qualität des Angebots – sobald muttersprachliche Therapie angeboten wird, steigt die Inanspruchnahme deutlich an, und Familien sind bereit, auch weite Entfernungen zurückzulegen (vgl. Schepker, Toker, Eberding 1999). Da die Bereitschaft groß ist, familiäre Ressourcen weit vor professioneller Hilfe zu mobilisieren, dürfte bei anzunehmender gleicher Prävalenz kinder- und jugendpsychiatrischer Störungen und bei im Rahmen von einmal begonnener professioneller Beratung vergleichbaren Therapieverläufen (vgl. Toker und Schepker 1997) ein Teil von „Undertreatment" bestehen. In unserer Essener Felduntersuchung haben wir die Entwicklung der Kinder aus den Interviewfamilien, die auffällig waren, ebenso wie die Verläufe der unauffälligen Kinder nacherhoben. Spontane Verbesserungen einmal bestehender Auffälligkeiten der Kinder (bei sehr enger Definition) waren mit nur 12 % die Ausnahme (Schepker, Toker, Eberding 1998). Professionelle Hilfe wäre demnach in 88 % anzuraten gewesen.

Die Eingangshypothesen können demnach wie folgt beantwortet werden: Es besteht ein „undertreatment", solange nicht muttersprachliche Therapieangebote existieren.

Dies „undertreatment" ist im wesentlichen ein Migrationseffekt und hängt mit dem Minoritätenstatus zusammen.

Eine besondere kulturbedingte Neigung, psychische Störungen etwa magisch zu erklären und zu behandeln (Vgl. Ruhkopf et al. 1993) ist zwar existent, jedoch nur bei wenigen (9 %) der Familien eine mögliche, sich unter andere einreihende Lösungsstrategie und damit keine Erklärung für die geringe Inanspruchnahme. Auch migrationstypische Lösungswege, etwa ein Zurückschicken schwieriger Kinder in die Türkei oder Urlaub dort, wurden nur selten (4 %) von Zuwanderern erwähnt.

Die geringe psychiatrische Inanspruchnahme ist des weiteren nicht mit einem „Modernitätstheorem" erklärbar. Denn bei Zuwanderern in Deutschland war der Informationsgrad über Psychotherapie höher; in Hinsicht auf familiäre Selbstregulation und Selbstverantwortung der Kinder zeigten sich diese Familien teilweise „moderner" als Zuwanderer in İstanbul.

LITERATUR:

Cuffe, S P., Waller, J L., Cuccaro, M L., Pumariega, A J., Garrison, C Z.: Race and gender differences in the treatment of psychiatric disorders in young adolescents. Journal of the American Academy of Child and Adolescent Psychiatry 34, 1536–1543, 1995

Fişek, Güler Okman, Schepker, R.: Kontext-Bewußtheit in der transkulturellen Psychotherapie: Deutsch-türkische Erfahrung. Familiendynamik 22, 396–413, 1997

Kağıtçıbaşı, Ç.: Family and human development across cultures. A View from the other side. Mahwah, New Jersey, Lawrence Erlbaum Associates, 1996

Mayring, P.: Qualitative Inhaltsanalyse. Grundlagen und Techniken. Beltz, Weinheim 1988

Mc Miller, W P., Weisz, J R.: Help-seeking preceding mental health clinic intake among African-American, Latino, and Causasian youths. Journal of the American Academy of Child and Adolescent Psychiatry 35, 1086–1094, 1996

Schepker, R., Toker, M., Eberding, A,: Familiäre Bewältigungsstrategien. Bewältigungsstrategien und Umgang mit Verhaltensauffälligkeiten Jugendlicher in Familien aus der Türkei unter besonderer Berücksichtigung jugendpsychiatrischer Versorgung. Abschlußbericht zum Projekt Sche 374/2-1, 2-2-, 2-3 an die Deutsche Forschungsgemeinschaft. Unveröff. Manuskript, 1998

Schepker, R., Toker, M., Eberding, A.: Inanspruchnahmebarrieren in der ambulanten psychosozialen Versorgung von türkeistämmigen Migrantenfamilien aus Sicht der Betroffenen. Praxis der Kinderpsychologie und Kinderpsychiatrie 48, 664–676, 1999

Ruhkopf, H., Zimmermann, E., Bartels, S.: Das Krankheits- und Therapieverständnis türkischer Migranten in der Bundesrepublik Deutschland. In: Nestmann, F., Niepel, Th.: Beratung von Migranten. Neue Wege in der psychosozialen Versorgung. VWB, Berlin 1993, S.233–251

Toker, M., Schepker, R.: Inanspruchnahmeverhalten von Migrantenfamilien aus der Türkei und mögliche Versorgungsstrategien. Verhaltenstherapie und psychosoziale Praxis 29, 343–353, 1997

Psychosoziale Lage der mit Türken verheirateten deutschen Frauen in der Türkei – Pilotstudie

Suna Taneli, Suzanne Erbaş, Yeşim Taneli, Nilüfer Güney
Uludağ Universität, Bursa, Türkei

Bereits zu Zeiten des Osmanischen Reichs lebten Angehörige verschiedener Bevölkerungs- und Religionsgruppen im Gebiet der heutigen Türkei. Damals mehr noch als heute bestimmten Beruf, Sprache und Religion die interethnischen Kontakte. Die osmanische Bevölkerung unterhielt kaum Beziehungen zu den Minderheitengruppen, von denen die einflußreichsten Griechen, Armenier und Juden waren (Dietrich, 1998). Diese Trennung zeigte sich auch in der Verteilung der Einwohner auf die Stadtteile, zum Beispiel auf das „türkische Stambul" und „europäische Pera" (Dietrich, 1998). In der heutigen Türkei kann kaum noch von solchen räumlichen Trennungen gesprochen werden.

Die Religionsfreiheit der Minderheiten im Osmanischen Reich zeigt sich in den katholischen, griechisch-orthodoxen, evangelischen, jüdischen und anderen Gebetshäusern und Klöstern, die vor allem in İstanbul errichtet wurden (Dietrich, 1998). Auch heute leben Menschen verschiedenen Glaubens in der Türkei. Und auch heute kann man auf einem Spaziergang in İstanbul nicht nur den Muezzin beim Ruf zum Gebet, sondern auch Kirchengeläut hören und anschließend eine Synagoge aufsuchen.

Die „Deutsche Geschichte" in der Türkei (vgl. Dietrich, 1998) reicht zurück bis in die Anfänge des 12. Jahrhunderts, als deutschen und französischen Kaufleuten in Byzanz zwei kleine Stadtteile zugewiesen waren. Einen deutschen Priester in İstanbul gab es nachweislich seit Anfang des 13. Jahrhunderts am Dominikanerkloster St. Paul; Anfang des 14. Jahrhunderts wurden Franziskaner aus den süddeutschen Gebieten erstmals erwähnt. Die erste deutsche evangelische Gemeinde des Osmanischen Reiches war 1759 in Smyrna (İzmir) gegründet worden. Kirchen- und Ordensangehörige, Diplomaten, Botschafter, Soldaten, Flüchtlinge, Prostituierte, Sklaven, einige Handwerker und hin und wieder wohlhabende Orientreisende bildeten lange Zeit die Gruppe der Deutschen am Bosporus. Von den Deutschen, die im Laufe der Jahre im Osmanischen Reich ansässig geworden waren, gaben viele – mehr oder weniger zwangsläufig – ihren Bezug zur deutschen Sprache und Herkunft auf und fanden einen Platz in der „multi-kulturellen Welt" am Bosporus. Das erste Dokument mit Hinweis auf die Institutionalisierung eines deutschsprachigen Zusammenschlusses in İstanbul stammt aus dem Jahre 1843. 1864 zählte die Deutsche Kolonie in İstanbul etwa 1.500 bis 1.800 Personen (vgl. Dietrich, 1998). Der 1761 unterzeichnete „Freundschafts-, Schiffahrts- und Handelsvertrag" zählt zu den ersten deutsch-osmanischen Verträgen. Die wirtschaftlichen Beziehungen blieben jedoch auch weiterhin unbedeutend, bis Ende des 19. Jahrhunderts – parallel zum Bau der Bagdadbahn – auch weitere deutsche Firmen Bauaufträge erhielten (Dietrich, 1998). Mittlerweile belegt Deutschland seit 1985 sowohl bei den türkischen Exporten als auch bei den Importen den ersten Rang, mehr als 200 in Deutschland ansässige Firmen tätigen über 11 % aller ausländischer Investitionen in der Türkei. Umgekehrt liegen die Exporte der Türkei nach Deutschland bei 3 Milliarden Mark (Reuter, 1992).

Die ersten Deutschen auf türkischem Boden – dem damaligen Osmanischen Reich – waren vornehmlich Männer. Anhand der Gemeindeakten läßt sich jedoch rekonstruieren, daß bereits Mitte des 19. Jahrhunderts auch einige deutsche Migrantinnen in İstanbul lebten. Sie gründeten im März 1856 den „Deutschen Frauenverein in Constantinopel" und schufen mit ihm eine Form der Öffentlichkeitsarbeit und Einflußnahme, der auch eine emanzipatorische Funktion zugesprochen werden kann (Dietrich, 1998). Zur Zeit leben ca. 10.000 deutsche Frauen in der Türkei, von denen einige einen türkischen Partner haben. Genaue Zahlen stehen leider nicht zur Verfügung, da sie, als in der Türkei lebende Ausländer, keiner Meldepflicht unterliegen und auch seitens deutscher Behörden nicht erfaßt werden.

In Deutschland sehen wir folgendes Bild: Am 1.12.1871 waren 0,5 % der Einwohner des Deutschen Reiches ausländischer Herkunft, ihr Anteil stieg bis 1910 auf 2 %. 1993 lebten 6,9 Millionen Ausländer in Deutschland, dies entspricht 8,5 % der Gesamtbevölkerung (Stat. Bundesamt, 1995). Diese Entwicklung zeigte sich auch in der Häufigkeit der Ehen von Deutschen mit Ausländern, den sogenannten „binationalen Ehen". Im Jahr 1960 waren an jeder 25. Ehe Ausländerinnen oder Ausländer beteiligt, wobei in drei von vier dieser Ehen eine deutsche Frau einen ausländischen Mann heiratete.

Im früheren Bundesgebiet heirateten 1993 erstmals mehr deutsche Männer eine ausländische Frau als deutsche Frauen einen ausländischen Mann (Stat. Bundesamt, 1995). Derzeit ist in Deutschland ca. jede 10. Eheschließung eine binationale Partnerschaft (Tutar, 1996). 1993 gab es in Deutschland insgesamt 620.000 deutsch-ausländische Ehepaare (Stat. Bundesamt, 1995). Zu beachten ist allerdings, daß die Häufigkeit und Nationalitätsverteilung der binationalen Ehen wesentlich beeinflußt wird durch die Anzahl der Ledigen, Verwitweten oder Geschiedenen unter den Angehörigen der in Deutschland vertretenen Nationalitäten. So ist zum Beispiel der Anteil der binationalen Ehen in den neuen Ländern und Berlin-

Ost – entsprechend des geringeren Anteils der ausländischen Bevölkerung – erheblich niedriger (Stat. Bundesamt, 1995).

Neben dem allgemeinen Anstieg der Anzahl ausländischer Einwohner in Deutschland nahm auch die Anzahl der Einwohner mit türkischer Staatsangehörigkeit im Laufe der Zeit zu. Seit dem ersten Anwerbevertrag zwischen Deutschland und der Türkei in 1961 ist die Zahl der türkischen Mitbürger kontinuierlich angestiegen und hat sich der 2 Millionen-Grenze genähert (Şen 1999, Treibel, 1990). Die Makro-Ebene der deutsch-türkischen Beziehungen spiegelt sich in der Mikro-Ebene des deutsch-türkischen Zusammenlebens wider (Dietrich, 1998). Parallel zum allgemeinen Anstieg der binationalen Ehen in Deutschland ist auch die Anzahl der Ehen zwischen Deutschen und Türken gestiegen. Die Anzahl der Eheschließungen deutscher Männer mit türkischen Frauen stieg von 12 im Jahr 1960 auf 814 in 1993. Die Anzahl der Eheschließungen deutscher Frauen mit türkischen Männern stieg im gleichen Zeitraum von 71 auf 3170 (Stat. Bundesamt, 1995). Der jeweilige Anteil dieser deutsch-türkischen Ehen an den deutsch-ausländischen Ehen mag diesen Trend besser veranschaulichen: Von allen deutschen Frauen, die einen Ausländer heirateten, schlossen 1960 im früheren Bundesgebiet 0,5 % mit einem Türken die Ehe; 1993 waren es im vereinten Deutschland 12,6 % (Zum Vergleich: die Ehen deutscher Frauen mit US-Amerikanern betrugen 1960: 39 % und 1993: 7 % der binationalen Ehen von deutschen Frauen.). Dagegen lag der Anteil der Eheschließungen zwischen einer deutschen Frau und einem türkischen Mann 1960 bei 0,3 % und 1993 bei 3,3 % (Stat. Bundesamt, 1995).

Somit kann zum einen festgehalten werden, daß die Anzahl der in Deutschland geschlossenen deutsch-türkischen Ehen kontinuierlich ansteigt. Zum anderen sind jedoch weiterhin mehr deutsche Frauen als Männer an diesen Ehen beteiligt, obwohl im allgemeinen bereits seit 1993 deutsche Männer häufiger Ausländerinnen heirateten, als umgekehrt deutsche Frauen die Ehe mit einem ausländischen Partner eingehen.

Spannungen und Konflikte binationaler / bikultureller Ehen ähneln denen in einer monokulturellen Partnerschaft. Jedoch ist dieser Personenkreis zusätzlichen Belastungen ausgesetzt, die sich aus ihrem bikulturellen Lebenszusammenhang ergeben (Tutar, 1996). Die Partner werden tagtäglich mit den zwischen den beiden Kulturen bestehenden soziokulturellen Unterschieden konfrontiert. Sie sind einerseits Mitglied ihrer Herkunftskultur, möchten aber andererseits akzeptiertes Mitglied der Herkunftsgesellschaft des Partners sein. Hinzu kommt das Bedürfnis, als bikulturelles Paar in einer mehr oder weniger monokulturellen Gesellschaft akzeptiert zu werden. Dies alles ist schwer vereinbar. So leben sie in einem permanenten Spannungsfeld zwischen Isolation und Integration (Taneli Y, 1995).

Außer in den bislang eher selteneren Ehen, in denen ein Partner bereits im Herkunftsland des anderen geboren wurde, ist eine binationale Ehe auch immer durch die Migration mindestens eines Partners gekennzeichnet. Die Aus- bzw. Einwanderung wird zu einer Gratwanderung zwischen unterschiedlichen Kulturen und sozialen Normen (Taneli Y, 1995). Denn die Wanderung, die räumliche Veränderung bedeutet zugleich: Heraustreten aus den überkommenen Ordnungen und damit Verlust an Sicherheit, Orientierung und bewährten Lebenstechniken. Und weiterhin: Begegnung mit dem Fremden und das heißt: Beunruhigung, Mißverständnisse, Fehlschläge, vielleicht sogar Scheitern (Pfeiffer, 1993). Desweiteren erlebt der Migrant aufgrund des Verlustes der Herkunftsumgebung eine Mangelsituation (Tutar, 1996). Trennung von Freunden, Bekannten, Familie und der Heimat, aufenthalts- und arbeitsrechtliche Unsicherheit, das neue Klima, die neuen Nahrungsmittel, Sprachbarrieren sowie Minderheitenstatus treten zu den spezifischen Belastungen der „Andersartigkeit" hinzu; wobei das Ausmaß vom Bildungsniveau und der Sprachkompetenz abhängig ist (Creed, 1987; Muhs und Lieberz, 1993). Somit führt die Migration, als „auf Dauer angelegter, bzw. dauerhaft werdender freiwilliger Wechsel…in eine andere Gesellschaft" (Treibel, 1990), zu zahlreichen Krisensituationen, welche unterschiedliche Auswirkungen auf die „biopsychosoziale Gesundheit" der Individuen haben können (Taneli Y, 1995).

Neben diesen gesellschaftlichen Faktoren spielen die in der jeweiligen Kultur begründeten Unterschiede der Partner eine ganz wesentliche Rolle. So werden zum Beispiel als besondere Konfliktherde im Gegensatz zu deutsch-deutschen Ehepaaren die höheren Anpassungsleistungen in Sprache, Religion, Weltanschauung, Gebräuchen, Erziehung, im Kontakt mit Verwandten und Freunden angeführt (Muhs und Lieberz, 1993). Wenn zusätzlich eine Sprachbarriere vorliegt, wird die Auseinandersetzung in der Familie über emotionale Spannungen besonders kompliziert, worüber jedoch leider kaum Literatur vorliegt (Muhs und Lieberz, 1993).

Eine potentielle Quelle für Mißverständnisse und Kränkungen besteht desweiteren in kulturell bedingten Identitäts- und Rollenkonflikten (Tutar, 1996). Mit anderen Worten: Probleme mit dem Partner werden zu Problemen mit sich selbst (Geller, 1999). Ist eine deutsche Frau mit einem Ausländer verheiratet und leben sie in Deutschland, kommt es oft zu Rollenkonstellationen, die in Widerspruch zu der Rollenaufteilung und zu den Rollenerwartungen seiner Herkunftskultur stehen und die er dort nicht akzeptieren könnte. Der deutschen Frau wird eine Rolle zugewiesen, die in vielen Gesellschaften dem Mann zugesprochen wird, auch wenn es Auflösungserscheinungen bezüglich der Geschlechterrollen gibt. Die Frau ist oft Hauptverdienerin und der sozial expansivere und aktivere Partner, sozial anerkannter und kompetenter im sozialen Umfeld, in rechtlichen und bürokratischen Angelegenheiten. Der ausländische Mann kann in seiner herkömmlichen Position stark geschwächt und oft massiv verunsichert werden. Er erlebt oft einen Verlust seiner kulturellen männlichen Identität, wenn es um diese Rollen- und Arbeitsaufteilung geht. Ist die Frau Ausländerin, stimmen oft die Rollenerwartungen überein, und es bleibt zumeist bei der traditionellen Rollenaufteilung (Tutar, 1996). Die Ergebnisse einer US-amerikanischen Studie könnten mit Bezug auf den beschriebenen Rollenkonflikt interpretiert werden: Demzufolge erhöht sich die Wahrscheinlichkeit, bikulturell („interracial") zu heiraten aufgrund verringerter Vorurteile und erhöhter Begegnungschancen mit steigendem Bildungsniveau, andererseits ist das Bildungsniveau der Partner bikultureller Ehen eher gleichhoch. Im Fall eines Bildungsgefälles zwischen den Partnern tendieren sowohl Männer als auch Frauen aus „Rassen mit höherem Status" und niedrigerem Bildungsniveau dazu, einen Partner mit „niedrigerem" Status und höherem Bildungsniveau zu heiraten. Dies wird verglichen mit der Tradition, daß Frauen im allgemeinen Männer mit höherem Bildungsniveau als sie selber heiraten, und somit die Verantwortung für „Haus" und „Gesellschaft" gemäß dem überlieferten Rollenverständnis teilen (Qian, 1997). Auch wenn die Autoren dieses Beitrages gegen eine „Rangordnung der Rassen" mit aller Härte Einspruch erheben, scheint doch Qian auf einen bestimmten Kompensationsmechanismus für die Rollenkonflikte bikultureller Ehen hinzuweisen.

Hinzu kommt ein weiteres von Tutar beschriebenes Problemfeld: Beide Partner befinden sich eventuell in mehr oder weniger starken „Loyalitätskonflikten", die durch „Treue- oder Loyalitätsbindungen" an die Ursprungsfamilie ausgelöst werden, über deren physische Anwesenheit weit hinausgehen und sich vor allem in Schuldgefühlen gegenüber der Familie äußern können. In den sogenannten „Wir-Gesellschaften", in denen die Gemeinschaft eine große Rolle spielt, ist die Familienloyalität stärker ausgeprägt. Dort besteht nicht die Erwartung des Loslösens von der Ursprungsfamilie mit dem Erwachsenwerden, sondern die der wachsenden Verantwortung jedes einzelnen für die Familie, für ihr Wohlergehen und ihre Ehre. Sie ist der Kern des gesellschaftlichen Lebens. So ist es nicht verwunderlich, daß Partner, die in diesen „Wir-Gesellschaften" aufwuchsen und nun weit entfernt von der Familie leben, möglicherweise starke Schuldgefühle gegenüber ihrer Ursprungsfamilie und Heimweh entwickeln. Damit im Zusammenhang steht auch immer wieder neu die Diskussion, wo die neue Familie ihren Lebensmittelpunkt hat und haben soll (Tutar, 1996). Hier kommt auch der Aspekt des Provisoriums zum tragen, der in vielfältiger Form den Lebensstil bikultureller Paare durchzieht (Tutar, 1996).

Zusammenfassend könnte gesagt werden, daß besonders Ehen mit jeweils einem Partner aus einer Sozialisations- und einer Individuationsgesellschaft besonderen Schwierigkeiten gegenüberstehen. Dies gilt auch für deutsch-türkische Ehen.

Angesichts der vielfältigen Probleme, mit denen bikulturelle Paare konfrontiert werden, und dem damit offensichtlich erhöhten Risiko einer Überforderung der adaptiven Mechanismen, stellt sich die Frage der Tragfähigkeit dieser Ehen. In Deutschland liegen die Scheidungsraten in binationalen Ehen doppelt bis dreifach so hoch wie bei deutschen Paaren. Diese Zahlen sind allerdings nur bedingt verwertbar, da Zu- und Abwanderungen nicht berücksichtigt sind (Proebsting, 1989). Die Scheidungsquote von Ehen deutscher Frauen mit einem Ausländer ist dabei höher als die ausländischer Frauen mit einem deutschen Mann (Muhs und Lieberz, 1993). Dies mag sehr wohl mit den von Tutar 1996 beschriebenen Rollenkonflikten einhergehen. In anderen Ländern werden binationale Ehen offenbar als weniger problematisch beschrieben. So wird im angloamerikanischen Sprachraum die Annahme nicht bestätigt, daß Ehen zwischen Partnern unterschiedlicher Nationalität, unterschiedlicher Hautfarbe und unterschiedlichem kulturellen Hintergrund Problemehen seien, die häufiger in Trennung oder Scheidung enden würden (Muhs und Lieberz, 1993).

Viele Paare entwickeln jedoch auch angemessene und fördernde Strategien, so daß ihre Binationalität zu einer Bereicherung des eigenen Lebens und zu einer „Horizonterweiterung" führt, ihr Selbstvertrauen und Selbstbewußtsein stärkt. Zu den möglichen Bereicherungen gehören Sensibilität für nonverbale Kommunikation, die Fähigkeit, Verunsicherungen der eigenen Identität auszuhalten, eigene tradierte Wertvorstellungen hinterfragen zu können, sich in anderskulturelle Lebensgewohnheiten und Eigenheiten einfühlen zu können. Die Partner haben die Möglichkeit, wesentliche Bestandteile von mindestens zwei Kulturen (z.B. Sprachen und Gewohnheiten) in ihre Persönlichkeit zu integrieren und im Alltag ständig neu zu kombinieren. Ihnen steht damit ein hohes Maß an Handlungsalternativen zur Verfügung (Tutar, 1996).

EIGENE UNTERSUCHUNG ZUR SITUATION MIT TÜRKEN VERHEIRATETER DEUTSCHER FRAUEN IN DER TÜRKEI

Von besonderem Interesse schien uns die psychosoziale Lage der deutschen Frauen in der Türkei zu sein, da sie in dem Land leben, das gegenwärtig die größte Ausländerpopulation in Deutschland stellt, und dadurch eine besondere Rolle im Verständnis um die interkulturelle Begegnung dieser beiden Kulturen einnehmen. Zudem bestehen unseres Wissens nur die beiden Arbeiten von Eyüboğlu und Deul, die sich mit der Lage der deutschen Frauen in der Türkei befassen (Eyüboğlu, 1994; Deul, 1983).

Andererseits sind Partnerschaft und Ehe die wichtigsten Lebensbereiche des Menschen. In allen Umfragen zur Lebensqualität treten Liebe, Partnerschaft und Familie als zentrale Faktoren des Wohlbefindens der Bevölkerung hervor, und stellen somit die wichtigsten Quellen für Lebensfreude und psychische Stabilität dar. Auch für psychosomatische Probleme ist die Beziehungsqualität ein wichtiges Korrelat.

Ein weiterer Grund für das Interesse an der Studie ist die Multikulturalität der Stadt in der sie durchgeführt wurde. Bursa ist mit einer Millionen Einwohnern die fünftgrößte Stadt der Türkei, sie hat sowohl vom Westen als auch vom Osten her einen regen Einwandererzustrom. Es ist auch eine Stadt mit Vertretungen großer internationaler Konzerne, so daß es neben deutschen auch französische und italienische Einwohner gibt, die auch ihre jeweiligen Kulturvereine gründeten. Desweiteren sind in Bursa neben dem Islam auch das Christentum sowie das Judentum vertreten.

Nicht zuletzt haben drei der Autorinnen direkte, und die vierte indirekte deutsch-türkische Migrationserfahrung; so daß auch ein jeweiliges persönliches Interesse am Thema vorlag.

Wir hoffen, mit dieser Studie auch im Sinne unserer Deutsch-Türkischen Gesellschaft für ein besseres und harmonischeres Zusammenleben von Deutschen und Türken gehandelt zu haben.

Ziel dieser Studie war es, die aktuelle psychosoziale Situation der mit Türken verheirateten deutschen Frauen in Bursa darzustellen. Hierzu sollten typische, häufig vorkommende Erlebnismuster, psychische Belastungssituationen und Konflikte in den deutsch-türkischen Ehen erfaßt werden. Auch den besondere Ressourcen dieser Partnerschaften galt das Interesse. Die erhobenen Daten sollten als Ausgangspunkt für eine auf die Türkei ausgedehnte 2. Projektphase dienen.

Der Fragebogen und der Leitfaden für die Interviews wurden speziell für die Untersuchung entworfen. Sie decken die mit der Fragestellung verknüpften psychosozialen Bereiche ab, u.a. den realen und psychischen Stellenwert der Migration innerhalb der Partnerschaft, die eigene Identität und Lebensperspektive als Deutsche in der Türkei, die verbliebenen Kontakte zur Primärfamilie und zu weiteren Bekannten in Deutschland, Kontakte zur Familie des Ehepartners und zum weiteren Bekanntenkreis in der Türkei, sowie Auswirkungen auf die Partnerschaft und die bisherige Auseinandersetzung mit dem Thema. Im Fragebogen wurden skalierte Antwortmöglichkeiten bevorzugt und Ja/Nein Fragen auf ein Minimum reduziert. Bei der Erarbeitung der Materialien war uns der Austausch mit Herrn Professor Wolfgang Pfeiffer von unschätzbarem Wert. Für die konstruktiven Diskussionen und wertvollen Hinweisen gilt ihm unser aufrichtiger Dank.

Der Anonymität halber wurden die Fragebögen vom Deutschen Honorarkonsul in Bursa an 100 deutsche Frauen in und um Bursa verschickt, die Rücklaufquote betrug 25 %. 7 von diesen 25 Frauen vermerkten auf dem Fragebogen ihre Bereitschaft für ein zusätzliches persönliches Gespräch. Mit ihnen wurden halbstrukturierte Interviews geführt. Im folgenden werden einige der von den 25 beteiligten Frauen erhobenen Daten vorgestellt.

Bei der geringen Rücklaufquote dieser Pilotstudie und unter Berücksichtigung des hierdurch entstandenen Risikos der Datenverzerrung kann kein Anspruch auf statistische Generalisierbarkeit erhoben werden, daher wird auf Angaben zu p-Werten verzichtet. (Zur Berechnung statistisch valider Aussagen wird der Datensatz der 2. Studienphase herangezogen werden.) Im Anschluß an die Ergebnisse der Pilotstudie wird die soziale und rechtliche Lage der „Deutschen Bräute" in der Türkei dargestellt.

Der überwiegende Anteil der Frauen, die sich an der Studie beteiligten, war 56–65 Jahre alt (56 %), 9 Frauen (36 %) waren im Alter von 61–65 Jahren, und 5 (20 %) im Alter von 56–60 Jahren. Die 51–55 und 36–40 jährigen stellten mit jeweils 12 % die nächst größten Gruppen dar. Bei einem Fragebogen fehlte die Angabe.

Alle Frauen gaben an, Türkischkenntnisse erworben zu haben. Ihrer eigenen Einschätzung zufolge reichten die gegenwärtigen Kenntnisse bei 32 % für einfache Unterhaltungen und bei 28 % für eine gute Verständigung. Weniger als die Hälfte der Frauen (40 %) schätzten ihre Türkischkenntnisse als „sehr gut" ein. Ein Drittel der Frauen (36 %) führten anfallende Geldgeschäfte immer oder oft selbständig aus. Bei jeweils 28 % war dies manchmal oder selten der Fall. Immerhin 8 % der Frauen verneinten eine Selbständigkeit bei Geldgeschäften. Keine der beteiligten Frauen war berufstätig, wobei 68 % persönliche Gründe und 32 % arbeitsrechtliche Gründe angaben.

Die Entscheidung zur Umsiedlung in die Türkei hatten 20 % selber oder hauptsächlich selber getroffen. Bei 50 % war es eine Familienentscheidung und bei 32 % hauptsächlich die Entscheidung des türkischen Partners. 4 % gaben „andere" Gründe an. Mehrfachnennungen waren möglich. Ihre damalige Entscheidung, in die Türkei zu ziehen, begründeten viele mit „der Güte" ihres Mannes. Die Frage zu Einwänden gegen die Umsiedlung wurde nur von 9 Frauen beantwortet. Bei einer Mehrzahl von ihnen kamen die Einwände seitens der Eltern. Sie wurden gefolgt von Freunden. Die wenigsten Einwände wurden von Geschwistern und Verwandten erhoben. Auch bei dieser Frage kam es zu Mehrfachnennungen.

In der Familie des türkischen Ehemannes seien 68 % der deutschen Frauen „mit offenen Armen" aufgenommen worden. 16 % hätten die Aufnahme in der Familie als unfreundlich, 12 % als ablehnend erlebt. Bei einem Fragebogen fehlte die Angabe. Zu Problemen mit türkischen Verwandten wurden von 13 Frauen Angaben gemacht, Mehrfachnennungen waren möglich. Über die Hälfte der antwortenden Frauen (54 %) hatte Probleme mit der Schwiegermutter, jeweils fast ein Drittel mit dem Schwiegervater oder der Schwägerin (39 %, bzw. 31 %). Dem folgten bei 23 % Probleme mit dem Schwager. Jeweils eine Frau gab Probleme mit dem Neffen oder einer weiteren Person an. Keine der Frauen hatte Probleme mit Nichten. Die Antwort auf diese Frage kann jedoch auch anders aufgeschlüsselt werden: Fast alle Frauen (92 %) hatten Probleme mit der älteren Generation und die Hälfte (54 %) mit ihrer Generation; Probleme mit der jüngeren Generation gab es nur bei einer Frau. Auch eine weitere Betrachtungsweise ist möglich: der überwiegende Anteil der Frauen (85 %) hatte Probleme mit weiblichen türkischen Verwandten, gut 2/3 (70 %) gaben Probleme mit männlichen Verwandten an.

Ihren Freundeskreis in der Türkei beschrieben 14 der Teilnehmerinnen: Alle Frauen hatten Kontakt zu Deutschen/AusländerInnen. 4 (29 %) pflegten freundschaftlichen Kontakt ausschließlich zu Deutschen oder anderen AusländerInnen. 5 (36 %) hatten Kontakt zu TürkInnen mit Fremdsprachenkenntnissen und/oder TürkInnen, die im Ausland gelebt hatten. Immenhin 5 (36 %) hatten auch TürkInnen die „nur" Türkisch sprechen in ihrem Freundeskreis.

Knapp ein Viertel (24 %) der Frauen hegte oft oder immer einen Rückkehrwunsch nach Deutschland. Einem Drittel (32 %) kam dieser Gedanke manchmal. Knapp die Hälfte (44 %) hatte den Wunsch selten oder nie. Davon hatten 4 Frauen diesen Wunsch nie. Eine weitere Frage galt dem erwünschten Wohnort nach Auflösung der Ehe durch Scheidung oder Tod des türkischen Ehemannes. Die Frage wurde von 24 Teilnehmerinnen beantwortet. 54 % der Frauen würden in einem solchen Fall auch weiterhin in der Türkei leben. 25 % würden lieber nach Deutschland zurückgehen. 1 Frau würde gerne in beiden Ländern leben, quasi pendeln. 3 Frauen antworteten, es sei ihnen „egal". Eine entschied sich für ein Drittland. In einer davon unabhängigen Frage hatten die Teilnehmerinnen als bevorzugtes Wohngebiet in der Türkei İstanbul, Ankara, sowie das Marmaragebiet, die Ägäische- und die Mittelmeerküste angegeben.

Die häufigsten Antworten auf die Frage, was den deutschen Frauen in der Türkei gefällt, waren: positive Beziehungen (Familie, Nachbarn, Freundschaft und Hilfsbereitschaft), Klima und Natur sowie das „freiere Leben". Was ihnen besonders fremd vorkommt, sind Besonderheiten des öffentlichen Lebens, Unordnung und Schmutz, die Religion und der Mangel an sozialer Sicherheit. Aus Deutschland vermissen sie in der Türkei: die soziale Sicherheit, den Komfort und die positiven zwischenmenschlichen Beziehungen. In Deutschland kommen ihnen besonders fremd vor die negativen zwischenmenschlichen Beziehungen wie Egoismus, Beharrren auf der eigenen Meinung und Fremdenfeindlichkeit sowie die „Einengung" des persönlichen Lebensbereiches.

Folgende Ratschläge für eine Frau, die beabsichtigt einen Ausländer zu heiraten, wurden in Rangfolge am häufigsten genannt: Seine Familie, ihn selber (vor der Ehe!) und seine Heimat näher kennenlernen, die finanzielle Unabhängigkeit wahren und die Sprache des Ehepartners erlernen.

DISKUSSION

Die Gruppe der in der Türkei lebenden deutschen Frauen ist sehr heterogen. Außerdem scheinen die partnerschaftlichen Beziehungen und Anpassungsprozesse mit der Zeit Wandlungen unterworfen gewesen zu sein. In den Lebensverläufen dieser Frauen spiegeln sich diverse Migrationsgründe. Einige flüchteten vor den Gegebenheiten, vor sich selbst oder vor der Familie; andere wurden angezogen vom Traummann, von Freunden oder aber vom geheimnisvollen, exotischen Orient.

S. Erbaş (1996) gruppiert die in der Türkei lebenden deutschen Frauen folgendermaßen: Bis in die 30er Jahre waren es vereinzelte Frauen, die türkische Männer heirateten. Außerdem durften damals zum Beispiel Beamte und Offiziere keine Ausländerinnen heiraten. Danach waren es bis in die 60'er Jahre Frauen, die einen Krieg durchgemacht hatten und in Deutschland Schwierigkeiten hatten. Da damals die Eheerwartungen der deutschen und türkischen Ehemänner sehr ähnlich waren, wurden die Frauen nicht mit „fremden" Erwartungen konfrontiert. Zwischen 1960 und 1970 kamen Frauen, die den Krieg in Deutschland als Kind erlebt hatten. Diese haben oftmals auch türkische Namen angenommen. Sie waren es auch, die die „deutsche Frauenbewegung in der Türkei" gründeten; die danach zugezogenen Frauen nahmen meist nicht an diesen Aktivitäten teil. Diejenigen, die nach 1980 kamen, hatten in Deutschland die Frauenbewegungen, und somit wiederum eine andere Sozialisation erlebt. Sie haben ein höheres Bildungsniveau und ein ausgeprägteres Selbstvertrauen als diejenigen, die früher in die Türkei übersiedelten. In den letzten Jahren kam noch eine neue Gruppe hinzu: es sind die Frauen, die im Rahmen von Urlaub in die Türkei kamen, hier heirateten, und deren Männer in manchen Fällen die deutsche Sprache nicht beherrschen. Sicher gibt es jedoch auch viele Frauen, die mit ihren Ehemännern oder durch Scheidung wieder nach Deutschland zurückgekehrt sind.

Eine deutsche Frau, die mit ihrem türkischen Mann in der Türkei lebt, erfährt eine große soziokulturelle Umstellung verglichen mit ihrem Leben in Deutschland. Plötzlich ist sie Ausländerin, wird mit Urteilen und Vorurteilen gegenüber Ausländern konfrontiert, unterliegt dem Ausländergesetz und erlebt je nach Wohnort in der Türkei einen mehr oder weniger deutlichen Unterschied in ihrer Stellung als Frau in der Gesellschaft. Allerdings ist hier zu sagen, daß das deutsche Volk ein großes Ansehen in der Türkei hat, weil es als fleißig, pünktlich, ehrlich und „dost" (freundschaftlich gesinnt) gilt (Taneli S, 1998). Ein anderer Aspekt ist die Veränderung des Ehemannes nach der Rückkehr in die Türkei: Wahrscheinlich wird sie seine Loyalität gegenüber der Herkunftsfamilie sowie den türkischen Sitten und Gebräuchen in einer stärkeren Ausprägung als in Deutschland erleben. Dies wird sich wiederum auf ihre partnerschaftliche Beziehung auswirken. In der Familie ihres Mannes wird sie als „gelin" oder „gelen" (Braut) bezeichnet, dieses Wort bedeutet aber auch „die gekommene": somit ist sie in gewissem Sinne auch „die Fremde" in der Familie. (Dies gilt allerdings auch für türkische Schwiegertöchter.) In manchen Familien wird die ausländische Ehefrau sogar beim Erbe benachteiligt, was allerdings dem Gesetz widerspricht. Der türkische Mann hofft, gemeinsam mit der deutschen Ehefrau ein konfliktfreies Leben in seiner Heimat zu führen, erwartet also Anpassung an für sie vollkommen neue Verhältnisse und an seine Familie. Hat sich das Paar in Deutschland kennengelernt, bedeutet das Leben in der Türkei auch eine Remigration für den Mann. Dies geht oft mit einer mehr oder weniger schweren Rückanpassung einher. Oftmals ist er zunächst selber „Fremder in der Heimat". In manchen Fällen können die anfänglichen Schwierigkeiten nicht überwunden werden und chronifizieren. Solche Familien leben dann nach einem ersten Kulturschock als „marginale Familie" weiter.

Da in dieser Untersuchung nur die deutschen Ehefrauen befragt wurden, können die Ergebnisse auch nur die Sichtweise der deutschen Partner widergeben. Ferner muß darauf hingewiesen werden, daß bikulturelle Paare aufgrund ihrer vielfältigen, und durchaus nicht immer positiven Erfahrungen in der Begegnung mit ihren Mitmenschen auf Fragen zu ihrer Partnerschaft, ihren Einstellungen, Wünschen und eventuellen Enttäuschungen oftmals sehr sensibel reagieren. Bei der Durchführung der Untersuchung und dem Versuch, statistisch repräsentative Stichproben zu erhalten, werden zum Teil Schwierigkeiten in Form von Angst, Mißtrauen und Selbstschutz respektiert werden müssen. Hinzu kommen eventuelle Selbstschutzmechanismen mit Bezug auf die Migration per se. Diese Faktoren mögen auch zur relativ geringen Rücklaufquote der anonymen Fragebögen beigetragen haben.

Erbaş (1996) beschreibt drei Phasen des Aufenthalts deutscher Frauen in der Türkei: Die ersten drei Jahre gelten als „die Zeit der rosa Brille": Die Frauen haben mehr Kontakt zu ihrer türkischen Umgebung, während sie von ihrem deutschen Umfeld öfters enttäuscht werden. Nach ca. 5 Jahren, in der zweiten Phase, werden wieder Kontakte zu deutschen Bekannten gesucht und frühere Kontakte aufgefrischt. In der dritten Phase, nach etwa 10-jährigem Aufenthalt in der Türkei, widmen sich die mit Türken verheirateten deutschen Frauen in der Türkei fast ausschließlich ihrer deutschen Umgebung. Die Teilnehmerinnen unserer Studie befanden sich demzufolge größtenteils in der zweiten oder dritten Phase.

In unserer Studie gaben viele Frauen als Übersiedlungsgrund „die Güte des Ehemannes" an. Hier ist zu berücksichtigen, daß in unserem Kollektiv der überwiegende Anteil der Frauen 56–65 Jahre alt war. Ihre Sozialisation war somit in einer Zeit erfolgt, in der der Lebensmittelpunkt einer Frau die Ehe war, in der das Wohlbefinden des Mannes, seine Anerkennung und Liebe im Mittelpunkt standen und eine patriarchale Rollenverteilung in der Familie den Erwartungen aller Seiten entsprach. Andererseits unterstreicht auch Geller (1999) die Bedeutung der emotionalen Beziehung, in dem er die These aufstellt, daß romantische Liebe Voraussetzung für die Paarbildung binationaler Ehen sei, da sie die Bedingung dafür sei, die Probleme der kulturellen Differenz zu relativieren und damit eine Lösung zu ermöglichen.

Die Türkei hat eine „Beziehungskultur", während in Deutschland, wie auch in vielen anderen europäischen Ländern, die „Individualität" Vorrang hat. Die Beziehungskultur bedeutet im Alltag, daß man mit der Familie, mit Verwandten und auch mit Nachbarn in engem Kontakt steht. Dies kann einerseits als soziale Unterstützung, andererseits als Einengung erlebt werden. Dieser gesellschaftliche Unterschied der beiden Länder spielt sicherlich auch eine tragende Rolle im Entstehen der Probleme mit der Verwandtschaft des Partners. In unserem Kollektiv hatten fast alle Frauen Probleme mit der älteren Generation, der überwiegende Anteil der Frauen hatte Probleme mit weiblichen türkischen Verwandten und die Hälfte der antwortenden Frauen hatte Probleme mit der Schwiegermutter.

Einwände gegen die Umsiedlung der deutschen Frauen unserer Studie kamen am häufigsten von den Eltern und Freunden. Ein Großteil der Frauen war in der Familie des türkischen Ehemannes „mit offenen Armen" aufgenommen worden. Eine mit 15 deutschen Frauen in İstanbul durchgeführte Studie kommt zu dem Schluß, daß deutsche Familien häufiger Einwände gegen die Eheschließung mit einem Ausländer haben, da sie die Eheschließung als Abwertung für ihre Tochter empfinden, während die türkische Familie allgemein sehr unterschiedlich reagiert, wobei sie hier durch die deutsche Schwiegertochter eine Aufwertung erfährt, aber ärmere Familien eher ablehnend reagieren (Deul, 1983). Sind die Reaktionen der Familienmitglieder auf den gewählten Ehepartner negativ, so beeinflussen sie auch die Urteile der Ehepartner entweder in dem Sinne, daß sie die Prognosen widerlegen wollen, oder in dem Sinne, Konflikte auf kulturelle Differenzen zurückzuführen. Jedoch auch dieser Vorgang kann widersprüchliche Wirkungen zeigen: einerseits können die Konflikte als unüberbrückbar erscheinen, andererseits können sie aber gerade durch eine derartige Zuschreibung neutralisiert werden (Geller, 1999).

Knapp ein Viertel der von uns untersuchten Frauen hegte oft oder immer den Rückkehrwunsch nach Deutschland, wiederum ein Viertel würden nach Auflösung der Ehe lieber nach Deutschland zurückgehen. Der psychodynamische Vorgang der Sehnsucht nach der ursprünglichen Heimat und den Bezugspersonen der deutschen Frauen in der Türkei entspricht unserer Erfahrung nach dem von Koptagel-İlal in 1995 beschriebenen Trennungsvorgang verschiedener Gruppen: Bei der festen Absicht, sich von der Heimat endgültig zu trennen, wird die Trennung zumindest im Bewußtsein abgeschlossen und emotionale Lücken werden mit neuen Objekten oder Ersatzfiguren auszugefüllt, während bei anderen wiederum der Gedanke der Rückkehr immer im Mittelpunkt des Lebens steht und sie materiell und seelisch zwischen den beiden Ländern hin und her pendeln.

Weniger als die Hälfte der beteiligten Frauen schätzten ihre Türkischkenntnisse als „sehr gut" ein, nur ein Drittel führte anfallende Geldgeschäfte immer oder oft selbständig aus (wobei immerhin 8 % der Frauen eine Selbständigkeit bei Geldgeschäften verneinten) und keine der Frauen war berufstätig. Diese Zahlen deuten auf eine soziale Abhängigkeit hin, wie wir sie auch von türkischen Migrantinnen der ersten Generation in Deutschland kennen. Der Wunsch nach einem unabhängigen Leben drückt sich in den Ratschlägen der deutschen Frauen an andere Frauen in einer binationalen Partnerschaft aus.

Die 7 Teilnehmerinnen, die sich über den Fragebogen hinaus zu einem persönlichen Interview bereit erklärten, hatten den Anpassungsprozeß an ihre türkische Umgebung erfolgreich abgeschlossen. Ihre Wohnungen sind deutsch-türkisch eingerichtet, sie feiern die Feste beider Kulturen und haben gute nachbarschaftliche Beziehungen. Sie führen mit ihren Ehemännern und Kindern ein harmonisches Leben in der Türkei und führen ihre Herkunftskultur in ihrem deutschen Freundeskreis weiter. Sie haben somit eine bikulturelle Identität entwickelt.

Unsere Pilotstudie zeigt, daß es einigen deutschen Frauen gelungen ist, in der Türkei mit ihren türkischen Ehemännern ein zufriedenstellendes neues Leben aufzubauen. Sie zeigt ferner, wie wenig viele der betroffen

Frauen über ihre rechtliche Lage informiert sind und wie unselbstständig einige von ihnen handeln, obwohl sie über mehrere Jahre in der Türkei gelebt haben. Hieraus ergibt sich der Bedarf an fundierten Arbeiten über die psychosoziale Lage der mit Türken verheirateten deutschen Frauen in der Türkei und die damit verbundene Gesetzgebung, aber auch die Notwendigkeit einer besseren Aufklärung der Frauen in binationalen Partnerschaften im allgemeinen.

Soziale und rechtliche Lage der „Deutschen Bräute" in der Türkei

Die Stellung der Frau in der türkischen Gesellschaft änderte sich im Laufe der Jahrhunderte. Vor dem Islam waren die Frauen der Nomadenstämme den Männern gleichgestellt: sie ritten, benutzten Pfeil, Bogen und Schwert auf der Jagd und im Krieg. Mit dem Übergang zum seßhaften Leben und der Islamisierung kam es auch zu einer Veränderung der Rolle der Frauen: sie wurden im Vergleich zu den Männern „passiver" und einige ihrer Rechte wurden eingeschränkt. Jedoch wurden der türkischen Frau auch zu Zeiten des Ottomanischen Reichs mehr Rechte zugestanden als in anderen islamischen Ländern (Doğramacı). Heute, nach einem langwierigen Modernisierungsprozeß, ist die Türkei das einzige Land in der islamischen Welt, in dem Frauen und Männer theoretisch gleichgestellt sind.

Auf dem Lande entspricht die Stellung der Frau noch nicht der im städtischen Gebiet, wo viele Frauen sehr emanzipiert, selbstbewußt, gut ausgebildet und in guten Positionen gut bezahlt sind. So ist zum Beispiel im akademischen Bereich der Anteil der Frauen in Führungspositionen mit 30 % sechsmal höher als in Deutschland und den USA (3–5 %). Aber auch im ländlichen Bereich ist die Stellung der Frau besser als weithin angenommen wird. Zwar steht sie im öffentlichen Leben im Hintergrund, aber das Haus ist ihr „Territorium" und ihr Einfluß auf ihren Ehemann ist nicht zu unterschätzen. Diese Stellung wird auch im folgenden Zitat verdeutlicht: „Der Mann ist der Herr im Haus. Die Frau muß so tun als ob er es ist, er muß immer das Gefühl haben". Es ist das Zitat einer 1899 geborenen und in der Tradition des Kaiserreichs erzogenen deutschen Ehefrau eines Türken (Kleiber, 1990). Auch wenn die türkischen Frauen das aktive und passive Wahlrecht bereits 1930, und somit früher als in vielen anderen europäischen Ländern erhielten, sind sie auch heute mit vielen ähnlichen Problemen wie Frauen in anderen Ländern konfrontiert (Arat, 1994).

Für deutsche (Ehe-) Frauen in der Türkei sind vier Faktoren von besonderer Bedeutung: Aufenthaltsgenehmigung, Arbeitsgenehmigung, soziale Absicherung in Form von Altersvorsorge und Krankenversicherung sowie die Entscheidung bezüglich der Staatsangehörigkeit.

Aufenthaltsgenehmigung: Deutsche Staatsangehörige benötigen für touristische Reisen ab drei Monaten und alle anderen Aufenthalte jeglicher Dauer eine Aufenthaltsgenehmigung für die Türkei. Die ausländischen Ehepartner von türkischen Staatsangehörigen haben Anspruch auf eine Aufenthaltsgenehmigung, solange die Ehe besteht und für die Betreffenden kein Ausweisungsgrund vorliegt. Nach Beendigung der Ehe durch Scheidung oder Tod des Ehepartners hat der ausländische Partner nur dann einen Anspruch auf Verlängerung der Aufenthaltserlaubnis, wenn er/sie sich vorher mindestens sechs Jahre in der Türkei aufgehalten hat. Für die Erteilung von Aufenthaltsgenehmigungen in Ausnahmefällen ist das Innenministerium zuständig. Die Kosten für die Erteilung der Aufenthaltsgenehmigung liegen bei ca. 150 DM. Die Genehmigung wurde früher für maximal zwei Jahre ausgestellt, jetzt ist die Ausstellung für bis zu 5 Jahren möglich. Die Aufenthaltsgenehmigung wird nicht in den Paß eingetragen, sondern als ein kleines Heft ausgestellt, welches nur zusammen mit dem Paß gültig ist. Eltern der nicht-türkischen Ehepartner erhalten eine verlängerbare Aufenthaltserlaubnis von 6 Monaten (IAF, 1996, Türkische Botschaft in Washington).

Arbeitserlaubnis: Eine Arbeitserlaubnis muß vom Arbeitgeber beantragt werden und ist an den Arbeitsplatz gebunden, für den sie beantragt wurde also nicht an die Person. Die Arbeitserlaubnis wird für maximal ein Jahr erteilt und die Entscheidung unterliegt dem Innenministerium. Auch die selbstständige Tätigkeit des türkischen Ehepartners bietet grundsätzlich keine Garantie einer Arbeitserlaubnis, um z.B. im Geschäft des Ehepartners beschäftigt werden zu dürfen. Arbeitserlaubnis und Aufenthaltserlaubnis sind aneinander gekoppelt. Nach den Bestimmungen des noch heute gültigen Gesetzes Nr. 2007 vom 16.6.1937 „über die Gewerbe und Dienstleistungen die in der Türkei türkischen Staatsangehörigen vorbehalten sind", des Gesetzes Nr. 2818 sowie weiterer Gesetze dürfen Ausländer in der Türkei mehrere Berufe nicht ausüben. Unter diese Gruppe der geschützten Berufe fallen zum Beispiel Musiker, Photographen, Dolmetscher, Friseure, Fahrer, Wächter, Tierärzte und Chemiker. Ferner zählen hierzu auch Ingenieure, Werkmeister, Richter, Rechtsanwälte, Apotheker, Zahnärzte, Krankenschwestern und Hebammen (IAF, 1996)

Krankenversicherung: Seit dem Deutsch-Türkischen Sozialversicherungsabkommen von 1965 gilt der Grundsatz der Gleichstellung der Staatsangehörigen beider Staaten, demnach gelten auch für Deutsche die türkischen Vorschriften im Sozial- und Gesundheitswesen. Die Krankenversicherung der ausländischen Ehefrauen von türkischen Männern läuft über die Versicherung des Mannes. Nicht berufstätige Frauen und Kinder sind in jedem Fall durch den Ehemann mitversichert. Hierbei gibt es verschiedene Möglichkeiten: Die gesetzlichen Kassen für Angestellte/Beamten, Arbeiter oder für Landwirte. Auch private Versicherungsunternehmen stehen zur Verfügung. Dies gilt auch für die Lebens- und Rentenversicherung, wobei auch Hausfrauen über freiwillige Beiträge eine Rente bekommen können (IAF, 1996).

Staatsangehörigkeit: Nach deutschem Recht besteht in Ausnahmefällen die Möglichkeit einer doppelten Staatsbürgerschaft, u.a. wenn eine weitere Staatsangehörigkeit automatisch erworben wird, zum Beispiel bei Eheschließungen in der Türkei vor 1964. Ausländische Ehefrauen türkischer Männer haben bei der Ehe auf Antrag das Anrecht auf die türkische Staatsbürgerschaft, die Antragsfrist beträgt 1 Monat. Danach kann nur der reguläre Antrag gestellt werden. Für eine deutsche Frau ist es jedoch nur dann möglich, die türkische Staatsangehörigkeit als zweite Staatsangehörigkeit zu erhalten, wenn die Ehe in Deutschland geschlossen worden ist. Ausländische Ehemänner türkischer Frauen erwerben das Anrecht auf die türkische Staatsbürgerschaft nicht, sondern müssen einen regulären Antrag stellen. Ein volljähriger Ausländer kann nach 5-jährigem Aufenthalt, der höchstens für insgesamt sechs Monate unterbrochen sein darf, die türkische Staatsbürgerschaft beantragen. Die Absicht eines dauerhaften Aufenthaltes, einfache verbale Türkischkenntnisse, der gesicherte Lebensunterhalt, ein unbescholtener Lebenswandel und der Gesundheitszustand müssen nachgewiesen werden (Türkische Botschaft in Washington).

Staatsangehörigkeit der Kinder: Nach deutschem Recht sind Kinder deutscher Staatsangehöriger Deutsche. Eine doppelte Staatsbürgerschaft ist möglich für Kinder mit einem deutschen und einem ausländichen Elternteil. Nach dem türkischen Staatsangehörigkeitsgesetz hat jedes Kind eines türkischen Vaters auch selber die türkische Staatsbürgerschaft. Für Kinder eines türkischen Vaters und einer ausländischen Mutter ist eine doppelte Staatsangehörigkeit gleich bei Geburt oder nachträglich auf Antrag möglich. Nach 1981 geborene Kinder aus deutsch-türkischen Ehen sind automatisch Doppelstaatler (IAF, 1996; Türkische Botschaft in Washington).

Zum Schluß sollen noch einige allgemeine Angaben zu den Lebensbedingungen eines Ausländers in der Türkei gemacht werden.

Erwerb von Eigentum: In der Türkei kann jeder Ausländer Immobilien erwerben, solange diese sich nicht in militärischem Sperrgebiet befinden.

Eröffnung eines Betriebes / Selbständigkeit: Es ist für Ausländer mit einem türkischen Geschäftspartner möglich, in der Türkei selbständig zu werden. Die vom ausländischen Geschäftspartner zu investierende Mindestsumme beträgt 50.000 US Dollar, wobei der türkische Geschäftspartner die meisten

Anteile besitzen muß. Für Selbständige gelten zudem die Regelungen für geschützte Berufe (IAF, 1996).

Religion und Gottesdienst: Die Türkei ist ein säkularer Staat ohne Staatsreligion, in dem die Glaubensfreiheit der Bürger gesetzlich geschützt ist. Es gibt jedoch durchaus Familien, in denen es erwünscht ist, daß das neue Familienmitglied den islamischen Glauben annimmt. Zum Islam übergetretene Personen können am moslemischen Gottesdienst teilnehmen. In größeren Städten und einigen kleineren Gemeinden haben jedoch auch Mitglieder des Christentums und Judentums die Möglichkeit ihre Gotteshäuser zu besuchen. So gibt es zum Beispiel in İstanbul eine Haupt-Synagoge sowie 6 Kirchen/Kapellen (katholisch, anglikanisch, griechisch-orthodox, armenisch) mit Messen auf Deutsch, Englisch, Italienisch, Französisch und Polnisch. Auch in Ankara (4 Kirchen / 1 Synagoge) und in İzmir (5 Kirchen / 2 Synagogen) dürfte es diesbezüglich kaum Probleme geben. Außerhalb dieser Großstädte gibt es jedoch nur vereinzelt Kirchen. Die Glaubensfreiheit wurde erstmals im 1463 erlassenen Ferman (Verfügung) von Fatih Sultan Mehmet, der ältesten bekannten Menschenrechtserklärung, schriftlich festgehalten. Sie dokumentiert die Freiheit und Toleranz, die den Franziskanern in Bosnien nach der Eroberung Bosnien-Herzegowinas durch die Osmanen zustand: „...Sie sollen in meinem Imperium in Ruhe leben und ... furchtlos in ihre Kloster ziehen. Niemand soll das Leben, die Güter, und die Kirchen dieser Menschen angreifen, niemand soll sie verachten und gefährden..." (Türk. Ministerium für Kultur, Türkisches Tourismus Ministerium).

Beerdigung: Eine Überführung an einen deutschen Flughafen kostet über 6.000 DM. Für ausländische Muslime ist die Beerdigung auf moslemischen Friedhöfen in der Türkei möglich. Für christliche und jüdische Mitbürger gibt es in Großstädten spezielle Friedhöfe und zum Teil auch eigene Bereiche auf moslemischen Friedhöfen.

Schulen: Bereits zu Zeiten des Osmanischen Reiches gab es Schulen mit diversen Unterrichtssprachen (u.a. auch Deutsch). Seit einigen Jahren gibt es Grundschulen mit Fremdsprachenunterricht oder auch fremder Unterrichtssprache. In fast allen Großstädten gibt es eine oder mehrere Schulen der Mittel- und Oberstufe, die einen Großteil des Unterrichtes in Englisch abhalten. In einigen weiteren Städten gibt es auch Schulen mit Deutsch, Französisch oder Italienisch als Unterrichtssprache. Die meisten Schulen haben jedoch Aufnahmeprüfungen, die für „frisch migrierte" Kinder ohne Türkischkenntnisse und ohne Kenntnisse gemäß dem türkischen Lehrplan zu schwer sein dürften. Zudem sind diese Schulen oftmals privat, also recht kostspielig. Eine weitere Möglichkeit besteht in den Deutschen Schulen in Ankara und İstanbul, den sogenannten „Botschaftsschulen". Unter den insgesamt 58 öffentlichen oder privaten Universitäten gibt es in Ankara und İstanbul auch einige englischsprachige. Eine deutschsprachige Universität ist geplant.

ORGANISATIONEN DEUTSCHER IN DER TÜRKEI

Neben den Vertretungen der Bundesrepublik Deutschland, den Goethe Instituten und Vertretungen verschiedener deutscher Stiftungen sowie katholischen, evangelischen und jüdischen Gemeinden mit ihren jeweiligen Geistlichen gibt es auch diverse Selbsthilfe- und Kontaktgruppen. Hierzu zählen „Die Brücke" in İstanbul, „DIFA" (Deutsche Initiative Frauengruppe) in Ankara und Nebenstellen des IAF (Verein der mit Ausländern verheirateten Frauen) in Ankara, İstanbul und İzmir. Seit kurzem gibt es auch ein „Netzwerk ausländischer Partner", dem auch Deutsche angehören.

Die deutschen Frauen in der Türkei fordern offen ihre Rechte vor allem in den Bereichen des Aufenthalts- und Arbeitsrechts sowie der doppelten Staatsbürgerschaft.

LITERATUR:

Arat N: Türkiye'de kadınların çalışma yaşamlarında karşılaştıkları sorunların sosyokültürel nedenleri. In: Arat N (Hrsg.): Türkiye'de kadın olmak. Say, İstanbul, 1994, 147–176

Atak U, Ayyıldız C, Hoppe U, Linke S, Toker-Degenhardt G, DIFA und IAF Gruppe Ankara: Gemeinsam auf dem west-östlichen Diwan. Länder-Information für deutsch-türkische Paare. (Hrsg.:IAF Frankfurt, Red.: Spohn C) Typografix, Braunschweig, 1996

Creed F: Immigrant Stress. Stress Medicine, 3:185–192, 1987.

Deul H: Binationale Familien am Beispiel von mit Türken verheirateten deutschen Frauen in İstanbul. Diplomarbeit, FB Gesellschaftswissenschaften, Wolfgang Goethe Universität, Frankfurt 1983.

Dietrich A: Deutschsein in İstanbul. Nationalisierung und Orientierung in der deutschsprachigen Community von 1843 bis 1956. Leske+Budrich, Opladen, 1998

Doğramacı E: Türkiye'de kadının dünü ve bugünü. Türkiye ıç Bankası Kültür Yayınları: 300:31, Doğuş, İstanbul, 1997

Erbaş S: EU-Bürger in der Türkei: Stand und Perspektiven. Vortrag 4.5.1996, Hamburg.

Eyüboğlu H: Türkiye'de yaşayan yabancı eğlerde kültür rolü. In: Arat N (Hrsg.): Türkiye'de kadın olmak. Say, İstanbul, 1994, 147–176

Geller H: Liebe zwischen Ehre und Engagement. Zur Konfrontation zweier Orientierungssysteme in binationalen Ehen zwischen deutschen Frauen und Ein-

137

wanderern der ersten Generation aus mediterranen Ländern. Leske und Budrich, Opladen, 1999.

Kleiber L, Gümüçay E-M: Fremdgängerinnen. Zur Geschichte binationaler Ehen. IAF (Hrsg.), Ed.CON, 1990.

Koptagel-İlal G: Psychologie der Migration. In: Koch E, Özek M (Hg.): Psychologie und Pathologie der Migration. Deutsch-türkische Perspektiven. Freiburg im Breisgau: Lambertus Verlag 1995, 111–116.

Muhs A, Lieberz K: Konfliktkonstellationen bei Abkömmlingen aus bi-nationalen Ehen. In: Rohner R, Köpp W (Hrsg.): Das Fremde in uns, die Fremden bei uns. Ausländer in Psychotherapie und Beratung. Asanger, Heidelberg, 1993, 75–84.

Pfeiffer, WM: Begegnung mit dem Fremden in Psychotherapie und Beratung. In: Jaede W, Portera A (Hrsg.): Begegnung mit dem Fremden. Köln, GwG-Verlag, 1993.

Proebsting H: Eheschließungen, Ehescheidungen und Geburten von Ausländern 1988. Das Standesamt, Heft 4/89, 99–105. Zitiert in: Muhs A, Lieberz K (1993): Konfliktkonstellationen bei Abkömmlingen aus binationalen Ehen. In: Rohner R, Köpp W (Hrsg.): Das Fremde in uns, die Fremden bei uns. Ausländer in Psychotherapie und Beratung. Asanger, Heidelberg, 1993, 75–84.

Qian Z: Breaking the racial barriers: variations in interracial marriage beween 1980 and 1990. Demography 34(2): 263–76, 1997.

Reuter E: „Türkei und Deutschland – Partnerschaft mit neuer Perspektive". Vortrag i.R. der 1. Fritz-Neumärker-Vorlesung, 13.10.1992, Bonn. Vortragsmanuskript. Dokumentation des Zentrums für Türkeistudien, Essen.

Şen F, Akkaya Ç, Güntürk R: 2000 yılının eğiçinde Avrupa ve Türkiye. Cumhüriyet Kitapları. Çaş, İstanbul, 1999, 165-6.

Statistisches Bundesamt: Im Blickpunkt: Ausländische Bevölkerung in Deutschland. Metzler-Poeschel, Stuttgart 1995.

Taneli S: „Migration und Remigration". Vortrag der Vortragsreihe des Forschungsinstituts der Gesamthochschule Siegen, Siegen, 1998.

Taneli Y, Scheuerpflug P, Friese HJ, Trott G-E, Warnke A: Stationäre türkische Patienten der Universitätsklinik für Kinder- und Jugendpsychiatrie, Würzburg: Retrospektive MAS-Auswertung einer 10-Jahresspanne (1981–1992). In: Koch E, Özek M (Hg.): Psychologie und Pathologie der Migration. Deutsch-türkische Perspektiven. Freiburg im Breisgau: Lambertus Verlag 1995, 222–231.

Treibel A: Migration in modernen Gesellschaften: soziale Folgen von Einwanderung und Gastarbeit. Weinheim; München: Juventa Verlag 1990

Türkische Botschaft in Washington: www.turkey.org

Türkisches Ministerium für Kultur: www.kultur.gov.tr. (Das Original des Ferman vom 28.5.1463 wird in der Franziskaner Kirche in Fojnica aufbewahrt.)

Türkisches Tourismus Ministerium: Stadtpläne İstanbul, Ankara, İzmir.

Tutar, K: Psychologische Beratung bikultureller Paare. Psychosozial, 63(1): 59–69, 1996.

Eine unvorbereitete Emigration:
Die „Zwangsmigration" der türkischen Bevölkerung aus Bulgarien in 1989

Günsel Koptagel-İlal und Kemal Arıkan

Migration ist ein psychosozialer Vorgang mit tiefgreifenden Einwirkungen auf die Form und Inhalte des menschlichen Lebens. Eine Identitätsproblematik ist das Hauptmerkmal dieses Phänomens und kann u.a. auch zu krankhaften seelischen und körperlichen Reaktionen führen. Die Beziehung zur Heimat ist eine wichtige Objektbeziehung und spielt, wie die Beziehung zu den Eltern, eine erhebliche Rolle in der Persönlichkeitsentwicklung. Der Verlauf des Trauerprozesses beim Heimatverlust hat Ähnlichkeiten mit dem Trauerprozeß der Trennung von den Eltern in der Spätadoleszenz (de Vryer 1989, Zeul 1994). Man emigriert meistens in ein kulturfremdes Land. Der „Kulturschock" einerseits, und die Trauer über die durch die Migration erlebten Verluste andererseits führen zu einer Änderung der seelischen Struktur und zur Entstehung einer „Mischlingsidentität" (Akhtar 1995). Aus Erfahrung wissen wir aber, daß diese „Mischlingsidentität" auch bei Binnenmigrationen oder bei Migrationen in Länder ohne große Kulturunterschiede entstehen kann (Koptagel-İlal 1980).

In verschiedenen Arbeiten ist bereits berichtet worden, daß in der Migrationssituation die Identitätszerrüttung sehr konfliktvoll erlebt wird und krankhafte Reaktionen auslösen kann (Koptagel-İlal 1986, 1986a, 1995, 1997, 1997a). Die erste Streßwirkung der Migration bezieht sich auf die Änderung der sozialen Identität und erfordert einen nicht immer sehr leicht zu bewältigenden Anpassungsvorgang. Mit Wechsel der natürlichen und sozialen Umwelt und Änderung der Lebensbedingungen sowie auch durch den migrationsbedingten Verlust von menschlichen oder materiellen Objektbeziehungen gewinnt der Anpassungsvorgang einen allgemeinen streßvollen Charakter. Man reagiert darauf mit aggressiver Abwehr und zieht sich in eine kleine soziale Umwelt zurück. Diese, meistens aus den nächststehenden Menschen oder Landsleuten zusammengesetzte Umwelt übernimmt allmählich die Rolle der Sozialisierung. Die erste Szene des Sozialisierungsprozesses verläuft innerhalb des Familienmilieus. Es entstehen, in interfamiliären oder intrafamiliären Beziehungen, verschiedenartige Konflikte mit sozialpathologischen und/oder psychopathologischen Zügen.

Der Verlust der Identität, die „Anomie" (Namenslosigkeit) verursacht eine Unruhe die häufig zu intra- oder interfamiliären Spannungen führt und Störungen im Familienbündnis den Weg bahnt. Als Folge nimmt das Gefühl der Einsamkeit und Unsicherheit zu. In transkulturellen Arbeiten ist beobachtet worden, daß gerade die Emigranten – bei denen die Beziehung zu Familie und Verwandten traditionsgemäß wichtig ist – auf Kontakte mit im Migrationsort lebenden Verwandten und Landsleuten viel Wert legen. Die Beziehung zu ihnen erfüllt eine Ersatzfunktion für den Heimatverlust (Pfeiffer 1994, Tikoo 1994, Landale 1994). Es ist auch berichtet worden, daß sich unter solchen Emigranten die Suizidgefährdung erhöht, wenn diese Kontakte fehlen (Asuni 1961, Pfeiffer 1994).

Jeder Emigrant leidet, in der einen oder anderen Form an Heimweh und spürt die Schmerzen der Trennung von seiner ursprünglichen Umwelt und seinen Bezugspersonen. Obwohl die grundlegende Dynamik und die Symptomatologie in vielen Aspekten ähnlich sind, finden sich in dem psychodynamischen Vorgang und der Verarbeitung dieser Gefühle gewisse Unterschiede unter den verschiedenen Emigrantentypen, die wir in drei Gruppen trennen können. Diese sind: a) die freiwilligen Emigranten, die sich auf eigenen Wunsch entschlossen haben in einem anderen Land zu leben, b) die Arbeitsmigranten und c) die aus ihren Ländern vertriebenen Menschen oder Flüchtlinge.

Aus ihren Ländern vertriebene, geflüchtete oder zur Emigration gezwungene Menschen sind meistens auf diese Migration weder seelisch noch materiell vorbereitet. Es ist keine vorgeplante Auswanderung. Solche Emigranten sind öfter seelisch und manchmal auch körperlich traumatisierte Menschen, die sich ungewollterweise von ihrem Besitz, Angehörigen, Freunden und Umwelt trennen mußten. Sie fühlen sich ungerecht behandelt und aufgrund der daraus entstandenen schmerzvollen und ärgerlichen, negativen Gefühle reagieren sie leicht mißtrauisch. Es ist deshalb nicht leicht für sie, sich in der neuen Umwelt einzuleben und zu den neuen Mitmenschen vertrauensvollen Kontakt zu knüpfen. Ihre latenten aggressiven Gefühle können sie bei geringstem Anlaß, auf direkten oder indirekten Wegen, auf die neue Umwelt projizieren und ventilieren. Es erscheinen häufig als symbolisch erkennbare Verhaltensmuster wie Nervosität, Unzufriedenheit und Verwahrlosung, sowie auch Somatisierungstendenzen und/oder körperliche Krankheiten. Auch psychotische Schübe mit vorwiegend paranoiden Zügen sind nicht selten (Koptagel-İlal 1986, Chiu und Ramon 1987). Hinter all diesen Reaktionen liegen die Schmerzen der verletzten Identität und das Streben, die Identität wiederherzustellen. Manche politischen Flüchtlinge bringen ihre Auseinandersetzungen mit sich, führen sie weiter in der Migration und versuchen damit, eine Identität zu finden bzw. zu stabilisieren.

Die folgende Untersuchung befaßt sich mit dem letzten Typ der Emigranten, d.h. den Vertriebenen und Flüchtlingen und es handelt sich um Menschen aus der türkisch-muslimischen Bevölkerungsgruppe Bulgariens, die wegen der Entnationalisierungspolitik des Staates seit mehreren Jahrzehnten unter Druck lebten. Als sie letztlich der Zwangsänderung ihrer türkisch-muslimischen Namen in christlich-bulgarische widerstanden, wurden sie genötigt, das Land umgehend zu verlassen.

Zum besseren Verständnis zuerst ein Blick auf die Geschichte dieser Migration:

Bulgarien war seit dem 14. Jh. ein Landesteil des Osmanischen Reiches. Nach der politischen Entwicklung im 19. Jh. begann das Land sich vom Reich abzulösen und zu einem getrennten Staat zu entwickeln. Ab 1878 wurden wiederholt internationale sowie auch zwischenstaatliche Abkommen getroffen, um die sozialen und politischen Rechte der dortigen türkisch-muslimischen Bevölkerung sicherzustellen. Trotzdem kam es zu mehreren Migrationswellen von Bulgarien in die Türkei[1]. Nach Beginn der Zunahme politischen Drucks auf die türkische Bevölkerung in den fünfziger Jahre, erfolgten 1950–51 und dann 1968 zwei Massenmigrationen mit jeweils 120.000–150.000 Menschen. Diese sind aber im Zuge gegenseitiger staatlicher Abkommen geschehen, so daß sowohl die Emigranten als auch das Aufnahmeland darauf genügend vorbereitet waren, als der Druck zur Entnationalisierung der türkisch-muslimischen Bevölkerung sich nach 1970 verschärfte. Vor allem nach 1980 entstand eine stärkere Unruhe unter dieser Bevölkerungsgruppe, nachdem wegen strenger Bestimmungen und Zwangsmaßnahmen zur Namensänderung und Begrenzung der religiösen Freiheit der Lebensraum eingeengt und die Existenz bedroht wurde. Diejenigen, die Widerstand leisteten, wurden gezwungen, das Land innerhalb von 24 Stunden zu verlassen. So sind im Sommer 1989, plötzlich, binnen einer Woche, 300 000 Emigranten ohne Habseligkeiten an der türkischen Grenze gelandet. Diese Massenmigration war eine sowohl für den Einwanderer als auch für das Aufnahmeland unvorbereitete Migration und für beide Seiten mit erheblichen Schwierigkeiten verbunden.

---

[1] In 1878: 1 Million, in 1880: 200.000, zwischen 1880–1893: 5000–6000, nach dem Balkankrieg: 440.000 (also in 35 Jahren über 1.700.000), zwischen 1923–1933: 100.000, zwischen 1933–1943: 100.000, bis 1950 ca. 10.000 jährlich, zwischen 1951–52: 150.000, 1968 durch Verwandtschaftsmigration: 120.000 (also während der Türk. Republik bis 1989 insgesamt 500.000) und im Jahre 1989 durch Zwangsmigration 300.000 Menschen, die aus Bulgarien in die Türkei emigriert sind (Togrol 1991)

Eine Gruppe von türkisch-muslimischen Emigranten, die während der letzten Migrationswelle zwischen 1989–1990 aus Bulgarien in die Türkei emigriert und im Kreis Büyükçekmece von İstanbul untergebracht waren, wurde im Jahre 1994, durch Fragebogen untersucht. Die Untersuchung zielte darauf ab, die sozialpsychologischen Aspekte dieser Einwanderung durch eigene Angaben der Emigranten festzustellen. Von den verteilten ca. 60 Fragebogen waren 30 voll ausgefüllt und verwertbar.

BEFUNDE

17 Frauen und 13 Männer zwischen 16–69 Jahren (Durchschnittsalter 38.8 Jahre) waren allesamt türkisch-muslimische Emigranten aus Bulgarien. 87 % waren zwischen 25–55 Jahre alt, also im Arbeitsalter. 36 % hatten eine höhere Schulbildung (mehr als Mittlere Reife). Es gab keine Analphabeten. 57 % waren in Bulgarien Stadt- oder Kleinstadtbewohner, 43 % Dorfbewohner. 80 % sind mit der Migrationswelle zwischen 1989–1990 (67 % in 1989, 13 % in 1990) und 20 % ein Jahr davor oder danach in die Türkei emigriert.

Als Migrationsgrund haben alle Emigranten den sozialpolitischen Druck angegeben. Bei der Beschreibung dieses Drucks, fand sich ein mit dem Bildungsniveau und dem sozialen Status zusammenhängender signifikanter Unterschied (p=0.016 sign.). Während die weniger gebildeten Landarbeiter aus den Dörfern mangelnde Glaubensfreiheit stärker betonten, haben die höher gebildeten Emigranten aus den städtischen Gebieten fehlende Meinungsfreiheit, Verletzung der Sozialrechte, Rassendiskriminierung und Demütigung unter dem Begriff des allgemeinen sozialpolitischen Drucks und ihre zwangsweise Ausweisung als wichtigste Ursachen benannt.

Anpassungsschwierigkeiten: Für 51 % der Emigranten waren Arbeitssuche, wirtschaftlicher Mangel und Eingliederung in die soziale Umwelt die Hauptschwierigkeiten zu Beginn ihres Lebens in der Türkei. 41,4 % gaben an, sich kurz nach der Emigration stabilisiert zu haben, aber fast alle von ihnen (96 %) meinten, daß es nur mit großen Schwierigkeiten möglich wurde. Während der ersten 3 Monate entstand der größte Streß aus wirtschaftlichem Mangel (58,6 %), Arbeits- und Wohnungssuche (31,03 %). 20,7 % litten unter dem Desinteresse ihrer Verwandten, Einsamkeit und Fremdgefühlen. Das Bewußtwerden und das Erleben dieser Gefühle waren jedoch unterschiedlich und von vielen Faktoren abhängig. Der bisherige Sozialstatus und das Bildungsniveau der Emigranten spielten dabei eine wichtige

Rolle. Diejenigen mit einem höheren Niveau haben die Wohnungsprobleme (p=0.012 sign.), den Mangel an sozialer Anerkennung (p=0.033 sign.) und die distanzierte Haltung der Verwandten (p=0.033 sign.) als streßreicher erlebt als die anderen.

Bei der Anpassung an die soziale Umwelt und die Lebensbedingungen in der Türkei spielte die gegenwärtige Arbeit und die Anpassung an diese Beschäftigung eine signifikante Rolle. Wenn die Arbeit von der in Bulgarien erheblich verschieden war, wurde die Anpassung an die neue Arbeit schwieriger (p=0.048 sign.) und die Anpassung an die neue soziale Umwelt ebenfalls (p=0.035 sign.).

Familienleben: Nach der Migration entstand eine Änderung in Form und Inhalt des Familienlebens. Bei 47,05 %, waren die Familien gespalten und bei 47,05 % nahm die Zahl der zusammenlebenden Familienmitglieder zu. In 77,2 % der Familien begannen die Familienmitglieder fester zu einander zu halten und sich näher zu stehen, aber damit entstanden häufigere Auseinandersetzungen und Konflikte. Während die Migranten mit niedrigerem Bildungsniveau von der Spaltung der Familie irritiert waren, fühlten sich die höher Gebildeten vom engen Zusammenleben gestört.

56,7 % der Fälle gaben ein Zuspitzen der Konflikte innerhalb der Familie an. Es waren meistens konflikthafte Beziehungen zwischen den älteren und jüngeren Generationen der erwachsenen Migranten (wie mit den Eltern oder Schwiegereltern in 64,7 %) sowie auch zwischen den Ehepartnern (41,2 %). Eine Verhaltensänderung der Familienmitglieder nach der Migration war bei 66,7 % der Fall. Diese erschien häufig in Form von Nervosität oder Reizbarkeit und war unter den Familienmitgliedern mehr oder weniger gleich verteilt. Verhaltensstörungen wie Alkoholsucht, Spielsucht, Fremdgehen oder Verwahrlosung traten fast nie auf.

Probleme mit den Kindern bezogen sich bei 58,3 % auf Schulprobleme und bei 49,9 % auf allgemeine Erziehungsschwierigkeiten. Für 33,3 % wurde es schwierig, eine passende Schule für ihre Kinder zu finden, 25 % machten sich Sorgen um die Verschlechterung der Schulleistungen der Kinder. Erziehungsschwierigkeiten bezogen sich vorwiegend auf disziplinarische Kontrolle der Kinder. Bei 41,6 % der Familien neigten die Kinder zu Regelüberschreitungen.

Es bestand ein signifikanter Zusammenhang zwischen den intrafamiliären Konflikten und finanziellen Sorgen (p=0.043, sign.).

Enttäuschung: Obwohl sie, nach der Emigration in die Türkei, häufig Enttäuschungen erlebt und gelegentlich die Migration bereut haben, dachte kein Emigrant an Rückkehr. Die Enttäuschung entstand hauptsächlich daraus, daß in der sozialen Umwelt und bei den Angehörigen die erwartete Zuneigung fehlte. Auch die finanziellen Sorgen waren ein Grund zur Enttäuschung.

Im Bezug auf Enttäuschung fand sich ein direktes Verhältnis zwischen den finanziellen Sorgen und der Art der Arbeitstätigkeit. Wenn es zwischen der früheren und gegenwärtigen Arbeit keinen großen Unterschied gab, waren die finanziellen Sorgen (p=0.029) und damit auch die Enttäuschung geringer. Das Bereuen der Emigration hängt auch mit dem Bildungsniveau und den familiären Verhältnissen zusammen. Die höher gebildeten (p=0.015 sign.) und die in ruhigeren Familienverhältnissen lebenden Emigranten (p=0.010 sign.) haben ihre Migration weniger bereut.

Heimweh: 87 % litten an Heimweh. Bei 30 % war es stärker und direkt ausgedrückt. Am meisten vermisste man die zurückgebliebene Familie, Verwandte und Freunde (66,6 %). Es folgte Trauer um den Verlust von Eigentum wie Haus, Garten, Wohnungseinrichtung oder anderen Gegenständen (36,6 %).

90 % der Emigranten haben angegeben, daß sie von der Heimat träumen. Bei 10 % von ihnen hätten diese Träume zugenommen. Bei 53,8 % sind die Träume schön und beruhigend, bei 19,2 % beängstigend und traurig. 34,6 % fühlen sich danach unruhig. Es fand sich keine signifikante Beziehung zwischen der Traumaktivität und der Art des Traummaterials.

Gesundheitliche Probleme: 78 % der Emigranten hatten keine gesundheitlichen Probleme vor der Migration. Bei den 22 % mit Problemen waren es vorwiegend (85,7 %) psychische oder funktionelle Beschwerden. Nach der Migration in die Türkei, sind diese Beschwerden bei 50 % der Fälle verschwunden oder zurückgegangen, während sie bei den anderen 50 % unverändert blieben oder zunahmen.

Bei 63,6 % der Emigranten entstanden nach der Einwanderung in die Türkei gesundheitliche Beschwerden. 80 % dieser Beschwerden waren psychisch oder psychosomatisch und 20 % organisch bedingt. Im ersten Jahr der Einwanderung und drei Jahr später haben die Beschwerden um 25 % zugenommen.

DISKUSSION

Die durch Fragebogen erhobenen auf eigenen Angaben der Emigranten beruhenden Ergebnisse dieser Untersuchung sind nicht sehr verschieden von den allgemein bekannten Eigenschaften des Migrationsphänomens. Diese Einwanderer gehören zur oben beschriebenen dritten Gruppe der Emigranten die in ihrem Heimatland ungerecht behandelt, unter Druck gesetzt, gedemütigt und schließlich von ihrer Heimat vertrieben worden sind. Was sie von anderen Emigranten unterscheidet ist, daß sie vor der Migration durch den Zwang zur Namensänderung eine für sie unakzeptable, unerträgliche konkrete Identitätsverletzung erlebt haben und diese als Hauptgrund ihrer Migration angeben. Von persönlichen Gesprächen auch mit anderen, zu dieser Zeit eingewanderten Emigranten aus unterschiedlichen Sozialschichten, wissen wir, daß alle von ihnen die Identitätsverletzung und ihre Konsequenzen sehr schmerzhaft erlebten und nicht einmal darüber reden wollen. Diese gemeinsame Identitätsverletzung haben manche als „Glaubensunfreiheit", manche als „allgemeinen Sozialdruck" beschrieben. Hier ist die Namensänderung nicht nur mit individuellem, sondern auch mit nationalem Identitätsverlust verbunden und hat eine mit Selbstverlust gleichgesetzte symbolische Bedeutung.

Die andere spezifische Eigenschaft dieser Migration ist, daß diese Emigranten in kein fremdes Land eingewandert sind. Die Türkei war für sie über Jahrhunderte hinaus das „Mutterland" verkörpernde Land mit einer gemeinsamen Kultur, Sprache und Lebensstil. Noch dazu hatten sie Verwandte und Bekannte, die früher emigriert waren und seit vielen Jahren dort lebten. Sie sind also in ein Land gekommen, das sie positiv bewertet hatten. Nach den streßvollen Erlebnissen in einem Land, in dem man sie als unerwünschte Minderheit unterdrückte und auswies, hatten sie gehofft, hier mit viel mehr Zuneigung und Großzügigkeit empfangen zu werden. Ihre Erwartungen an die hiesigen Verwandten und die Gesellschaft waren entsprechend hoch. Es war aber diesmal eine für beide Seiten unvorbereitete Migration. Sie erfolgte ohne vorheriges Abkommen der beiden Staaten und offizielle Vorbereitungen zur Unterbringung dieser großen Menschenmassen. Die Diskrepanz zwischen den Erwartungen und den angebotenen Unterstützungsmaßnahmen war einer der wichtigsten, zur Erhöhung der Enttäuschung beitragenden Faktoren. Deshalb spielen die wirtschaftlichen Probleme, direkt oder indirekt, eine entscheidende Rolle bei der Enttäuschung und stehen im Vordergrund. Es ist zwar allgemein bekannt, daß solche Emigranten von ihren Verwandten meistens viel mehr Zuneigung erwarten als diese ihnen in der Tat schenken können (Pfeiffer 1994, Tikoo 1994, Landale 1994), aber da in diesem Fall der Staat die nötige Unterstützung nicht sofort anbieten konnte, mußten viele Emigranten bei ihren Verwandten und Bekannten Obdach suchen, deren Wohnverhältnisse bedrängen und deren Lebensordnung stören, so daß sie nicht selten mit Unzufriedenheit oder negativen Reaktionen konfrontiert waren. Abgesehen davon sind diese Menschen aus einem sozialistischen Land gekommen, wo die Staatsführung, die Sozialversorgungsmaßnahmen und die wirtschaftlichen Lebensbedingungen anders gestaltet sind als in der Türkei. Auch das war für sie unter den Umständen eine nicht leicht zu bewältigende Umstellung. Viele der bürokratischen und zwischenmenschlichen Verhaltensweisen waren für sie ungewohnt. Obwohl sie in der Türkei nicht direkt abgelehnt oder unterschätzt waren, sondern manchmal in Bezug auf ihre Arbeitskapazitäten gerne gesucht wurden, wurden sie zuerst von der einheimischen Bevölkerung „die Bulgaren" oder „die bulgarischen Emigranten" genannt und haben an „Anonymität" leiden müssen. Selbst wenn die neue Umwelt „das Mutterland" war, waren sie hier ebenfalls einem Idenitätswandel ausgesetzt und mußten nach Anerkennung streben.

Es fand sich eine signifikante Beziehung zwischen den migrationsbedingten Problemen und dem Bildungsniveau der Emigranten. Die mit dem sozialen Status zusammenhängenden Erwartungen und die für die jeweilige Person wichtigeren Probleme spielen dabei gewiß eine Rolle, aber es kann auch angenommen werden, daß die höher gebildeten Emigranten, mit Hilfe ihrer erziehungsbedingt gewonnenen differenzierteren Ich-Funktionen, die streßvollen Konflikte besser bewältigen konnten und deshalb eine höhere Anpassungskapazität hatten. Außerdem hatten sie eine Berufsbildung, die es ihnen ermöglichte, leichter eine passende Arbeit und Anerkennung zu finden.

Wie bei jeder Migration sind auch hier Einwirkungen auf das Familienleben vorhanden. Nostalgische Gefühle und Traumaktivitäten sind nicht verschieden von den allgemein bekannten klassischen Mustern. Die sich von den anderen Migrationstypen unterscheidende Eigenschaft dieser Migration ist, daß trotz der Enttäuschungen keiner der Emigranten an Rückkehr in das Herkunftsland denkt. Ihre Identitätsverletzung im Heimatland war so groß und schmerzhaft, daß sie die zurückgelassene Identität gar nicht vermissen, so daß hier von einer sequentiellen Traumatisierung gesprochen werden kann, die immerhin 80 % der Befragten mit Symptombildungen verarbeiteten.

SCHLUSSFOLGERUNG

Identitätserhalt ist die Kernfrage bei jeder Art von Migration. Man emigriert entweder um seine gestörte Identität zu retten oder eine bessere Identität zu erreichen. Die Migrationssituation impliziert aber, in jedem Falle, einen Identitätswandel, der wenigstens zu Beginn der Migrationszeit, streßvoll wirkt. Bei Migration in ein fremdes Land werden die Schwierigkeiten der Identitätsfindung meistens auf verschiedene, mit Kulturunterschied, Sprachbarriere und fremden Lebensbedingungen zusammenhängende Faktoren zurückgeführt. Die Ergebnisse unserer Untersuchung weisen aber darauf hin, daß Identitätsprobleme auch bei Emigration in ein Land, wo solche Faktoren nicht in Frage kommen, unvermeidlich werden können. Bei dieser Emigrantengruppe beeindruckt in Bezug auf die Identitätsproblematik, daß sie schwere Identitätsverletzungen im Herkunftsland erlitten haben und zur Rettung ihrer Identität geflüchtet sind. Dennoch mußten sie selbst im „Mutterland" migrationsbedingte sequentielle Traumata und einen neuen Identitätswandel erleben und haben darunter für alle Migrationstypen charakteristische Symptome entwickelt.

LITERATUR

Asuni T (1961) Suicide in Western Nigeria, In: Proc. 1st PanAfrican psychiatr. Conf. Abeokutu 1961, 164.

Chiu LP, Rimon R (1987) Relationship of migration to paranoid somatoform symptoms in chinese patients, Psychopathology, 20: 3–4, 203–212.

Grinberg L, Grinberg R (1984) A psychoanalytic study of migration: its normal and pathological aspects, J Am Psychoanal Assoc, 32: 1, 13–38.

Kâmil İ (1989) Bulgaristan'daki Türklerin Hakları, YÖK Matb. Ankara, 1–88.

Koptagel-İlal G (1980) Psychosoziale Probleme der Familie in einer Übergangsgesellschaft am Beispiel der Türkei, Gruppentherapie und Gruppendynamik 16: 1–2, 146–156.

Koptagel-İlal G (1986) Sozialpsychologische Aspekte psychosomatischer Krankheiten türkischer Übergangsschichten in der Türkei und im Ausland, Forum: Zschr. f. Ausländerfragen und -kultur, 2: 32–38.

Koptagel-İlal G (1986a) Behandlung von eingewanderten Türken in Westeuropa, curare 9: 155–160.

Koptagel-İlal G (1995) Psychologie der Remigration, In: Koch E, Özek M, Pfeiffer W. H. (Hrsg.) Psychologie und Pathologie der Migration, 111–116, Lambertus-Verlag, Freiburg

Depression und Kultur

A. Tarık Yılmaz, Alper Hasanoğlu, Mitchell G. Weiss

In über zwei Jahrzehnten der Entwicklung der transkulturellen Psychiatrie, (Kleinmann 1988; Littlewood 1990) wurde die Aufmerksamkeit von kulturabhängigen psychiatrischen Störungen – mit anderen Worten exotischen Krankheiten – den in der Praxis relevanten Problemen zugewandt. Die neue transkulturelle Psychiatrie beschäftigt sich einerseits mit der Verbesserung der Angebote im Gesundheitswesen in den nichtwestlichen Ländern und andererseits mit der Optimierung der psychiatrischen Versorgung in multikulturellen Gesellschaften.

Die Forschungsergebnisse in Großbritannien zeigen, daß im Vergleich zur Anzahl innerhalb der allgemeinen Bevölkerung, ethnische Minderheiten in den psychiatrischen Kliniken überrepräsentiert werden und ihnen eine höhere Dosis von Psychopharmaka verordnet wird (Kareem 1992). In den Zentren, wo Psychotherapie verfügbar ist, wird sie ethnischen Minderheiten seltener angeboten als den Einheimischen (Kareem 1992). Die Forschungsergebnisse zeigen auch, daß bei den ethnischen Minderheiten häufiger Fehldiagnosen gestellt werden als bei den Einheimischen (Lin 1990; Manson et al. 1985; Haasen et al. in diesem Band).

Depression scheint eine der wichtigsten Störungen im Gesundheitswesen zu werden. Untersuchungen über die globale Häufigkeit der Krankheiten deuten darauf hin, daß die Depression bis 2020 die zweitgrößte Ursache für „disability-adjusted life-years lost" sein wird (Murray und Lopez 1996).

Epidemiologische Studien haben die Bedeutung der Depression hervorgehoben, sowohl in psychiatrischen Kliniken und Feldstudien, als auch in den Allgemeinpraxen (Goldberg 1992). Dieser Befund ist nicht nur charakteristisch für Europa und Nordamerika, sondern auch für die primäre Gesundheitsvorsorge in verschiedenen Ländern. Eine in 14 Ländern durchgeführte internationale, multizentrische Studie der WHO hat gezeigt, daß die depressiven Störungen mit einem Durchschnitt von 24 % die häufigsten psychischen Störungen in der allgemeinen Gesundheitsvorsorgung sind (Üstün et al. 1995).

In der folgenden Arbeit wird auf den Zusammenhang zwischen Depression und Kultur näher eingegangen, indem die kulturellen Faktoren bei der Diagnostik und Behandlung der Depression diskutiert, und kultursensible diagnostische Betrachtungsweise gemäß DSM als eine systematische

Erfassung der psychiatrischen Störungen in der kulturellen[1] Psychiatrie dargestellt wird.

DIAGNOSTISCHE PROBLEME IM KULTURVERGLEICH

Eine umfangreiche Literatur deutet darauf hin, daß spezifische Probleme bei der psychiatrischen Behandlung von ethnischen Minoritäten vorkommen (Jadhav et al 1999; Lim &Lin 1996;). Die Verkennung der Depression ist ein wesentliches Problem (Chang, 1985; Golding et al 1991). In den letzten Jahren hat das Interesse für die Rolle der ethnischen Unterschiede beim Ausdruck und Erleben der Depression zugenommen. Ethnische Unterschiede spielen bei den präsentierten Symptomen eine wichtige Rolle (Chang 1985; Golding et al, 1991). In unserer Tätigkeit konnten wir auch spezielle Probleme identifizieren (Yılmaz & Weiss 2000). Die verschiedenen affektiven Störungen (z.b. major depression, depressive Neurose und Anpassungsstörungen mit depressiven Symptomen) kommen häufig bei Immigranten vor (Yılmaz 1997).

Rassistische und ethnische Vorurteile haben bei der Diagnose auch zur Verkennung der Depression beigetragen, obwohl Forschungen in den Entwicklungsländern gezeigt haben, daß z.B. die „English malady" – Ideen (Depression sei eine Störung vorwiegend der angloamerikanischen westlichen Welt) offensichtlich inkorrekt sind und daß dieser Zustand ein weltweit relevantes Phänomen ist (Weiss & Kleinmann 1986).

AUSDRUCK DER SYMPTOME UND KULTUR

Die Annahme, daß die Symptomatik der Depression universell ist, scheint nicht gültig zu sein. Die Symptomatik der Depression zeigt gemäß Vergleichsstudien interkulturelle Unterschiede. Die in Deutschland durchgeführten Vergleichsstudien bei hospitalisierten Migranten mit depressiven Störungen aus der Türkei zeigten ebenfalls, daß somatische und vegetative Symptome bei Depressiven aus der Türkei häufiger vorkommen als bei depressiven Deutschen (Diefenbacher und Heim 1994, Ebert und Martus 1994).

---

[1] Der Autor bevorzugt den Begriff „kulturelle Psychiatrie", auch wenn dieser Bereich als „transkulturelle, interkulturelle oder vergleichende Psychiatrie" bekannt ist. Während bei den letzteren Begriffen die vergleichenden Aspekte zwischen den Kulturen betont werden, hebt „kulturelle Psychiatrie" vor allem die kultursensible Betrachtungsweise in der Psychiatrie hervor.

Ferner deuten Studien in den Vereinigten Staaten darauf hin, daß Anglo-amerikaner häufiger kognitive Symptome und Afroamerikaner Aggressivität aufweisen (Fabrega et al, 1988). Spanischstämmige berichten hingegen häufiger über affektive und somatische Symptome (Chang, 1985; Golding et al, 1991). In den Studien bei depressiven Patienten in der Türkei wurde festgestellt, daß diese häufig über somatische Symptome berichten (Ulusa-hin et al. 1994). Üstün et al (1995) fanden heraus, daß etwa die Hälfte der depressiven Patienten, die in ländlichen Gebieten der Türkei arbeiten, sich bei somatischen Kliniken melden und daß bei ihnen die Diagnose „funktionelle Beschwerden" gestellt wird.

Der Ausdruck von manchen Symptomen der Depression, wie z.B. Traurig-keit, wird in manchen Kulturen ermutigt, wie in ethnologischen Feldstudi-en im Iran dargestellt wurde und in anderen hingegen, wie bei den Eskimos, verdrängt (Good &Good 1982; Good&Kleinman 1985). Good (1993) schil-dert bei depressiven Iranern Nervosität (hassasiyat), welche ein kultur-spezifisches Idiom ist und Nervosität, Wut sowie zwischenmenschlichen Konflikt beinhaltet. Die depressiven Iraner mit Nervosität sind reizbar und agitiert und verlieren unter Menschen die Selbstkontrolle. Der Ausdruck „hassasiyat" zeigt Unterschiede zur Nervosität in den westlichen Kulturen, da die zwischenmenschlichen bzw. sozialen Aspekte im Vordergrund stehen.

BEWÄLTIGUNGSSTRATEGIEN UND KULTUR

Auch der Umgang mit Belastungen scheint im Kulturvergleich Unter-schiede aufzuweisen. Bewältigungstrategien spielen als Reaktion auf die mehr oder weniger schwere Streßfaktoren eine wesentliche Rolle bei der Entwicklung psychischer Störungen bzw. von Depression. Diese wirken sich auch auf die Ansprechbarkeit für spezielle Therapieinterventionen aus. Forschungen haben bei den Bewältigungsstrategien kulturelle Unter-schiede sowohl in nicht-klinischen als auch klinischen Bereichen be-schrieben.

Haghighatgou und Peterson (1995) zeigten in ihrer Untersuchung bei Ang-loamerikanern und Iranern einen Zusammenhang zwischen der depressiven Symptomatik und passiven Bewältigungsstilen. Kim-Kwang et al (1997) haben die Bewältigungsstrategien bei ostasiatischen Studenten untersucht. In bezug auf die Art der Bewältigungsstrategien waren die Koreaner die aktivsten, die chinesischen Studenten waren am wenigsten aktiv und die ja-panischen Studenten lagen dazwischen. In einer Studie von Özelsel (1990) in Deutschland, die Bewältigungsstrategien von Migranten aus der Türkei und von Deutschen verglich, wurde darauf hingewiesen, daß die türkischen

Patienten die Streßfaktoren bagatellisierten. Im Gegensatz zu den türkischen Patienten reagierten die Deutschen mit emotionalem Rückzug und Intellektualisierung.

KULTURELLE ERKLÄRUNGSMODELLE UND PSYCHOTHERAPIE DER DEPRESSION

Die Annahme, die westlichen psychodynamischen Theorien seien universell gültig, wird kritisiert. Die familien- und gemeinschaftsorientierte Lebensweise wurde als wesentlicher Unterschied für die nicht-westlichen Kulturen in der kulturellen Psychotherapie erachtet (Tamura and Lau 1992). Almeida et al. (1998) betonten, daß das traditionell westliche Konzept der Identität auf dyadischen Beziehungen in der Familie basiert, während in den nicht westlichen Kulturen Kinder in Großfamilien mit mehreren Bezugspersonen aufwachsen.

Die Verdrängung von Wut und zwischenmenschlichen Konflikten, die man in Korea „hwa-byung" nennt, wird als Ursache von psychischen und somatischen Störungen gesehen (Lin 1983).

Auch die Annahme, daß psychopathologische Erklärungsmodelle der Depression wie „kognitive Triade" universell gültig sind, kann nicht aufrechterhalten werden. Lloyd und Bhugra (1993) weisen darauf hin, daß die „kognitive Triade" in Indien bei Depressiven häufig nicht vorhanden ist und eher Schamgefühle im Vordergrund stehen als Schuldgefühle. In anderen ethnischen Gruppen wurde auch über die Relevanz der Schamgefühle der Depression berichtet (Hwang 1995, Battegay & Yılmaz 1997). Ferner wurde berichtet, daß in gemeinschaftsorientierten Kulturen Scham eine existentielle Relevanz hat; Scham ist in solchen Kulturen der Hauptgrund von Suizid (Lester 1998).

Der wesentliche Unterschied ist, daß die traditionell westlichen psychotherapeutischen Ansätze auf den Entwicklungszielen Individuation, Selbständigkeit und Selbstverwirklichung basieren, während bei den nicht-westlichen Psychotherapien die Interdependenz und Selbstkontrolle bevorzugt wird (Lee 1996).

„KULTURSENSIBLE (DIAGNOSTISCHE) BETRACHTUNG" PSYCHIATRISCHER STÖRUNGEN[2]

In Anbetracht der vorliegenden Studien kann davon ausgegangen werden, daß kulturelle Faktoren beim Ausdruck der Depression, kulturelle Erklärungsmodelle, Bewältigungsstrategien und psychodynamische Aspekte relevant sind. In diesem Zusammenhang stellt sich die Frage, wie die klinisch relevanten kulturellen Faktoren systematisch erfaßt werden können.

Kleinman (1980) machte auf das Erleben der Krankheit der Betroffenen aufmerksam und unterschied die Konzepte der Professionellen und Betroffenen. Er forderte in diesem Zusammenhang den Begriff Krankheitserklärungsmodelle, um die Krankheitsmodelle der Betroffenen zu erfassen. Auf der Basis von epidemiologischen Studien, die interkulturelle Aspekte der psychiatrischen Störungen berücksichtigen, wurde mit dem Ziel der Integration kultureller Ansätze in die bestehenden diagnostischen Systeme ein Subkomitee über Kultur und Diagnose für DSM-IV (das diagnostische Klassifikationsschema psychischer Erkrankungen der Amerikanischen Psychiatrie-Gesellschaft, 4. Revision) gegründet. Dieses Subkomitee hat sich mit der Angemessenheit von diagnostischen Kategorien für verschiedene Kulturen und mit den spezifischen kulturellen Merkmalen von diagnostischen Kategorien, die von den professionellen Helfern berücksichtigt werden sollen, auseinandergesetzt und einen Ansatz im Sinne einer kultursensiblen diagnostischen Betrachtung zur klinischen Praxis erarbeitet.

Die kultursensible Betrachtung, die in Appendix I des DSM-IV (1994) beschrieben wurde, bildet ein Rahmenkonzept, das den kulturellen Hintergrund des Patienten, soziale Aspekte und Besonderheiten der Arzt-Patient-Beziehung berücksichtigt. Es kann als Standard im diagnostischen Prozeß mit Patienten gelten, die einen anderen kulturellen Hintergrund als der Untersucher haben. Die kultursensible diagnostische Betrachtung soll die kulturelle Identität des Individuums berücksichtigen (wozu die Einbettung in Bezugsgruppen, Pflegen der Herkunfts- und Aufnahmekultur, Sprachgebrauch, auch das Lebensumfeld neben der intrapychischen Dimension zählen).

Daneben ist die Rolle der Krankheitserfahrung zu berücksichtigen, indem auf kulturelle Erklärungsmodelle der Krankheit des Individuums bezug genommen werden soll. Die Krankheitserklärungsmodelle beinhalten die Bewertung der Symptomatik im Verhältnis zu den Normen der Bezugsgruppe, wahrgenommene Ursachen und Störungskategorien, außerdem Hilfesucheverhalten sowie Gewohnheiten zur Behebung der Störung. Zur systematischen Erfassung wurde ein Interview für Krankheitserklärungs-

---

[2] Der Begriff „Cultural formulation" wurde in Anlehnung an die deutsche Übersetzung des DSM-IV (Saß, H. et al. 1996, S.895–902, 947–948) als „kultursensible diagnostische Betrachtung" übersetzt. Die dort benutzten Termini „kulturelle Einflußfaktoren", „kulturelle Betrachtung(sweise)" und „kulturelle Einschätzung" treffen die Intention von „cultural formulation" – u.a. den Leitliniencharakter – nicht umfassend genug. (Koch E. und Yılmaz A.T.)

modelle entwickelt (Explanatory Model Interview Catalogue, EMIC), welches auch in klinischer Praxis angewandt wurde (Weiss 1997).

Kulturell-psychosoziale Faktoren berücksichtigen typische Interpretationen psychosozialer Belastungsfaktoren, die verfügbare psychosoziale Unterstützung und das Funktionsniveau des Betroffenen in seinem Umfeld.

Das DSM-IV fordert darüberhinaus eine Beschreibung der Beziehung von Untersuchendem und Betroffenem hinsichtlich Kommunikation, Vertrauen, Beziehungsaufbau und der zugrundegelegten Normen für die Einordnung als gesund oder krank.

Über das Konzept der kultursensiblen diagnostischen Betrachtung wurde – nach der Veröffentlichung von DSM-IV – in Form von Fallstudien in verschiedenen Zeitschriften (z.B. Ruiz 1998) publiziert. In der Zeitschrift „Culture, Medicine and Psychiatry" wurde eine spezielle Sektion für das Konzept kultursensibler diagnostischer Betrachtung gegründet, in der regelmäßig aus verschiedenen Kulturen Beispiele von kultursensibler Betrachtung zu finden sind (Yılmaz & Weiss 2000).

Zusammenfassend kann davon ausgegangen werden, daß der kulturelle Hintergrund bei der Diagnostik und Psychotherapie der Depression eine wesentliche Rolle spielt und traditionell-westliche Ansätze nicht universell gültig sind. Eine systematische, kultursensitive Erfassung der psychischen Störungen ist unumgänglich, um der Gefahr einer Unterschätzung oder Überbetonung der Rolle der Kultur vorzubeugen. Die kultursensible diagnostische Betrachtung ermöglicht eine systematische Erfassung des kulturellen Hintergrundes mit Berücksichtigung der sozialen Aspekte sowie der Interaktion zwischen Betroffenen und professionellen Helfern, dennoch bedarf es einer weiteren Entwicklung von Konzepten und weiterer inhaltlicher Ausgestaltungen zur kultursensitiven Erfassung der Psychopathologie der Depression.

Den traditionell-westlichen Psychotherapieschulen fehlen weitgehend kultursensitive Ansätze zur Erfassung der Psychopathologie und zur effektiven Psychotherapie in einer multikulturellen Gesellschaft (Yılmaz in press). Zukünftig bedarf es weiterer Untersuchungen und einer breiten Fachdiskussion zur näheren Erfassung von interkulturellen Aspekten der Depression, um auf dieser Basis die Optimierung der Diagnostik und die Entwicklung kultursensitiver psychotherapeutischer Konzepte zu erreichen.

Almeida R., Woods R., Messineo Th., Font R. The cultural context model In Mc Goldrick M.: Re-visioning of family therapy. Guildford Press New York 414–432, 1998.

Battegay R., Yılmaz A.T.: Group Psychotherapy with immigrants from Turkey. Group Analysis, Vol. 30, 217–228, 1997.

Chang WC A cross-cultural study of depressive symptomatology. Culture, Medicine and Psychiatry, 9:295–317, 1985.

Diefenbacher, A.; Heim, G.: Somatic Symptoms in Turkish and German Depressed Patients. Psychosomatic Medicine 56, 551–556, 1994.

Ebert D Martus P: Somatisation as a core symptom of melancholic type of depression. Evidence from a cross-cultural study. Journal of affective Disorder 32(4) 253–6, 1994.

Good BJ, Good MJ : Toward a meaning–centered analysis of popular illness:categories „fright illness" and „heart distress" in Iran, in Cultural Conceptions of Mental Health and Therapy. Edited by Marsella A,White G.Boston, MA, D Reedel,1982.

Good BJ, Kleinman A: Epilogue: Culture and depression, in: Culture and Depression:Studies in the Anthropology and Cross-Cultural Pschiatry of Affect and Disorder. Edited by Kleinman A, Good B. Berkeley,University of California Press,1985.

Good BJ: Culture, Diagnosis and Comorbidity. Cult Med Psychiatry 16: 427–46, 1993

Goldberg, David P. Common Mental Disorders: A Bio-Social Model. London: Tavistock/Routledge, 1992

Golding JM, Aneshensel CS, Hough RL. Responses to Depression Scale items among Mexican-Americans and non-Hispanic whites. Journal of Clinical Psychology. 47(1):61–75, 1991.

Haghighatgou H, Peterson C. Coping and depressive symptoms among Iranian students IN. J-Soc-Psychol Apr, VOL: 135 (2), P: 175–80, 1995.

Hwang, Yong-Hoon. A study of Hwa-Byung in Korean society: Narcissistic/ masochistic self-disorder and Christian conversion Dissertation-Abstracts-International-Section-A:-Humanities-and-Social-Sciences. Nov; Vol 56(5-A): 1848 AF: Princeton Theological Seminary, USA, 1995

Jadhav, S; Littlewood, R; Raguram, R. Circles of desire: a therapeutic narrative from South Asia-translation to creolization. Chapter 5, Pp. 90–105, In: Glenn Roberts & Jeremy Homes (eds), Healing Stories: Narrative in psychiatry and psychotherapy. London: Oxford University Press, 1999.

Kareem, J. The Nafsiyat Intercultural Therapy Centre: Ideas and Experience in Intecultural Therapy. Chapter 2, Pp. 14–37. In: J Kareem & R. Littlewood (eds), Intercultural Therapy: Themes, Interpretations and Practice. London: Blackwell, 1992.

Kim-Kwang-iel, Won-Hotaek, Liu-Xiehe, Liu-Peiyi, Kitanishi-Kenji. Students' stress in Kleinman A Neurasthenia and depression: A study of somatization and culture in China. Culture, Medicine and Psychiatry, 6:117–190, 1982.

Kleinman A Rethinking Psychiatry. New York, Free Press, 1988.

Kleinman A Social origins of Distress and Disease:Depression, Neurasthenia and Pain in Modern China. New Haven,CT, Yale University Press, 1986.

Kleinman A The Illness Narratives. New York, Basic Books, 1988.

Kleinman, A.: Patients and Healers in the Context of Culture. Berkeley: University of California Press, 1980.

Lee E. Asian American Families:An Overview In McGoldrick M., Giordano J., Pearce J.K.(Eds.) Ethnicity and Family therapy. Guilford Press New York, 1996.

Lester D. The association of shame and guilt with suicidality.
Center for the Study of Suicide, The-Journal-of-social-psychology Aug; 138(4): 535-6, 1998.

Lim, RF; Lin KM. Cultural formulation of psychiatric diagnosis. Case no. 03. Psychosis following Qi-gong in a Chinese immigrant. Culture, Medicine & Psychiatry. 20(3):369-78, 1996.

Lin, Keh-Ming. Hwa-Byung: a Korean culture-bound syndrome? American Journal of Psychiatry. 140(1):105-7, 1983.

Lin, Keh-Ming : Assessment and diagnostic issues in psychiatric care of refugee patients, in Mental Health of Immigrants and Refugees. Edited by Holzman WH. Austin University of texas Press 1990.

Littlewood R. From categories to contexts: a decade of the 'new cross-cultural psychiatry'. Br-J-Psychiatry. Mar. 156. P 308-27, 1990.

Lloyd K. & Bhugra D. Cross-cultural aspects of psychotherapy, International Review of Psychiatry, 5, 291–304, 1993.

Manson S, Shore JH, Bloom, JD:The depressive experience of Indian communities: a challenge for psychiatric theory and diagnosis in Culture and Depression. Edited by Kleinman A, Good B. Berkeley, University of California Press 1985.

Murray, CJL; Lopez, AD. Evidence-Based Health Policy-Lessons from the Global Burden of Disease Study. Science Nov 1 274(5288)740–743, 1996.

Oezelsel, M.M. Gesundheit und Migration. Eine psychologisch-empirische Untersuchung an Deutschen sowie Türken in Deutschland und in der Türkei. Universität, Fachbereich Psychologie, Frankfurt, 1990. Ruiz, Pedro. The role of culture in psychiatric care. Am J Psychiatry 1763–1765, 1998.

Saß H, Wittchen H-U, Zaudig M. Diagnostisches und Statistisches Manual Psychischer Störungen DSM-IV, Hogrefe, Göttingen, Bern, Toronto, Seattle 1996

Tamura T., Lau A. Connectedness versus separateness: applicability of family therapy to Japanese families. Family Process, 31: 319-40, 1992.

Ulusahin, A.; Basoglu, M.; Paykel, E.S. A cross-cultural comparative study of depressive symptoms in British and Turkish clinical samples. Soc Psychiatry Psychiatr Epidemiol 29, 31–39, 1994.

Üstün, TB; Sartorius, N. Mental Illness in General Health Care: An International Study. Chichester: John Wiley & Sons, 1995.

Weiss MG and Kleinman AK. Depression in cross-cultural perspective: developing a culturally informed model. In: Dasen P, Sartorius N, Berry J, eds. Psychology, Culture and Health: Towards Applications. Beverly Hills: Sage, pp 179–206, 1988.

Weiss MG. Explanatory Model Interview Catalogue: Framework for comparative study of illness experience. Transcultural Psychiatry 34(2):235–263, 1997.

Yılmaz AT. Immigranten aus der Türkei in ambulant-psychiatrischer Behandlung. Schweizerische Rundschau für Medizin (Praxis) 86, 895–898 1997.

Yılmaz AT, Weiss M.Cultural Formulation: Depression and Back Pain in a Young Male Turkish Immigrant in Basel, Switzerland. Culture, Medicine and Psychiatry, 24 (2): 259–272, 2000.

Yılmaz AT. Culturally sensitive psychotherapeutic Interventions in crisis In: Yılmaz AT., Weiss M., Riecher-Rössler A.(Eds) Cultural Psychiatry: Euro-international perspectives. Karger Verlag (in press)

Psychodynamische Grundlagen
in der Schmerztherapie

Hartwig Steuber

Rund 7 Millionen Menschen in der Bundesrepublik Deutschland leiden an chronischen Schmerzen, etwa 600.000 sind so schwer erkrankt, daß ihr Leiden als eigenständige Erkrankung zu bezeichnen ist. Rund 3.000 Patienten pro Jahr beenden ihr Leben durch Suizid, weil sie ihre qualvollen Schmerzen nicht mehr ertragen können (Prof. Flöter, „Deutscher Schmerztag" in Frankfurt 1997).

Der Anteil an Migranten unter diesen Patienten bei klinischen und ambulanten Behandlungen, besonders auch in gutachterlichen Verfahren, ist wesentlich höher als ihr prozentueller Anteil an der Bevölkerung. In Rüsselsheim lag in einem Zeitraum von 2 Monaten bei insgesamt 386 gutachterlichen Untersuchungen der Anteil ausländischer Patienten bei 39 % (Andersen 1997).

Ein Großteil dieser Patienten leidet unter Schmerzen, für die häufig kein ausreichendes organisches Korrelat gefunden wird. Laut ICD-10 oder DSM IV spricht man bei Schmerzpatienten von somatoformen Schmerzstörungen, wenn folgende Kriterien vorliegen:

a) Eine übermäßige Beschäftigung mit Schmerzen seit mindestens 6 Monaten.

b) Entweder eins oder zwei:

1. In eingehenden Untersuchungen werden keine organischen Erkrankungen oder pathologischen Mechanismen, die das Ausmaß der Beschwerden erklären, gefunden.

2. Sollte der Schmerz mit einer organischen Erkrankung in Beziehung stehen, gehen die Beschwerden bzw. die daraus resultierenden sozialen und beruflichen Beeinträchtigungen weit über das aufgrund des körperlichen Befundes erwartete Ausmaß hinaus.

Engel entwickelte Ende der siebziger Jahre ein bio-psycho-soziales Krankheitsverständnis. Dieses übertrug Häfner 1980 in einer ausführlichen Untersuchung auf Migranten. Häfner, Moschel und Özek fanden 1977 bei einem Drittel der untersuchten Arbeitsmigranten aus der Türkei 3 Monate nach ihrem Eintreffen in Deutschland eine depressive Symptomatik. Bei einer Kontrolluntersuchung nach 18 Monaten war die Symptomatik transferiert in ein psychosomatisches Beschwerdebild.

Dieses bio-psycho-soziale Krankheitsverständnis erweiterte Collatz 1997 durch eine kulturelle, migrationsspezifische, biographische und krankheitsspezifische Ebene. Während die biographische und krankheitsspezifische Ebene leicht erkannt wird, bringt speziell die kulturelle und migrationsspezifische Anamnese für deutsche Therapeuten ohne ausreichendes Verständnis für die kulturellen Hintergründe Schwierigkeiten. Vieles spricht dafür, daß das Erleben von Migranten im Sinne ganzheitlicher Körperwahrnehmung dem bio-psycho-sozialen Krankheitsverständnis näher ist als das „westlich-industrielle" Erleben in Kategorien der Leib-Seele-Dichotomie.

Hoffmann und Egle entwickelten anhand eines großen Patientenkollektivs der Mainzer Universitätsklinik 4 tiefenpsychologische Erklärungsprinzipien zur Entstehung psychogener oder psychosomatischer Schmerzzustände.

1. Schmerz als Ausdruck psychovegetativer Spannungszustände,
2. Schmerz als Konversion innerer Konflikte,
3. Schmerz als psychoprothetische Funktion bei narzißtischer Kränkung,
4. Schmerz als Kommunikationsebene mit der Umwelt.

Wie weit können diese psychodynamischen Ansätze in der Therapie von Migranten unter einem bio-psycho-sozialen-migrationsspezifischen Krankheitsverständnis hilfreich sein?

Vor allem das vierte Kriterium „Schmerz als Kommunikationsebene mit der Umwelt" ist Therapeuten von türkischen Migranten geläufig – so sind die häufigen Äußerungen von diffusen Schmerzen als Ausdruck von allgemeinem Unwohlsein, Bedrücktsein, Mutlosigkeit bekannt, etwa in Äußerungen wie: heißes Wasser läuft über den Kopf und überall hin, alles brennt – es schmerzt und kribbelt im ganzen Körper – kraftlos sein vor Schmerzen, die Hände halten nichts mehr. Oft werden so geäußerte Schmerzen im sozialen Umfeld als Aufforderung zur Schonung und Hilfestellung verstanden und mit entsprechender Zuwendung auch gelindert.

Jedoch kommen durchaus auch lokalisierte Schmerzzustände vor, die differentialdiagnostische Mühen bereiten, und bei genauer Betrachtung erweisen sich gelegentlich alle vier Erklärungsprinzipien bei einzelnen Patienten als hilfreich.

An einer Kasuistik soll versucht werden, dies darzustellen:

Es handelt sich um einen 40jährigen sehr gut deutsch sprechenden türkischen Patienten, der vor 8 Jahren erstmals in unserer Ambulanz zur
Computertomographie war.

Anlaß der Vorstellung war ein Anfallsleiden, dessen Ursache eine Menin-
goencephalitis in der Kindheit war. Jahrelang war Herr F. beschwerdefrei,
1990 war akut ein erneutes Anfallsgeschehen aufgetreten. Der computer-
tomographische Befund war unauffällig.

Ab 1996 wurde Herr F. wiederholt bei verschiedenen Orthopäden vorgestellt
wegen ausstrahlender Schmerzen von der Hüfte bis in den Unterschenkel-
bereich beidseits. Es wurde bei dem damals 37 jährigen Patienten die
Diagnose einer Coxalgie beidseits sowie eines Lumbalsyndroms bei
rechtskonvexer Lumbalskoliose gestellt. Die Orthopäden betonten, daß die
Schmerzen nicht eindeutig eingeordnet werden könnten. Trotzdem wurden
Perl'sche Extension und Mikrowellenanwendung vorgeschlagen. Schließlich, da die Beschwerden weiter zunahmen, erfolgte eine stationäre Behandlung in einer Orthopädischen Klinik, ohne daß eine ausreichende
Linderung der Schmerzen erreicht werden konnte.

Die Krankschreibungen häuften sich.

Vom Med.-Dienst der Krankenkasse wurde unter der Diagnose einer
Coxarthrose beidseits mit Hüftkopfnekrose bei bestehender Epilepsie eine
neurologische Behandlung vorgeschlagen.

Im Juli 1995 wurde vom Versorgungsamt Braunschweig der Grad der Behinderung auf 70 % wegen des Anfallsleidens festgelegt, der mit Bescheid
vom März 1998 auf 80 % wegen der Schmerzsymptomatik erhöht wurde.

Der eingeschaltete Nervenarzt betonte im Schreiben vom Oktober 1997, daß
er hinsichtlich der Prognose keine Aussagen machen könne, da die jetzige
Erkrankung „eher auf orthopädischem Gebiet liegt".

Wegen der zunehmenden Eskalation der Schmerzsymptomatik erfolgte
schließlich die Einweisung in unsere Klinik unter der Diagnose eines cere-
bralen Krampfleidens und einer heftigsten linksseitigen Lumboischialgie.
Inzwischen bestand Krankschreibung seit über einem halben Jahr, der
Arbeitgeber hatte eine betriebsbedingte Kündigung wegen krankheits-
bedingter Fehlzeiten bei der Hauptfürsorgestelle beantragt, obwohl aufgrund des Schwerbehindertenausweises Kündigungsschutz bestand.

Während der stationären neurologischen Behandlung wurde eine ausführ-
liche organische Diagnostik einschließlich Kernspintomographie durchgeführt. Es konnte eine ausreichende organische Ursache der Schmerzen
nicht gefunden werden, die orthopädischen Diagnosen wurden in der Ausprägung nicht bestätigt.

Schließlich wurde ein psychosomatisches Konsil veranlaßt und eine tiefenpsychologische Anamnese erhoben. Folgende sich seit 1994 entwickelnde Problematik wurde deutlich:

Herr F. stammt aus Anatolien, er ist der älteste von 4 Geschwistern. Er besuchte die fünfklassige Grundschule in der Türkei, arbeitete nach der Schule in der Landwirtschaft, kam mit den Eltern 1973 nach Deutschland. Ohne Ausbildung fand er Anstellungen in der Gastronomie sowie in verschiedenen anderen Betrieben.

1980 erwarb er den LKW-Führerschein, arbeitete kurz als Getränkefahrer, danach 5 Jahre in einer Spedition, kam 1991 zu seinem jetzigen Betrieb.

In diesem Betrieb arbeitete er zunächst ebenfalls als LKW-Fahrer, nach Bekanntwerden des Anfallsleidens wurde er jedoch ab 1994 nur noch als „Mädchen für Alles" – wie er es ausdrückte – eingesetzt.

Seitdem wurde er „hin und her geschubst", von den Kollegen nicht ernstgenommen, erlebte diese Tätigkeit als kränkend.

Die auf beider Wunsch beim Erstgespräch anwesende Ehefrau betonte, daß er früher im Betrieb gut angesehen war. Seitdem die Anfälle bekannt seien, rede niemand mehr mit ihm, er müsse die Dreckarbeit machen, er fühle sich nicht mehr als „voller Mensch". Wenn er von der Arbeit nach Hause komme, weine er, möchte am liebsten nicht mehr zum Arbeitsplatz.

Im Rahmen der später erhobenen erweiterten Anamnese berichtete Herr F., daß er vor der Ehe eine deutsche Freundin gehabt habe, mit der er 5 Jahre zusammen gewesen sei. Er sei viel Tanzen gegangen, habe zahlreiche türkische und deutsche Freunde gehabt, einen Tanzkurs besucht, eine unbeschwerte Zeit verlebt, sich wohlgefühlt. Von 1992 bis 1993 hatte er eine eigene Wohnung, war sozial aktiv, habe auch viel gefeiert.

Ende 1992 hatte ihn die deutsche Freundin betrogen, die Partner trennten sich.

Auf Vermittlung der Familie heiratete er 1993 seine jetzige türkische Ehefrau, die seine Familie und er von Kindheit an kannten, dies sei eigentlich „ein Mißverständnis". Die Ehefrau, damals 27 Jahre alt, hatte keinerlei sexuelle Erfahrungen, es kam zu sexuellen Schwierigkeiten.

Da eine Schwangerschaft nicht eintrat, erfolgte Ende 1997 eine Fertilitätsuntersuchung, bei der sich herausstellte, daß er zu wenig Spermien habe. Für ihn war dieser Befund eine weitere schwere Kränkung.

Im Rahmen des stationären Aufenthaltes auf einer psychosomatischen Station wurden obige Probleme erstmals angesprochen. Herr F. hatte die Möglichkeit, seine Kränkungen am Arbeitsplatz und in seiner Identität als Mann (allein und unter Einbeziehung der Ehefrau) zu reflektieren und durchzuarbeiten. Durch diese innere Entlastung und unter parallel laufender physikalischer Therapie trat die Schmerzsymptomatik zurück. Herr F.

wurde zunehmend mobil, aktiv, nahm an der Gruppengymnastik, ja sogar an der Walking-Gruppe der Station teil. Nach ca. 4 Wochen war eine Bewegungseinschränkung nicht mehr beobachtbar. Bei einem Arbeitsversuch im Haus traten keine Schwierigkeiten auf.

Beim Versuch der Rückführung des Patienten zum Arbeitsplatz trat zunächst eine Symptomverstärkung auf, da von Seiten des Arbeitgebers eine Auflösung des Arbeitsverhältnisses intendiert war. Es erfolgte ein Besuch beim Arbeitgeber in Begleitung einer Sozialarbeiterin, eine gestufte Wiederaufnahme der Arbeit wurde verabredet. Die Hauptfürsorgestelle teilte mit, daß bei Wiederaufnahme der Arbeit der Kündigungsschutz erhalten bliebe. Dieses Vorgehen wurde vom Patienten mitgetragen.

Zusammenfassend ist zu beobachten, daß der Patient erstmals mit verstärkten Beschwerden reagierte, als das Anfallsgeschehen, das von Jugend an nicht mehr bestanden hatte, wieder manifest wurde. Eine Symptomverstärkung trat auf, als ihm seine Tätigkeit als Kraftfahrer weggenommen, er „als Mädchen für Alles" im Betrieb eingesetzt wurde. Die völlige psychische Dekompensation erfolgte zu dem Zeitpunkt, als er zusätzlich zu seiner beruflichen Kompetenz auch in seiner Identität als Mann in Frage gestellt wurde, als er erfuhr, daß er aufgrund der geringen Spermienanzahl zeugungsunfähig sei.

Diese Psychodynamik wurde mit dem Patienten auf dem Hintergrund der bisherigen psychosozialen Entwicklung reflektiert.

Obwohl genetische Deutungen nur begrenzt im relativ kurzen stationären Setting eingesetzt wurden, war es wichtig, die Sozialisationsbedingungen zu verstehen oder wenigstens zu erahnen, in denen der Migrant aufgewachsen war, seine Copingstrategien zu kennen, die er entwickelt hatte, um sich trotz der Belastungen in einem psychischen Gleichgewicht zu halten. Oft ist zu beobachten, daß bei spezifischen kulturimmanenten Problemen, die in einem fremden Kulturkreis nicht ausreichend verstanden werden, es nach langjähriger unauffälliger Entwicklung zu Kommunikationsstörungen, zu psychischen Dekompensationen oder zu Somatisierung kommen kann. Diese Entwicklung zu verstehen, erfordert Kenntnisse des psychosozialen Hintergrundes der je individuellen Sozialisation mit kulturtypischen Zügen (städtisch / ländlich, großfamiliär oder nicht, Stellung in der Geschwisterreihe mit unterschiedlichen daraus resultierenden Verpflichtungen, monokulturelles oder gemischtes soziales Umfeld im Aufnahmeland usw.). Hierzu sind deutsche Therapeuten nur bedingt in der Lage, wodurch ein empathischer Umgang mit den Patienten schwierig ist.

Folgende Schritte sollten bei einer somatoformen Schmerzstörung und bei der Überlegung einer weitergehenden psychotherapeutischen Arbeit genau beachtet werden:

1. Ausschluß einer organischen Erkrankung
2. Klärung, ob es sich tatsächlich um eine psychosomatische Erkrankung handelt, oder ob die psychogene Schmerzsymptomatik ein Begleitsymptom einer psychiatrischen Erkrankung (schwere somatisierte Depression, Angststörung, Trauerreaktion oder coenästhetische Schizophrenie) ist (Cave: Verwechslung kulturtypisch „brennender", „laufender" o.ä. Schmerzangaben mit Coenästhopathien!).
3. Differenzierung der psychischen und sozialen Situation des Patienten. Welchen Anteil hat die aktuelle psychische, welchen die aktuelle soziale Problematik an der Entstehung und an der Aufrechterhaltung der Schmerzen
   a) zu Beginn,
   b) im Verlauf der Erkrankung.
4. Klärung der Psychodynamik.
5. Klärung der Situation auf dem Hintergrund der früheren psychosozialen Entwicklung.
6. Aufbau eines tragfähigen Arbeitsbündnisses zwischen Arzt und Patient. Wie ist die subjektive Krankheitstheorie des Patienten? Wie ist die Situation des Patienten innerhalb seiner Familie? Welche – wenn auch neurotische – Kompromißbildungen sind lebenswichtig, lebenserhaltend? Besteht eine Psychotherapieindikation aus Sicht des Untersuchers? Aus Sicht des Patienten?
7. Aufbau eines bio-psycho-sozialen-Schmerzverständnisses für den Patienten.

Wie weit sind die Hypothesen von Egle und Hoffmann am Beispiel des Patienten beobachtbar?
1. Der Schmerz als Ausdruck psychovegetativer Spannungszustände.
   Es wird davon ausgegangen, daß entwicklungspsychologisch alle Affekte primär körperlich erlebt werden. Man spricht von eine Somatisierung der Affekte. Erst im Laufe des Erwachsenwerdens kommt es zu einer sogenannten Desomatisierung der Affekte: Angst und Unwohlsein können verbalisiert werden. In bestimmten äußeren oder inneren Konfliktsituationen kann es bei unzureichenden Abwehrmaßnahmen wieder zu einer Resomatisierung kommen, d.h. die Angst wird nicht mehr erlebt, sondern als körperliches Symptom erfahren. Bei mißglückten Konfliktlösungen werden Ängste, Erschöpfung und depressives Erleben somatisiert.
Dieser Mechanismus hatte bei den von Häfner, Moschel und Özek 1977 beobachteten türkischen Immigranten eine Rolle gespielt. Sie reagierten auf

die Entfremdung zunächst mit depressiver Symptomatik, die dann aber im Rahmen der Chronifizierung nur noch somatisch wahrgenommen wurde. Der oben beschriebene Patient reagierte auf die Kränkungen innerhalb der ersten Partnerschaft mit Rückzug, verbalisierte nicht seinen Ärger, seine Verletztheit, unterwarf sich den Familiennormen einer von der Familie organisierten Ehe, reagierte dann aber zunehmend mit körperlich nicht erklärbaren Beschwerden. Gegenüber der Herkunftsfamilie war die erwünschte Vaterschaft für ih ein wichtiger Teil seines Platzes in der sozialen Hierarchie. Ein Kind hätte auch für seine Ehefrau eine Aufwertung bedeutet, keines zeugen zu können dürfte die Ambivalenz ihr gegenüber vertieft haben, stellte dies doch auch den formalen Zweck der Ehe in Frage.

2. Schmerz als Konversion innerer Konflikte:

Bei drohendem oder realem Verlust einer zwiespältig erlebten Person können aggressive Stimmungen auftreten, die sich der Patient jedoch aus Schuldgefühl, aus Gewissenskonflikten nicht erlauben darf. Diese Affekte werden in Konfliktsituationen körperlich verdrängt und können sich in Schmerzen äußern, die aus der frühen Kindheit bereits bei wichtigen Bezugspersonen beobachtet wurden. Das Symptom Schmerz drückt die Bestrebungen sowie die sie unterdrückenden Tendenzen der ethischen und moralischen Werte der Persönlichkeit als Kompromiß aus. Schmerz eignet sich für solche konflikthaften Kompromisse besonders gut, denn er bringt die unterdrückten Regungen zum Ausdruck und bestraft das Individuum gleichzeitig dafür.

Dieser intrapsychische Mechanismus ist bei dem Patienten bei Beginn der Ehe zu vermuten. Er wollte diese Ehe nicht, unterwarf sich aber dem Familiencodex. Er wollte aus dieser Beziehung wieder heraus, wagte jedoch den Schritt nicht. Nur im Einzeltherapiegespräch sprach er von „einem Mißverständnis". Ein Gespräch über die sexuellen Probleme war zunächst zwischen den Eheleuten nicht möglich und hätte Schamgrenzen in der Sozialisation beider Partner weit überschritten.

3. Schmerz als psychoprothetische Funktion bei narzißtischer Kränkung:

Bei diesem Konzept dient der Schmerz primär nicht einer Spannungsentladung, sondern dient im Sinne der Aufrechterhaltung des psychischen Funktionierens bzw. der Vermeidung eines psychischen Zusammenbruchs. Die Schmerzsymptomatik tritt oft nach einem geringen Trauma auf, chronifiziert sich, stabilisiert aber das bedrohte Selbstwertgefühl des Patienten, der nun sein eigenes, z.B. berufliches Scheitern, auf die schmerzhafte Symptomatik, nicht aber auf sein eigenes Versagen zurückführen muß.

Bei dem hier beschriebenen Patienten drohte die völlige psychische Dekompensation zu dem Zeitpunkt, als er erleben mußte, als Mann zu versagen, seine ihm vorbestimmte Rolle als Ehemann und Vater nicht mehr erreichbar war. In den Augen der Herkunftsfamilie stand die neue Tätigkeit in der sozialen Hierarchie niedriger, und das Migrationsziel (in der Fremde eine angesehene Position zu erwerben und die Herkunftsfamilie materiell unterstützen zu können) war in Frage gestellt. Er wechselte in die Rolle des Kranken, des Patienten, der von allen Verpflichtungen der Gesellschaft entlastet ist. Diese Rolle bot eine neue Identität, wodurch er nicht sein Gesicht verlor.

4. Schmerz als Kommunikationsebene mit der Umwelt:

Die Erkrankung bewirkt – wie bei dem Patienten dargestellt – eine Veränderung der Umwelt. Beobachtbar war, daß während des hiesigen stationären Aufenthaltes die Ehefrau täglich kam, sich zu ihm setzte, ihn in einer nahezu mütterlichen Art betreute.

Der früher aktive und zupackende Patient, der im Leben stand, erlebte nun in der Partnerschaft mütterliche Zuwendung. Ein neues stabiles Gleichgewicht der Partnerschaft, wenn auch auf einer anderen Ebene, hatte sich entwickelt.

Der Patient konnte sich auf neuem Niveau in seiner Identität stabilisieren, indem sich ihm die Umwelt in einer für ihn existentiell wichtigen Weise weiterhin zuwendet.

Dies kann zu einer unbewußten Verselbständigung der Schmerzsymptomatik führen.

Zusammenfassend ist festzustellen, daß die oben beschriebenen Konzepte des psychodynamischen Verständnisses der Schmerzsymptomatik von Hoffmann/Egle für eine erfolgreiche Psychotherapie bei an somatoformen Schmerzstörungen erkrankten Migranten sehr hilfreich sind.

Die aktuelle Erfahrung mit einem 40jährigen Migranten der zweiten Generation zeigt, daß die psychoanalytischen Ansätze Klärungen ermöglichen und therapeutisch wegweisend sein können, sofern sie von einer kultursensiblen Betrachtungsweise begleitet werden.

LITERATUR

Andersen, J.: Probleme sozialmedizinischer Begutachtung von Migranten aus Sicht des Medizinischen Dienstes der Krankenversicherung. In: Collatz, J., Salman, R., Koch, E., Machleidt, W. (Hg.): Transkulturelle Begutachtung- VWB (1997), 61–66

Collatz,J.: Ethnomedizinische Grundlagen bei der Beurteilung von Arbeitsmigranten – verschiedene Aspekte der Lebensleistung. In: Collatz, J., Salman, R., Koch, E., Machleidt, W. (Hg.): Transkulturelle Begutachtung- VWB (1997), 13–36

Egle, Hoffmann: Der Schmerzkranke. Schattauer (1993)

Engel GL: The clinical application of the biopsychosocial model. Amer. J. Psychiat. 137, 535–544 (1980)

Häfner, H., Moschel, G, Özek, M.: Psychische Störungen bei türkischen Gastarbeitern. Eine prospektiv-epidemiologische Studie zur Untersuchung der Reaktion auf Einwanderung und partielle Anpassung. Nervenarzt 48: 268–275, 1977

Häfner, H. : Psychiatrische Morbidität von Gastarbeitern in Mannheim, Nervenarzt 51, 672–683 (1980)

Hoffmann, Egle: Psychodynamische Konzepte bei psychogenen und psychosomatischen Schmerzzuständen. In: Basler et al.: Psychologische Schmerztherapie. Springer, Berlin u.a.O. (1990)

Die Fokussierung von Psychotherapie auf zyklisch maladaptive Beziehungsmuster. Methode und Erfahrungen mit der Umsetzung.

Norbert Hartkamp und Işıl Vahıp

Unter Psychiatern und Psychotherapeuten herrscht ein breiter Konsens, daß es notwendig ist, Behandlungszeiten in der Psychotherapie zu verkürzen. Die Gründe dafür liegen, zumindest was die Verhältnisse in Deutschland betrifft, in den sich verändernden wirtschaftlichen Rahmenbedingungen einerseits und in dem fortbestehenden enormen psychotherapeutischen Versorgungsbedarf, der sich alleine durch langfristige psychotherapeutische Maßnahmen sicherlich nicht befriedigen läßt.

Bei aller Unterschiedlichkeit des psychosozialen Versorgungssystems in Deutschland und in der Türkei bestehen hier doch auch gewisse Vergleichbarkeiten: Auch in der Türkei erlauben es weder die wirtschaftlichen Rahmenverhältnisse noch der in der Bevölkerung bestehende Versorgungsbedarf, bei dem weiteren Aufbau des psychosozialen Versorgungssystems alleine auf langfristige psychotherapeutische Strategien zu setzen. Gefordert sind mithin kürzere und fokussiertere Formen psychotherapeutischer Behandlung, wobei es unseres Erachtens wünschenswert ist, die Verkürzung der Behandlungsdauer nicht dadurch zu erzielen, daß die Therapie sich ausschließlich auf die Beseitigung von Symptomen ausrichtet, und dabei die Bearbeitung der ätiopathogenetisch bedeutsamen Konstellationen in den Hintergrund tritt.

Nach unserer Auffassung ist die Fokussierung von Psychotherapie auf zyklisch maladaptive Beziehungsmuster ein geeigneter Weg, die notwendige Konzentration und Verkürzung psychotherapeutischer Behandlungsprozesse zu erzielen und dabei gleichzeitig an einer psychodynamischen Orientierung festzuhalten. In unserem Beitrag wollen wir die Methode beschreiben, zyklisch maladaptive Beziehungsmuster als Fokus einer Psychotherapie zu formulieren, so, wie sie an der Düsseldorfer Klinik für psychosomatische Medizin und Psychotherapie entwickelt und in gemeinsamen Seminaren und Supervisionen an der Ege-Universität in İzmir diskutiert und eingesetzt wurde.

Psychotherapeuten verschiedener theoretischer Ausrichtung teilen die Auffassung, daß psychogene Störungen unterschiedlicher Art, gleich, ob es sich dabei um neurotische Störungen, um psychosomatische Störungen oder um

Persönlichkeitsstörungen handelt, in Störungen zwischenmenschlicher Interaktionen wurzeln, unabhängig davon, ob man diese Störungen als Störungen der Lerngeschichte oder als Objektbeziehungsstörungen konzeptualisiert. Zwischenmenschliche Interaktionen stehen daher auch im Zentrum der meisten zeitgenössischen Modelle psychotherapeutischen Handelns, wie etwa des Modells des „Zentralen Beziehungskonflikt Themas" (ZBKT, engl.: CCRT „core conflictual relationship theme", Luborsky 1977), der „Frames of Mind" (Dahl, Teller 1994), der „Plananalyse" (Weiss 1994, Curtis et al. 1994) oder eben auch des auf Strupp und Binder (1984) zurückgehenden, seither aber wesentlich erweiterten Modells zyklisch maladaptiver Interaktionen (CMP, „cyclic maladaptive pattern").

Ein solches Muster zyklisch maladaptiver Interaktionen, im folgenden kurz CMP genannt, bringt im Sinne einer individuellen Persönlichkeitstheorie, einer für den jeweiligen Patienten prototypischen Interaktionsgeschichte wesentliche Aspekte der Ätiopathogenese auf den Begriff. Eine solche Interaktionsgeschichte besteht dabei aus vier wesentlichen Komponenten, welche die Minimalstruktur einer CMP-Erzählung ausmachen.

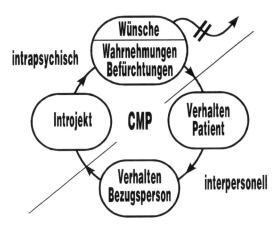

Hier geht es zunächst einmal um den Bereich der blockierten, gehemmten interpersonellen Wünsche. Bei diesen Wünschen kann es sich um unerfüllte narzißtische Sehnsüchte handeln, um Wünsche nach Anerkennung, um Autonomiebedürfnisse, es kann um Wünsche nach zärtlicher Bindung oder nach sexueller Erfüllung gehen, mithin um all diejenigen Strebungen, die auch aus der Sicht der traditionellen psychodynamischen Psychotherapie unter dem Einfluß innerer Konflikte verdrängt werden und dem Unbewußten anheim fallen. Des weiteren sind hier die interaktionell wirksam werdenden vorgefaßten negativen Erwartungen, Befürchtungen und Phantasien zu beschreiben, welche aus der Sicht der psychoanalytischen Psychologie als affektiv negativ getönte Übertragungsdispositionen aufgefaßt werden. Manchem Verhaltenstherapeuten würde es in diesem Zusammenhang vielleicht eher nahe liegen, von „Schemata" zu sprechen.

Es sind nun insbesondere diese Befürchtungen, die an der Ausbildung zyklisch maladaptiver Interaktionen beteiligt sind, da sie auf Seiten des Betroffenen bestimmte Verhaltensweisen nach sich ziehen. So kann etwa, z.B. bei einer stärker zwanghaft strukturierten Persönlichkeit, die Befürchtung, für das eigene Handeln streng und in willkürlicher Weise kritisiert zu werden, zu Verhaltensweisen eines außerordentlichen Perfektionismus oder auch zu einer Neigung führen, sich Anderen, unter Vernachlässigung der eigenen Interessen, in besonders bereitwilliger Weise unterzuordnen. Die psychoanalytische Psychologie spricht, um diesen Zusammenhang zu verdeutlichen, auch von „psychosozialen Kompromißbildungen" (Heigl-Evers, Heigl 1979).

Solche Verhaltensweisen des Patienten ziehen nun auf dem Wege interpersoneller Komplementarität gehäuft spezifische Verhaltensweisen der jeweiligen Interaktionspartner nach sich. Mit „Komplementarität" ist hier die ubiquitäre Tendenz gemeint, auf Interaktionsangebote in einer spezifischen Weise so zu reagieren, daß die Interaktion sich im einmal gewählten Modus stabilisiert. So kann beispielsweise eine Neigung, sich Anderen in besonders bereitwilliger Weise unterzuordnen, dazu führen, daß diese Anderen dem Betreffenden so begegnen, daß sie rücksichtslos über ihn zu bestimmen und Kontrolle über ihn auszuüben beginnen. Ein außerordentlicher Perfektionismus kann beispielsweise bei den Interaktionspartnern eine Neigung wach rufen, auch schon kleinste Fehler aufmerksam zu registrieren oder zu kritisieren.

Diese Verhaltensweisen anderer Menschen sind nun durchaus geeignet, das Selbstbild des Betroffenen in nachhaltiger Weise beeinflussen. So kann beispielsweise das Verhalten Anderer, auch schon kleinste Fehler aufmerksam zu registrieren oder zu kritisieren, bei dem Betroffenen dazu führen, daß er eine Neigung entwickelt, sich selbst noch strenger und noch unnachgiebiger als bisher zu kontrollieren, um Fehler und mangelnde Perfektion zu vermeiden. Ein rücksichtslos bestimmendes und kontrollierendes Verhalten Anderer kann dazu führen, daß der Betreffende sich innerlich schwach und entwertet zu fühlen beginnt, daß er sich wegen seiner eigenen mangelnden Widerstandkraft verachtet und innerlich aufgibt.

Solche selbstreferentiellen Verhaltensweisen werden von der psychoanalytischen Psychologie als Aspekte des „Introjekts" aufgefaßt; einzelne der hier angesprochenen Zusammenhänge werden von der kognitiven Therapie auch als „negative Gedanken" oder als „negative Selbstverbalisationen" bezeichnet – sind nun ohne Zweifel geeignet, pathogenetisch wirksame interpersonelle Befürchtungen und die Blockade positiv getönter interpersoneller Wünsche aufrechtzuerhalten.

Damit aber schließt sich der maladaptive interpersonelle Zirkel.

Eine diese vier Strukturelemente umfassende CMP-Formulierung beinhaltet somit die wesentlichen Aspekte des ätiopathogenetisch relevanten Beziehungsmusters; sie umfaßt sowohl die interpersonell wirksam werdenden Verhaltensaspekte wie auch die unmittelbarer Beobachtung entzogenen innerseelischen Anteile. Sie geht damit beispielsweise über das Konzept des Zentralen Beziehungskonflikt-Themas (ZBKT) hinaus, welches bekanntlich den Wunsch des Selbst, die Reaktion des Objekts und die Reaktion des Selbst umfaßt, den von uns für wichtig gehaltenen Anteil selbstbezüglicher, introjektiver Verhaltensweisen jedoch nicht einbezieht.

Eine CMP-Formulierung kann jedoch nicht als vollständig gelten, wenn sie die biographischen Dimension außer acht läßt. Es ist keine Frage, daß die Lebensgeschichte, das biographische Geworden-Sein, auch auf die Gestaltung eines jeweils hoch spezifischen individuellen Musters zyklisch maladaptiver Interaktion Einfluß nimmt. Diese Einflußnahme läßt sich mit den Begriffen der „Introjektion", der „Internalisierung" und der „Identifikation" beschreiben. „Introjektion" meint dabei, daß die charakteristische Umgehensweise mit der eigenen Person sich nach dem Vorbild des Umgangs der frühen Bezugspersonen mit dem Betreffenden herausbildet.

In diesem Sinne wird ein Patient, dessen frühe Lebenserfahrung von übermäßiger Strenge und rigider Kontrolle bestimmt wurde, eine Neigung entwickeln, solche Strenge und Kontrolle auch im Umgang mit sich selbst auszuüben. „Internalisierung" meint hier, daß die interpersonellen Wünsche und Befürchtungen des Betreffenden so gestaltet sind, als seien die frühen Bezugspersonen immer noch gegenwärtig. So können beispielsweise Befürchtungen, in rigider Weise kontrolliert zu werden, streng bestraft zu werden, auch dann noch aufrechterhalten werden, wenn beispielsweise der strafende Vater der frühen Lebensgeschichte im gegenwärtigen Leben des Betreffenden keine wesentliche Rolle spielt, ja sogar dann, wenn er möglicherweise gar nicht mehr am Leben ist. Die frühen Bezugspersonen sind in diesem Falle verinnerlicht, „internalisiert". Mit „Identifikation" ist der Umstand beschrieben, daß Patienten vielfach in ihrem eigenen Verhalten Züge an den Tag legen, welche sie möglicherweise früher an ihren wichtigen Bezugspersonen abgelehnt haben oder unter denen sie im Verlauf ihrer eigenen Lebensgeschichte gelitten haben. So ist es nicht ungewöhnlich, wenn Menschen, die in ihrer eigenen Genese die Erfahrung rigiden Kontrolliert-Werdens und großer Strenge gemacht haben, in ihrem eigenen Verhalten Anderen gegenüber eine eben solche Strenge und ein eben solches Kontrollbedürfnis entwickeln. Sie haben sich also den frühen Bezugspersonen quasi angeglichen, sich mit ihnen „identifiziert".

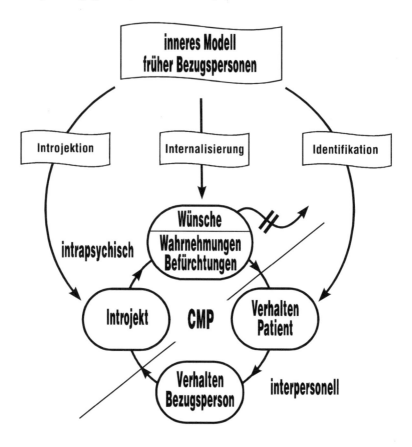

Nimmt man alle diese Gesichtspunkte zusammen (Tress et al. 1996), so beschreibt eine CMP-Formulierung in präziser und systematischer Weise die Verknüpfung von Lebensgeschichte (Frühgenese) und Aktualsituation (Aktualgenese), wie sie in der tiefenpsychologisch fundierten Psychotherapie (Heigl-Evers, Heigl 1983) im Sinne der sogenannten „Schnittpunkt-Metapher" (Heigl-Evers, Heigl 1982) beschrieben wurde.

Eine CMP-Formulierung läßt sich in aller Regel auf der Basis der Informationen erstellen, wie sie in einer üblichen psychotherapeutischen Anamneseerhebung gewonnen werden. Es ist hier allerdings wichtig darauf zu achten, daß der Bericht des Patienten hinsichtlich der Interaktionsgeschichten reichhaltig ist. Liegen bei Patienten neurotische Störungen oder Persönlichkeitsstörungen vor, so werden sie vielfach von sich aus interpersonelle Zusammenhänge und Konsequenzen ihrer Symptome schildern, liegen jedoch primär psychosomatische oder somatoforme Störungen vor, ist es oftmals notwendig, die interaktionellen Konsequenzen der Symptomatik durch gezieltes Nachfragen zu explorieren. So kann es bei einer Patientin, die über eine vielgestaltige und persistierende Schmerzsymptomatik klagt, notwendig sein, gezielt nachzufragen, wie sich diese Symptomatik auf das Ehe- oder Familienleben auswirkt, insbesondere auch, wie Ehepartner und Familienangehörige auf die Patientin interaktionell reagieren.

Aus einer CMP-Formulierung ergibt sich im weiteren dann auch eine klare Leitlinie für die Durchführung der Therapie. Hierbei kommt dem Verhalten des Therapeuten eine zentrale Rolle zu. Es ist ja zu erwarten, daß aufgrund der interpersonellen Komplementarität in der Interaktion mit dem Patienten im Therapeuten die gleichen interaktionellen Bereitschaften wachgerufen werden, wie in den signifikanten Bezugspersonen des Patienten. Diese Bereitschaften können dem Therapeuten auf dem Wege der Beobachtung der eigenen Gegenübertragung spürbar werden. Es ist nun von zentraler Bedeutung, daß diese interaktionellen Bereitschaften nicht umstandslos agiert werden, sondern Gegenstand des gemeinsamen, auf Klärung und die Gewinnung von Einsicht zielenden Gesprächs werden.

Die therapeutischen Interventionen richten sich dabei auf den Bereich des von Sandler und Sandler (1984, 1994) so genannten „Gegenwartsunbewußten", also den Bereich der aktuellen interpersonellen Beziehung zwischen Patient und Therapeut, in der sich, ebenso wie in den realen Sozialbeziehungen des Patienten, seine innere Konflikte niederschlagen. Die Aufmerksamkeit des Therapeuten richtet sich daneben auf die jeweils spezifischen auslösenden Situationen für die Symptomatik des Patienten und auf das „pathogene Feld", in welchem sich die auslösenden Konflikte immer wieder neu konstellieren. Das Ziel einer Psychotherapie, die sich auf eine CMP-Formulierung stützt, ist es mithin weniger, dem Patienten Einsicht in seine basalen Konflikte und deren frühgenetischen Ursprung zu vermitteln, so wie dies für die analytische Psychotherapie gilt. Ziel ist es vielmehr, Einsicht in die momentanen interpersonellen Konfliktkonstellationen und in die den Konflikt aufrechterhaltenden Faktoren des „pathogenen Felds" zu erzielen, wobei die Einsicht in die innere Konfliktdynamik und das „benignere" interaktionelle Verhalten des Therapeuten zu einer Symptomminderung und – durch eine Veränderung selbstbezüglicher, introjektiver Verhaltensweisen – zu einer partiellen Umstrukturierung der Persönlichkeit führen (Langenbach et al. 1998).

Insbesondere in der Aus- und Weiterbildung sowie in der Supervision hat sich uns diese Vorgehensweise bewährt, ihre Klarheit und Systematik ermöglicht es auch Anfängern in der Regel sehr rasch, sich in dem – sonst häufig ja unübersichtlichen und schwierigen – Feld der psychodynamischen Psychotherapie sicher zu bewegen.

Insgesamt glauben wir, daß wir mit der Methode der CMP-gestützten, zeitbegrenzten, fokussierten psychodynamischen Psychotherapie ein hochwirksames und didaktisch gut zu vermittelndes Instrument in Händen haben, welches geeignet ist, auch angesichts begrenzter Ressourcen einen substantiellen Beitrag zur psychotherapeutischen Versorgung zu leisten.

LITERATUR:

Curtis JT, Silberschatz G, Sampson H et al. (1994) The plan formulation method. Psychotherapy Research 4: 197–207

Dahl H, Teller V (1994) The characteristics, identification, and applications of frames. Psychotherapy Research 4: 253–276

Heigl-Evers A, Heigl F (1979) Die psychosozialen Kompromißbildungen als Umschaltstellen innerseelischer und zwischenmenschlicher Beziehungen. Gruppenpsychother Gruppendyn 14: 310–325

Heigl-Evers A, Heigl F (1982) Tiefenpsychologisch fundierte Psychotherapie – Eigenart und Interventionsstil –. Zschr. psychosom. Med. 28: 160–175

Heigl-Evers A, Heigl F (1983) Was ist tiefenpsychologisch fundierte Psychotherapie? Psychother med Psychol 33: 63–68

Langenbach M, Hartkamp N, Tress W (1998) Das Modell des zyklisch-maladaptiven Musters und der strukturalen Analyse Sozialen Verhaltens: Ein interpersoneller Ansatz zu Entstehung, Diagnostik und Therapie von Persönlichkeitsstörungen. In: Saß H (Hg) IntegrativeKonzepte der Behandlung von Persönlichkeitsstörungen, Schattauer-Verlag

Luborsky L (1977) Measuring a Pervasive Psychic Structure in Psychotherapy: The Core Conflictual Relationship Theme. In: Freedman N, Grand S (ed) Communicative Structures and Psychic Structures., S.367–396

Sandler J, Sandler AM (1984) The past unconscious, the present unconscious and interpretation of the transference. Psychoanal Inquiry 4: 367–399

Sandler J, Sandler AM (1994) The Past Unconscious and the Present Unconscious. A Contribution to a Technical Frame of Reference. Psa Study Child 49: 178–292

Strupp HH, Binder J (1984) Psychotherpy in a new key. A Guide to time-limited psychotherapy. Basic Books, New York

Tress W, Henry WP, Junkert-Tress B, Hildenbrand G, Hartkamp N, Scheibe G (1996) Das Modell des zyklisch-maladaptiven Beziehungsmusters und der Strukturalen Analyse Sozialen Verhaltens (CMP/SASB). Psychotherapeut 41: 215–224

Weiss J (1994) The analyst's task: To help the patient carry out his plan. Contemp Psychoanalysis 30: 236–254

Enuresis bei türkischen Kindern – Ethnologische Überlegungen zur Epidemiologie

Andrea Petersen

EINLEITUNG[1]

Eine der wenigen interkulturellen Differenzen in Bezug auf die Prävalenz psychischer Störungen im Kindesalter scheint die bei Kindern aus dem Vorderen Orient und Afrika gehäuft auftretende Enuresis (nocturna) zu sein. In der deutschsprachigen Literatur zum Thema Migration und Gesundheit fanden sich in den 70er Jahren erste Hinweise auf eine Häufung von Enuresis bei türkischen Migrantenkindern. In den 90er Jahren wurden erstmals auch in der Türkei größer angelegte epidemiologische Studien zur Prävalenz der Enuresis in der Allgemeinbevölkerung durchgeführt, die ebenfalls auf eine höhere Rate von Enuresis als in den meisten westeuropäischen Ländern hinweisen.

Eine plausible Erklärung für diese interkulturelle Differenz findet sich in der medizinisch-psychiatrischen Literatur bislang nicht. Ebenfalls ungeklärt blieb bisher die Frage, warum die Enuresis, die normalerweise einer Therapie gut zugänglich ist, sich bei Migrantenkindern häufig nur sehr schwer behandeln läßt. Im folgenden werde ich nach einem Überblick über die epidemiologischen Daten – etwas abseits der üblichen kinderpsychiatrischen Ursachensuche – ethnographische und volksmedizinische Aspekte zusammentragen, die im Zusammenhang mit der Kontrolle der Körperausscheidungen von Bedeutung sein könnten. Ob sie dies tatsächlich sind, wird die weitere Forschung zeigen müssen. Schließlich werde ich der Frage nachgehen, inwiefern die volksmedizinischen ätiologischen Vorstellungen von türkischen Patienten zur hohen Symptomtoleranz beitragen.

EPIDEMIOLOGISCHE ANGABEN

Zu den ersten deutschen Untersuchungen, die Hinweise auf eine Häufung von Enuresis bei türkischen Kindern geben, gehören die von Steinhausen (1982) und Holstein (1984) an „Gastarbeiterkindern" durchgeführten. Bei-

[1] Ich danke Alexander von Gontard, Gisela Petersen, Ingrid Pfluger, Renate Schepker und Hannes Stubbe für wichtige Anregungen und Hinweise.

173

de Studien trennen jedoch nicht zwischen verschiedenen Ethnien und Altersgruppen (0–18 Jahre) und sind daher nicht sehr aussagekräftig. Die von ihnen gefundene Häufigkeit des Einnässens liegt bei ca. 20 %.

In der epidemiologischen Studie von Poustka (1984) über psychiatrische Störungen bei 13- und 14jährigen Kindern ausländischer Arbeitnehmer wurde eine „fünffach" erhöhte Rate nächtlichen Einnässens (7,6 %) bei türkischen gegenüber deutschen und italienischen Kindern festgestellt. Steinhausen et al. (1990) verglichen in ihrer Studie die Raten psychiatrischer Auffälligkeiten bei griechischen, türkischen, französischen und deutschen Kindern in Berlin und fanden bei Türken eine Prävalenz von 15,7 % für Enuresis (leider ohne Spezifizierung, ob es sich um Enuresis nocturna, diurna, primäre oder sekundäre Enuresis handelt) im Vergleich zu 2 % bei deutschen und französischen und 5,6 % bei griechischen Kindern. Eine Analyse der hohen Prävalenz von Enuresis habe eine ungewöhnlich hohe Rate von Enuresis bei Geschwistern, Eltern oder anderen Verwandten ergeben.

Auch in den Niederlanden (Spee-van der Wekke 1998) wurden erhöhte Enuresis nocturna-Raten bei türkischen und marokkanischen Kindern gegenüber niederländischen Kindern im Alter von 5–15 Jahren gefunden: 14 % gegenüber 6 %. (Kriterium: ein bis zwei nasse Nächte pro Woche in den letzten vier Wochen).

Bis vor kurzem konnte die Frage, ob die hohen Enuresisraten türkischer Kinder Folge der Migration sind oder ob sie auch in der Türkei bestehen, aufgrund fehlender verläßlicher Zahlen nicht beantwortet werden. Dies änderte sich 1997, als Serel et al. die Ergebnisse ihrer in Isparta durchgeführten Fragebogenuntersuchung über 5.523 Kinder im Alter von 7–12 Jahren publizierten: 14,3 % der Jungen und 7,6 % der Mädchen näßten nachts ein, 0,7 % der Jungen und 0,2 % der Mädchen tagsüber.

Die Schlußbehauptung, daß die in der Türkei gefundenen Prävalenzraten denen in Westeuropa, den USA und Australien ähnlich seien, läßt sich m.E. nicht halten, wenn man Kinder gleichen Alters vergleicht (s. Tab. 1). So sind auch Gümüş et al. (1999) der Ansicht, daß die Enuresis in der Türkei ein bedeutendes Gesundheitsproblem ist, „like an iceberg with only the tip visible". Sie fanden in ihrer Fragebogenstudie von 1703 Grundschulkindern im Alter von 7–11 Jahren in Manisa Prävalenzraten für Enuresis nocturna von 13,7 % (Jungen 16,9 %, Mädchen 10,6 %).

Krantz et al. (1994) monieren zu Recht, daß die weltweit gefundenen Prävalenzraten von 3–25 % (in Jamaica sogar 40 % bei 5jährigen) kaum vergleichbar seien, da unterschiedliche diagnostische Kriterien verwendet wurden und randomisierte Stichproben die Ausnahme bildeten. Im folgenden (Tab. 1) geben wir daher nur eine Übersicht über einige Studien, die ihre diagnostischen Kriterien nennen und die eine Prävalenzrate für ein bestimmtes Alter, nämlich 7jährige, angeben.

Tab. 1: Studien zur Prävalenz von Enuresis

Autor/en	Land und Jahr	Alter	Diagnost. Kriterien	Prävalenz (%)
Hellström[2]	Schweden 1982	7	> 1/letzte 3 Mon.	9,5
Järvelin[3]	Finnland 1984	7	> 1/letzte 6 Mon.	6,3
Cochat et al.	Frankreich 1994	6–7	> 1/Woche	5,4–7,3[4]
Chiozza et al.	Italien 1998	7	DSM III	5,6 (Mädchen)–8,1 (Jungen)
		7	DSM IV	1,5 (Mädchen)–3 (Jungen)
Rahim et al.	Sudan 1986	7	mehrmals/letzte Jahre	16,2 (Jungen)–18,7 (Mädchen)
Kalo et al.	Saudi Arabien 1996	7	mind. 1/Monat	24,5 (Mädchen häufiger)
Serel et al.	Türkei (Isparta) 1997	7	mind. 1/Monat?	15,7 (Jungen)–14.6 (Mädchen) 15,1
Gümüş et al.	Türkei (Manisa) 1999	7	>1/Woche	ca.18[5] (Jungen) ca.12 (Mädchen)

Wie aus der Aufstellung zu erkennen ist, sind die Prävalenzraten im Vorderen Orient und im Sudan deutlich höher als in West- und Nordeuropa. Zusätzlich gibt es eine interessante Differenz hinsichtlich der Geschlechtsverteilung. Während in Europa die Zahlen für Enuresis nocturna bis zum Alter von sechs Jahren bei Jungen und Mädchen nicht wesentlich differieren bzw. die Jungen in Italien überwiegen, ist dies im Sudan, in Kuwait (Al-Naqeeb 1990; erwähnt in Kalo 1996) und in Saudi-Arabien bei jüngeren Kindern anders. Bis zum Alter von neun Jahren nässen Mädchen deutlich häufiger ein als Jungen.

Welche Faktoren tragen nun zu den in diesen Ländern höheren Enuresisraten bei? Die medizinisch psychiatrische Spurensuche hat hier bisher nur sehr begrenzt Aufschluß geben können: Cederblad und Rahim (1986) fanden

[2]Angabe aus Krantz et al. (1994).
[3]Angabe aus Krantz et al. (1994).
[4]Die Autoren nennen zwei Zahlen, weil es sich um zwei unterschiedliche Stichproben handelte.
[5]In dieser Studie wurde nur nach Enuresis nocturna gefragt. Die Zahlen für 7jährige mußten aus einer Graphik herausgelesen werden und sind daher nur Circawerte.

erstaunlicherweise weder eine Korrelation zu sozioökonomischen Faktoren wie Armut und beengtem Wohnraum, noch zu Faktoren wie Erziehungsstilen, Blasentrainingsmethoden, Länge der Stillperiode, der Anwendung von körperlichen Strafen, familiären Belastungen wie broken home, Polygamie, Geschwisterrivalität oder Angst oder Depression von Mutter oder Vater. Kinder, die aus ländlichen Gebieten nach Khartoum migriert waren, näßten häufiger ein als Kinder städtischer Herkunft. Dabei fanden sich keine Unterschiede zwischen verschiedenen Ethnien.

Kalo und Bella (1996) fanden als Risikofaktoren für Enuresis: eine Häufung von Life events vor dem sechsten Lebensjahr, tiefen Schlaf, akute psychosoziale Probleme in der Familie, gehäufte Harnwegsinfekte, Obstipation, angeborene Defekte und eine positive Familienanamnese für Enuresis.

In der Untersuchung von Gümüş et al. (1999) war bei den Enuretikern eine in 76,5 % positive Familienanamnese (gegenüber 24,3 % bei den Nicht-Enuretikern) auffällig. Positiv assoziiert mit Enuresis waren außerdem schwere Erweckbarkeit des Kindes, „poor toilet habits" und ein niedriges Bildungsniveau der Mutter.

Serel et al. (1997) fanden bei 55 % der Enuretiker eine positive Familienanamnese (Eltern, Geschwister oder andere Verwandte).

Viele der gefundenen Korrelationen entsprechen also den aus europäischen Untersuchungen bekannten Zusammenhängen. Auffallend ist die hohe Rate von Familienmitgliedern mit einer eigenen Enuresisgeschichte. Dies könnte als Hinweis auf genetische Faktoren gewertet werden. Da Verwandtenehen – insbesondere die Heirat zwischen Cousin und Cousine – in diesen Ländern häufig sind, lag die Hypothese nahe, daß durch diese Heiratsform genetische Faktoren verstärkt werden und sich dadurch die höhere Prävalenz zumindest teilweise erklären läßt. So untersuchten sowohl Gümüş als auch Cederblad und Rahim, ob die Enuresis bei Kindern aus Familien, in denen die Eltern verwandt sind, häufiger auftritt als bei Kindern aus Nicht-Verwandtenehen. Dies war jedoch nicht der Fall.

Wie ist dann aber die interkulturelle Differenz bezüglich der Häufigkeit von Enuresis zwischen Europa und Ländern aus dem Vorderen Orient und Afrika zu erklären? Ist die Differenz in der Art der Erziehung, speziell der Sauberkeitserziehung begründet? Ist es überhaupt eine interkulturelle Differenz oder haben die Unterschiede nicht eher mit dem Klima (vgl. Cederblad und Rahim 1986), mit bäuerlicher oder städtischer Lebensweise oder sozialen Faktoren zu tun? Hängt die höhere Prävalenz mit der muslimischen Religionszugehörigkeit zusammen und wenn ja, wie? Zu denken wäre z.B. an die Reinheitsgebote des Islam, an die Tabuisierung von Körperausscheidungen oder bestimmte kulturelle Praktiken wie die Beschneidung von Jungen, im Sudan teilweise auch der Mädchen? Ich kann hier nicht allen diesen Fragen nachgehen, werde im folgenden am Beispiel der Türkei nur einige Punkte aufgreifen, die im Zusammenhang mit der Kontrolle der Körperausscheidungen wichtig sind.

(SAUBERKEITS-)ERZIEHUNG IN DER TÜRKEI

In der Literatur finden sich unterschiedliche Auffassungen darüber, ob die Art der Sauberkeitserziehung sich auf die Enuresisrate auswirkt.[6] Es gibt jedoch Hinweise darauf, daß eine zu frühe und rigide oder eine zu nachlässige Haltung der Eltern bei der Sauberkeitserziehung mit einem gehäuften Auftreten von primärer Enuresis assoziiert sind (vgl. Knölker 2000).

Tragen die traditionellen türkischen Erziehungspraktiken zu einem gehäuften Auftreten von Enuresis bei?

Die allgemeine Atmosphäre gegenüber Kindern ist durch „Liebe und Kontrolle" (Fişek 1982) gekennzeichnet. Auf Autonomie, Eigeninitiative und Neugier wird weniger Wert gelegt als auf Respekt und Gehorsam gegenüber Älteren. Öztürk und Volkan merken in ihrem Übersichtsartikel über Theorie und Praxis der Psychiatrie in der Türkei (1971) an, daß türkische Jugendliche dort eher mit abnormer Passivität reagieren, wo westliche Kinder und Jugendliche zu expansiv-aggressiven Störungen neigen. Respekt und Achtung gegenüber Älteren sind zentrale Werte in der türkischen Gesellschaft, die in der Erziehung schon früh vermittelt werden. Ein Aspekt des Respekterweisens ist, daß man Älteren nicht widerspricht, daß Konflikte nicht offen ausgetragen werden. So werden Verbote von Jugendlichen auch eher umgangen, als daß sie mit ihren Eltern darüber diskutieren. Psychodynamisch legt sich hier ein Zusammenhang zu dem gehäuften Vorkommen der sekundären Enuresis nocturna nahe, die oft als Folge eines psychischen Konfliktes – z.B. Wendung von nach außen nicht lebbaren Aggressionen gegen die eigene Person – zu erklären ist. Auch die Ergebnisse von Erol et al. (1995), die in der Türkei verhältnismäßig viele internalisierende Störungen fanden, lassen sich teilweise auf diese Neigung zur Vermeidung von offenen Konflikten in der türkischen Familie zurückführen.

Es läßt sich eine generell permissive Haltung gegenüber Kleinkindern beobachten, die auch im Bereich der Sauberkeitserziehung[7] gilt und „damit

---

[6] So fanden Largo et al. (1978) in ihrer Längsschnittstudie keine veränderten Enuresisraten trotz stark veränderter Sauberkeitserziehung im Laufe der letzten dreißig Jahre (50er bis 80er Jahre).

[7] Cederblad und Rahim (1986) beschreiben ebenfalls eine zwar früh einsetzende, aber ohne jeden Nachdruck verfolgte Sauberkeitserziehung in Khartoum/Sudan.

begründet [wird], daß das Kind noch nicht über Verstand (akıl) verfügt, und man es deshalb für seine Handlungen oder Unzulänglichkeiten, z.B. im Bereich der Sauberkeit, nicht zur Verantwortung ziehen könne." (Pfluger 1981:69).

Diese Einstellung beruht auf der Vorstellung, das Kind sei „wie ein Photoapparat. Es nimmt alles auf. (Çocuk fotoğraf makinesi gibi. Her şey çeker.)" (Mıhçıyazgan 1986:354) Lernen geschieht nach türkischer Auffassung vor allem durch Imitation. Nichtlernen dagegen wird als Verzögerung aufgefaßt, die irgendwann aufgeholt wird. Hierin liegt ein weiterer Grund für die hohe Toleranz auch gegenüber einem verzögerten Trockenwerden.

Die Sauberkeitserziehung im ländlichen Kontext zeichnet sich also durch einen sehr geringen Nachdruck im Kleinkindalter und lange Duldung verzögerten Erlernens der Blasenkontrolle aus.[8]

Van der Most van Spijk et al. (1993) haben beobachtet, daß diese anfangs lässige Sauberkeitserziehung relativ plötzlich in eher durch Strafen und Erziehung zu Scham gekennzeichnete strenge Erziehungsversuche bei ihrem Mißlingen übergeht und dann wiederum ein unkompliziertes Erlernen der Sauberkeit verhindert.

ETHNOLOGISCHE UND VOLKSMEDIZINISCHE GESICHTSPUNKTE

Ein wesentlicher Faktor ist offensichtlich die hohe Symptomtoleranz. Wie ist nun aber die große Toleranz türkischer Eltern gegenüber dem Einnässen zu erklären?

Oder noch allgemeiner gefragt:

Wie unterscheidet sich eine Gesellschaft, in der Enuresis ein Problem ist von einer, die darin kein Problem sieht? Zu diesem Thema machte sich – soweit mir bekannt – lediglich Stubbe (1988) Gedanken. Er kommt zu dem Schluß, daß die Enuresis erst in einer Gesellschaft problematisch wird, in der durch gesellschaftliche Anforderungen wie Schulbesuch u.ä. eine erhöhte Selbstkontrolle von den Individuen gefordert wird. Stubbe vermutet, daß in industrialisierten Gesellschaften die Erziehung zu Sauberkeit mit größerer Strenge als in agrarischen Gesellschaften verfolgt

---

[8] Über den Zeitpunkt der abgeschlossenen Sauberkeitserziehung finden sich Zahlen bei Nauck (1990:109 f.): In der Türkei wird die Sauberkeit in ländlichen, wenig gebildeten Familien durchschnittlich mit 25 Monaten erreicht, bei städtischen Familien mit längerer Schulbildung bereits mit 19 Monaten. Bei Migrantenfamilien ist eine Tendenz zu einem früheren Abschluß des Sauberkeitstrainings feststellbar. Im städtischen Kontext vollzieht sich m.E. dieselbe Entwicklung wie bei uns in den 50er Jahren. Die „wissenschaftliche"Aufklärung und Werbung in den Medien bewirkt eine Verkürzung der Stillperiode und eine frühere Sauberkeitserziehung zunächst in den gebildeten Schichten.

wird.[9] Die Türkei befindet sich im Übergang von einem Agrar- in ein Industrieland. Deshalb läßt sich die noch durch Forschung zu überprüfende Hypothese formulieren, daß viele der aus ländlichen Gebieten migrierten Eltern das Einnässen gar nicht als ernst zu nehmendes Symptom, sondern eher als eine Art Kinderfehler wahrnehmen.

SUBJEKTIVE KRANKHEITSKONZEPTE

Neben dieser eher allgemeinen Überlegung zur Ursache der hohen Symptomtoleranz will ich zur Diskussion stellen, ob die volksmedizinischen ätiologischen Vorstellungen selbst dazu beitragen, daß man ohne Sorgen auf eine Spontanremission warten kann.

Einen Überblick aller mir bekannten ätiologischen Vorstellungen türkischer Familien gebe ich in der Tabelle 2.

Häufig werden Kälte allgemein, eine Erkältung oder eine kalte Wohnung als Ursache für das Einnässen benannt (vgl. auch Van der Most van Spijk et al. 1993). Neben den auch für uns leicht nachvollziehbaren Gründen, nämlich der Erfahrung, daß z.B. eine Blasenentzündung mit Einnässen einhergehen kann, sind für diese „beliebte" Ätiologie zwei kulturspezifische Auffassungen verantwortlich. Zum einen werden „Klimafaktoren" wie „schlechte Luft", „Kälte", „schlechtes Wetter" für sehr viele verschiedene Krankheiten verantwortlich gemacht. Zum anderen ist in volksmedizinischen Auffassungen[10] die Kalt-Heiß-Metapher eine wichtige Unterscheidung. Die Kalt-Heiß-Ordnung bezieht Nahrungsmittel, Kräuter, Medikamente, physiologische Zustände (Schwangerschaft z.B.) und auch Krankheiten ein. In der einzigen mir bekannten Auflistung der durch Kälte verursachten Erkrankungen[11] wird zwar die Enuresis nicht erwähnt, mir gegenüber nannten Eltern von Patienten jedoch Kälte sehr häufig als mögliche Ursache. Eine durch Kälte erzeugte Erkrankung erfordert eine Therapie mit Hitze und umgekehrt (vgl. Wirsing 1992: 77ff. und 200). Diese Behandlungsmethode entspricht der auch aus anderen Kulturen bekannten Behandlung, bei der ein Ausgleich hergestellt werden soll, z.B. bei einer

[9] Ähnlich argumentiert auch Gleichmann (1979:48): „Im Verlauf der innerhäuslichen Verortung des sozial erwünschten Benehmens werden auch die geringfügigsten Teile der Verrichtungen vermehrten Kontrollen, verstärkten Zwängen zur exakteren Körperbeherrschung unterworfen (…) jedes Handlungselement wird genau standardisiert, allmählich zu einem verräumlichten Aufbau der Schamempfindungen zusammengesetzt."
[10] Es ist nicht sicher, ob diese sich aus galenisch-islamischen Theorien herleiten oder ob sich möglicherweise auch unabhängig von diesen wie in vielen Teilen der Erde eine Humoraltheorie entwickelt hat (vgl. Manderson [1987:329]).
[11] Schnupfen, Grippe, Bronchitis, Pneumonie, Masern, Windpocken, Durchfall, Rheuma, Ischias, Gonorrhoe, Schmerzen (Koliken und Rückenschmerzen). Türkdoğan (1969); zitiert nach Wirsing (1992:90).

Erkältung etwas Heißes zu trinken.[12] Bei den durch Kälte hervorgerufenen Erkrankungen werden in der Regel weder Arzt noch Heiler aufgesucht (vgl. Wirsing 1992: 187). Sie werden eher selbst behandelt.

Tab. 2: Ätiologische Vorstellungen türkischer Familien
(nach Van der Most van Spijk 1993 und eigenen klinischen Erfahrungen)

Ätiologie	mögliche Abhilfe	Zuständigkeit
Kälte	Vermeiden von Kälte, Ausgleich durch Wärme	Mutter, Familie
Kinderfehler	Abwarten, erneut Beibringen; gibt sich von selbst, spätestens bei Beschneidung	Mutter, Familie
Krankheit der Blase	urologische Diagnostik und Therapie, Medikamente	Urologe/ Kinderarzt
zuviel trinken	weniger trinken, besonders abends	Mutter, Familie
zu tiefer Schlaf	Wecken	Mutter, Familie
Charakter des Kindes (Faulheit)	Ermahnen, Strafen	Mutter, Familie
Schreck, Angst oder Schock[13]	magisch-religiöse Therapie	Hoca[14]
Böser Blick, Zauberei, Befallensein von Geistern	magisch-religiöse Therapie	Hoca[15]

Insofern Enuresis nocturna als Folge der schädlichen Wirkung von Kälte bzw. einer Verkühlung, zu tiefen Schlafes, zu vielen Trinkens oder eines Schocks betrachtet wird, gilt sie nicht als besorgniserregend, man kann einfach die Spontanremission abwarten. Deswegen und weil der Arzt – ge-

[12] Daneben ist mir aus der Türkei eine andere Abwandlung bekannt: Gerät man durch körperliche Arbeit zum Beispiel in einen erhitzten Zustand, so gilt Kälte, z.B. das Trinken von eiskaltem Wasser oder anderen kühlschrankkalten Getränken als schädlich. Hier gilt es vor allem, die Extreme zu meiden bzw. nicht zusammenzubringen: übermäßige Hitze oder Kälte gelten als schädlich, aber auch Kälte- nach Hitzeeinwirkung sollte vermieden werden (vgl. Wirsing 1992: 77ff.)
[13] Diese ätiologische Vorstellung fand ich nicht nur bei Bettnässern, sondern auch bei anderen psychischen Problemen im Kindesalter, z.B. bei einem Jungen mit einer massiven Eßstörung. Vgl. auch Skutta (1995: 197): Ihr wurden in der Beratungsarbeit Angst oder Schock als Erklärung für Stottern oder Einnässen genannt.
[14] Männer mit sehr unterschiedlicher Kompetenz und religiöser Ausbildung, die traditionell bei bestimmten gesundheitlichen Beschwerden aufgesucht werden.
[15] vgl Schepker (1995) und Ruhkopf et al. (1993): Beide fanden bei ihren Untersuchungen, daß viele hier lebende türkische Migranten (Erwachsene bzw. Jugendliche) magische Erklärungen für Erkrankungen in ihre Überlegungen miteinbeziehen.

180

schweige denn ein Kinderpsychiater – nicht als zuständig angesehen wird, wird ärztliche Hilfe auffallend selten in Anspruch genommen.[16]

Aus seiner klinischen Arbeit berichtet Poustka, daß das Einnässen bei türkischen Migrantenkindern ein ungewöhnlich hartnäckiges Symptom ist und gleichzeitig von deren Eltern sehr gut toleriert wird. Auffallend in meiner eigenen klinischen Arbeit war für mich zudem, daß das Einnässen als Symptom oder Problem von türkischen Eltern relativ selten genannt und häufig nur zufällig zum Gesprächsgegenstand wurde. Vorstellungsanlaß war das Einnässen äußerst selten. Manchmal störte das Einnässen nur das Kind, nicht jedoch die Eltern.[17] Offenbar haben die Eltern die Geduld, auf eine Spontanremission, die mit ca. 13,5 % pro Lebensjahr ja in der Tat hoch ist (Steinhausen 1996: 186; Angabe für deutsche Kinder), zu warten.

Mit der geringen Neigung, im Einnässen überhaupt ein Problem wahrzunehmen, ging die Erwartung einher, es werde sich mit der Zeit von selbst geben. Häufig wurde mir auf Nachfrage berichtet, auch die Eltern oder die älteren Geschwister hätten lange eingenäßt. Ähnliches berichten auch Steinhausen (1990: 261) und Güç (1991). Güçs Patienten z.B. glaubten, das Einnässen gebe sich mit der Beschneidung von selbst, was nach Güç häufig zutrifft.[18] Er führt dies auf die nach der Beschneidung veränderte Haltung der Erwachsenen gegenüber dem nun „jungen Mann" zurück. Schepker und Eberding (1993) interpretieren das plötzliche Verschwinden des Symptoms Einnässen als Folge der Schmerzhaftigkeit des Urinierens nach der Beschneidung, also lerntheoretisch als Vermeidung einer negativen Konsequenz. Cederblad und Rahim (1986) konnten für sudanesische Jungen einen Zusammenhang von Beschneidung und Enuresis allerdings nicht bestätigen, da sie keine Abnahme der Enuresisrate mit sieben Jahren, dem Alter der Beschneidung in Khartoum, fanden. In den türkischen Untersuchungen wurde die Beschneidung nicht erwähnt, ein Zusammenhang scheint mir aber – entgegen den Äußerungen von Güç – nicht wahrscheinlich, da die Beschneidung meist lange vor der Einschulung mit 7 Jahren erfolgt, die Enuresisraten aber auch für ältere Kinder hoch sind.

Wir können also folgendes feststellen: Es gibt einen indirekten Einfluß der Volksätiologie auf die Prävalenz der Enuresis, weil diese eine weniger strenge Sauberkeitserziehung begünstigt. Die Vorstellung, die Beschneidung

---

[16] Gümüş et al. (1999) fanden eine Rate von 33,3 %, die wegen der Enuresis einen Arzt aufgesucht hatten.

[17] Beeindruckend war für uns die auf Eigeninitiative beruhende Anmeldung einer 12jährigen türkischen Patientin, die selbständig die Behandlungsmöglichkeiten herausgefunden und sich zur Therapie angemeldet hatte. Die von uns befürwortete stationäre Aufnahme setzte sie nach erfolglosem ambulanten Behandlungsversuch gegen den anfänglichen Widerstand ihrer Eltern für die Zeit der Schulferien durch.

[18] Auch Glicklich (1951: 869) schreibt in ihrer Übersicht über die Geschichte der Enuresis, leider ohne eindeutige Angabe von Quellen: „Circumcisions were often performed for enuresis, with reported good results."

beende das Einnässen, läßt sich zwar statistisch nicht halten, begründet aber die Symptomtoleranz.

TABUISIERUNG VON KÖRPERAUSSCHEIDUNGEN

Auf einen Punkt will ich noch eingehen: Die Länder, in denen eine erhöhte Enuresisrate festgestellt wurde, sind Länder, in denen sich die meisten Einwohner zum Islam bekennen. Gibt es also religiöse Gründe oder auch andere im Volksglauben liegende Faktoren, die diese Länder verbinden? Zu diskutieren wäre, ob Hindernisse, das Problem in der Erziehung überhaupt zu kommunizieren, zu der starken Verbreitung der Enuresis beitragen. Macht das Warten auf Spontanremission vielleicht nur aus der Not eine Tugend, weil man über diesen Punkt nicht spricht?

Körperflüssigkeiten (einschließlich Urin) gelten nach ihrem Austritt aus dem Körper als unrein. So ist nach islamischem Brauch nach dem Gang zur Toilette die „Kleine Waschung" erforderlich, um wieder in rituell reinem Zustand beten zu können.

In ländlichen Gebieten der Türkei sind verschiedene magische Vorstellungen weit verbreitet, dazu gehören der Glaube an die Existenz von Geistwesen (cin, peri, al karısı[19]), den Bösen Blick (nazar) und Zauberei (büyü). Der schon erwähnten niederländischen Studie (van der Most, van Spijk et al. 1993) zufolge, werden sowohl Geister als auch der Böse Blick mit Bettnässen in Verbindung gebracht.

Aber nicht nur die religiöse und magische Tradition, sondern auch regionale kulturelle Traditionen tabuisieren in bestimmten Kontexten die Vorgänge um die Körperausscheidungen. So gilt es in der ländlichen Türkei als schamlos, eine Toilette aufzusuchen, wenn dies von Personen des anderen Geschlechts bemerkt werden könnte. Ist es unumgänglich, daß man das Wort „Toilette" erwähnt, so stellt man ihm eine Entschuldigung voran (vgl. Petersen 1988). Dabei betrifft das Tabu nicht so sehr die körperlichen Vorgänge selbst, als deren Erwähnung vor dem anderen Geschlecht, ist also Teil der Meidungsregeln zwischen Männern und Frauen.

Es gibt hier also viele Gründe, die das Thema Körperausscheidungen zu einem Tabuthema machen, über das man besser nicht spricht und mit dem man sich auch nur ungern beschäftigt.

Als Frage ließe sich demnach formulieren: Gibt es einen Zusammenhang zwischen der Tabuisierung der Körperausscheidungen und dem häufigen Vorkommen der Enuresis?

---

[19] Vgl. Strasser (1995) und Wirsing (1992).

Es ist gesichert, daß es eine gegenüber europäischen Ländern erhöhte Prävalenz für Enuresis im Vorderen Orient und im Sudan gibt. Bei der Suche nach Gründen für diese interkulturelle Differenz konnte die bisherige medizinisch-psychiatrische Forschung nur begrenzt Aufschluß geben. Daher habe ich einige ethnologische Überlegungen zu möglichen Zusammenhängen beim Erlernen der Blasenkontrolle eingeführt. Diese können natürlich auf die Frage nach Gründen keine sichere Antwort geben. Es zeigte sich jedoch, daß die ethnologische Sichtweise Hypothesen generierte, die durch die weitere Forschung überprüft werden müssen.

LITERATUR:

Anderson, E.N. jr. (1987): Why is humoral medicine so popular? In: Soc. Sci. Med. 25 (4). 331–337.

Cederblad, M/Rahim, S. I. A. (1986): Epidemiology of nocturnal enuresis in a part of Khartoum, Sudan. II. The intensive study. In: Acta Paediatr. Scand. 75. 1021–1027.

Chiozza, M.L./Bernardinelli, L./Caione, P./Del Gado, R. (1998):An Italian epidemiological multicentre study of nocturnal enuresis. Brit J Urol 81, Suppl. 3. 86–89.

Cochat, P./Cochat, N./Collet, J./Simore, M./Cavailles, M. (1994): Nocturnal enuresis: Social Aspects and Treatment Perspectives in France. Scan J Urol Nephrol. Suppl. 163. 15–19.

Erol, N./Arslan, L. B./Akçakın, M. (1995): The adaptation and standardization of the Child behavior Checklist among 6–18 year-old Turkish children. In: Joseph Sergeant (ed.): Eunethydis. European Approaches to Hyperkinetic Disorder. Amsterdam. 97–113.

Fişek, G. O. (1982): Psychopathology and the Turkish Family: A Family Systems Theory Analysis. In: Kağıtçıbaşı, Ç. (1982): Sex Roles, Family and Community in Turkey. Bloomington.

Glicklich, L. B. (1951): An Historical Account of Enuresis. In: Pediatrics. 859–876.

Good, M.-J. Delvecchio (1980): Of Blood and Babies: The Relationship of Popular Islamic Physiology to Fertility. Soc.Sci. & Med. 14B. 147–156.

Güç, F. (1991): Ein familientherapeutisches Kozept in der Arbeit mit Immigrantenfamilien. In: Familiendynamik 16. 3–23.

Gümüş, B./Vurgun, N./Lekili, M./İşcan, A./Müezzinoğlu, T./Büyüksu, C. (1999): Prevalence of nocturnal enuresis and accompanying factors in children aged 7–11 years in Turkey. Acta Paediatr 88. 1369–72.

von Gontard, A. (1995): Enuresis im Kindesalter – psychiatrische, somatische und molekulargenetische Zusammenhänge. Habilitationsschrift. Köln.

Holstein, K. (1984): Psychiatrische Erkrankungen und Symptomatik in einer poliklinischen Population von Gastarbeiterkindern. In: Acta paedopsychiatrica 50. 217–228.

Kağıtçıbaşı, Ç. (1981): Çocuğun deçeri. (Der Wert des Kindes). İstanbul.

Kalo, B.B./Bella, H. (1996): Enuresis: prevalence and associated factors among primary school children in Saudi Arabia. Acta Paediatr 85. 1217–1222.

Knölker, U./Mattejat, F./Schulte-Markwort, M. (2000): Kinder- und Jugendpsychiatrie und -psychotherapie systematisch. Bremen.

Krantz, I./Jylkas, E./Ahlberg, B.M./Wedel, H. (1994): On the epidemiology of nocturnal enuresis – a critical review of methods used in descriptive epidemiological studies in nocturnal enuresis. In: Scan J Urol Nephrol. Suppl. 163. 75–82.

Largo, R./Gianciaruso, M./Prader, A. (1978): Die Entwicklung der Darm- und Blasenkontrolle von der Geburt bis zum 18. Lebensjahr. In: Schweizer med. Wochenschrift 108. 155–160.

Manderson, L. (1987): Hot-cold food and medical theories: Overview and Introduction. In: Soc Sci Med 25 (4). 329–330.

Mıhçıyazgan, U. (1986): Wir haben uns vergessen. Ein intrakultureller Vergleich türkischer Lebensgeschichten. Hamburg.

van der Most van Spijk, M.W./Schulpen, T.W./Wolters, W.H.G. (1993): Hardnekkig bedplassen bij Turkse en Marokkaanse kinderen. In: Kind en Adolescent 14 (1). 12–20.

Nauck, B. (1990): Eltern-Kind-Beziehungen bei Deutschen, Türken und Migranten. In: Zeitschrift für Bevölkerungswissenschaft. Heft 1. 87–120.

Öztürk, O.M./ Volkan, V.P. (1971): The Theory and Practice of Psychiatry in Turkey. American Journal of Psychotherapy 25. 240–271.

Petersen, A. (1988): Ehre und Scham – Das Verhältnis der Geschlechter in der Türkei. Berlin.

Pfluger, I. (1981): Einige Aspekte der geschlechtsspezifischen Sozialisation türkischer Kinder in Anatolien am Beispiel des Dorfes Iğdeli. Unveröffentlichte Magisterarbeit FU Berlin.

Pfluger-Schindlbeck, I. (1989): Achte die Älteren, liebe die Jüngeren – Sozialisation türkischer Kinder. Frankfurt am Main.

Poustka, F. (1984): Psychiatrische Störungen bei Kindern ausländischer Arbeitnehmer. Eine epidemiologische Untersuchung. Stuttgart.

Rahim, S. I. A./Cederblad, M. (1986): Epidemiology of nocturnal enuresis in a part of Khartoum, Sudan. I. The extensive study. Acta Paediatr. Scand. 75. 1017–1020.

Ruhkopf, H./ Zimmermann, E./ Bartels, S. (1993): Das Krankheits- und Therapieverständnis türkischer Migranten in der Bundesrepublik Deutschland. In: Nestmann, F./ Niepel, Th. (Bearb.) Robert-Bosch-Stiftung (Hrsg.) (1993): Beratung von Migranten. Neue Wege der psychosozialen Versorgung. Berlin. 233–251.

Schepker, R./ Eberding, A. (1993): Hindernisse in der psychosozialen Beratung von Migrantenfamilien aus der Türkei. 25 Experteninterviews im Vergleich. In: Interkulturell – Forum für Interkulturelle Kommunikation, Erziehung und Beratung 1992, Heft 1/2, 97–111.

Schepker, R. (1995): Inşallah oder packen wir's an – Zu Kontrollüberzeugungen von deutschen und türkischen Schülern im Ruhrgebiet. Münster/New York.

Serel, T. A./Akhan, G./Koyuncuoğlu, R./Öztürk, A./Doğruer, K./ Ünal, S./Çelik, K. (1997): Epidemiology of Enuresis in Turkish Children. Scand J Urol Nephrol 31.537–539.

Skutta, S. (1994): Versorgungslage und psychosoziale Situation von Familien mit behinderten Kindern in der Türkei. Frankfurt.

Spee-van der Wekke, J./Hirsing, R.A./Meulmeester, J.F./Radder, J.J. (1998): Childhood Nocturnal Enuresis in the Netherlands. Urology 51. 1022–1026.

Steinhausen, H.-Chr. (1982): Psychische Störungen bei Gastarbeiterkindern im Rahmen einer kinder- und jugendpsychiatrischen Poliklinik. In: Zeitschrift für Kinder- und Jugendpsychiatrie 10. 32–49.

Steinhausen, H.-Chr./Edinsel, E./Fegert, J.M./Göbel, D./Reister, E./Rentz, A. (1990): Child psychiatric disorders and family dysfunction in migrant workers and military families. In: Eur. Arch. Psychiat. Neurol. Sci. 239. 257–262.

Steinhausen, H.-Chr. (1996): Psychische Störungen bei Kindern und Jugendlichen. München/ Wien/Baltimore 3. Aufl.

Stern, B. (1903): Medizin, Aberglaube und Geschlechtsleben in der Türkei. Mit Berücksichtigung der moslemischen Nachbarländer und der ehemaligen Vasallenstaaten. Eigene Ermittlungen und gesammelte Berichte. Zwei Bände. Verlag von H. Barsdorf. Berlin.

Strasser, S. (1995): Cincilik – eine Angelegenheit für die HeilerInnen? Zur Bedeutung von körperlichen Krisen der Frauen in einem türkischen Dorf. In: Miteinander Lernen – Birlikte öğrenelim (Hrsg.): Frauen im Fremdland. Wien.

Stubbe, H. (1988): Enurese. In: Manual de Psicoterapia Comportamental. Kapitel 8. Rio de Janeiro.

Türkdoğan, O. (1969): Erzurum bölgesinde tıbbi tedavinin sosyo-kültürel safhaları. In: Türk Etnoğrafya dergisi 11. 33–46. Zitiert nach Wirsing 1992.

Wirsing, R. (1992): Gesundheits- und Krankheitsverhalten und seine kulturelle Einbettung in einer Kleinstadt im Südosten der Türkei. Köln Weimar, Wien.

Yusufoğlu, N. (1967): Türk Toplumunda Tuvalet Eçitimi Üzerine Bir Araştırma (A Study of Toilet Training in Turkey). Specialty Dissertation, Hacettepe University Medical School, Dept. of Psychiatry.

IV. Transkulturelle Forschungsergebnisse

Psychosoziale Aspekte psychotischer Patienten türkischer Herkunft

Christian Haasen, Oktay Yağdıran, Martin Lambert, Reinhard Maß

EINLEITUNG

Anhand des bio-psycho-sozialen Ätiologiemodell werden soziale Faktoren bei psychotischen Störungen als potentielle Auslösefaktoren angesehen. Somit hätten Menschen, die höheren psychosozialen Belastungen ausgesetzt sind, ein höheres Risiko an einer psychotischen Störung zu erkranken. Die Belastungen einer Migration ergeben sich nicht nur aus den „objektiven" sozialen Gegebenheiten, sondern auch durch „subjektives" Empfinden einer sozialen Isolation. Die Auswirkungen einer solchen sozialen Isolation können möglicherweise verglichen werden mit einer sensorischen Deprivation, so daß die Deprivationsforschung (Gross et al. 1972) zum Verständnis der Entstehung von psychotischen Störungen herangezogen werden kann.

Aber nicht nur bei der Entstehung psychischer Störungen spielen soziale Aspekte eine entscheidende Rolle. Auch die Versorgungsqualität hängt von sozialen Faktoren der zu Versorgenden ab, auch wenn dieses gerne von Versorgern und Gesundheitspolitikern abgestritten wird. Es gibt z.B. auch in Deutschland Menschen, die nicht krankenversichert sind – die Migranten ohne Aufenthaltsrecht. Eine adäquate medizinische Versorgung ist diesem Personenkreis aus rechtlichen und finanziellen Gründen nur selten möglich. So tauchen sie in den offiziellen Statistiken nur in Ausnahmesituationen auf, beispielsweise wenn sie unter Zwang eingewiesen werden. Aber auch Migranten mit Aufenthaltsrecht genießen nicht die gleiche Versorgung, welches im folgenden verdeutlicht werden soll.

Inanspruchnahme psychiatrischer Einrichtungen

Mit sehr wenigen Ausnahmen zeigen nationale und internationale Untersuchungen eine – zum Teil erheblich – niedrigere Inanspruchnahme psychiatrischer Einrichtungen durch Migranten im Vergleich zur einheimischen Bevölkerung (Häfner 1980, Steinhausen 1982, Wegener et al. 1992, Gupta

1993, Holzmann et al. 1994, Haasen et al. 1999). Aufgrund fehlender epidemiologischer Studien bleibt es unklar, inwieweit die niedrigere Inanspruchnahme nur für bestimmte Störungsbilder zutrifft. Einiges deutet darauf hin, daß vor allem Migranten mit neurotischen Störungen psychiatrische Einrichtungen geringer in Anspruch nehmen, so daß die erhöhte Schizophrenierate bei Migranten möglicherweise als Artefakt daraus resultiert (Haasen et al. 2000a).

Die aufgeführten Gründe für eine niedrigere Inanspruchnahme sind sehr unterschiedlich. Mehrere Untersuchungen weisen auf defizitäre Versorgungsstrukturen und Probleme bei der psychiatrischen Versorgung von Migranten hin (Ete 1986, Zarifoğlu 1992a+b, Zeiler & Zarifoğlu 1994). Es ist für Migranten nur sehr schwer möglich, einen muttersprachlichen Nervenarzt zu finden, sei es im Krankenhaus oder ambulanten Bereich, und es gibt kein spezielles Konzept für die psychiatrische Versorgung von Migranten. Dabei hat es sich gezeigt, daß dort, wo – den Bedürfnissen der Migranten entsprechend – Anlaufstellen eingerichtet wurden, diese auch intensiv genutzt werden und außerordentlich erfolgreich arbeiten (Grube 1995). In einigen Studien werden für die insgesamt niedrigere Inanspruchnahme psychiatrischer Einrichtungen durch Migranten kulturelle Unterschiede als Grund vermutet, wobei einerseits kulturelles Unverständnis, andererseits sprachliche Verständigungsschwierigkeiten eine Rolle spielen sollen. Akgün (1991) kommt zu dem Ergebnis, daß Migranten mit psychischen Störungen längere Zeit von ihrer Familie betreut werden, bevor ein Nervenarzt aufgesucht wird. Eine stärker ausgeprägte Verpflichtung zur familiären Fürsorge und Schamgefühle scheinen die Gründe für dieses Verhalten zu sein. Auch Edgerton & Karno (1971) hatten in einer Untersuchung an 444 mexikanischstämmigen Einwanderern in die USA festgestellt, daß diese nur sehr widerwillig bereit waren, erkrankte Familienmitglieder einer psychiatrischen Behandlung zuzuführen. Sie waren der Ansicht, daß eine Heilung am ehesten im Kreise der Familie möglich wäre.

Vermehrte Zwangseinweisungen

Donavan (1986) und Francis (1989) berichten, daß ethnische Minderheiten dem staatlichen Gesundheitssystem und seinen Behandlungsmöglichkeiten überwiegend mißtrauisch gegenüberstehen. Dies könnte zum einen die höhere Abbrecherquote, zum anderen den späteren stationären Aufnahmezeitpunkt erklären (Harrison et al. 1989). Die verzögerte Krankenhausaufnahme könnte dazu führen, daß diese Personen vermehrt schwere Krankheitsbilder aufweisen. Dies wiederum könnte eine Erklärung dafür sein, daß Mitglieder ethnischer Minderheiten eine erheblich erhöhte Rate an Zwangsaufnahmen aufweisen (Lloyd & Moodley 1992). Auch in England durchgeführte Studien zeigten im Vergleich zur englischen Bevölkerung eine erhöhte Rate an Zwangseinweisungen bei Migranten, insbesondere bei Westafrikanern und „Afro-Caribbeans" (Rwegellera 1980, Singh et al. 1998). Ähnliches scheint auch auf Deutschland zuzutreffen. Bei einer epidemiologischen Studie von 1460 Aufnahmen in psychiatrische Einrichtungen in Niedersachsen in den Jahren 1975 bis 1982 wurde eine, im Vergleich zur einheimischen Bevölkerung, 2,5fach erhöhte Rate an Zwangseinweisungen bei Migranten festgestellt (Lazaridis 1987). Über Gründe kann nur gemutmaßt werden, da keine genaueren Untersuchungen vorliegen. Es könnte ein Zusammenhang bestehen mit der späteren und vor allem selteneren Inanspruchnahme psychischer Einrichtungen, dem möglicherweise daraus folgenden Auftreten schwererer Krankheitsbilder, welche dann eher eine zwangsweise Einweisung zur Folge haben.

Schichtzugehörigkeit
Ein weiterer Faktor, der Behandlungsprobleme nach sich zieht, ist die Schichtzugehörigkeit. Dies betrifft in besonderem Maße ausländische Patienten, da beispielsweise in Deutschland und anderen Industrienationen ein größerer Anteil von ihnen als bei der einheimischen Bevölkerung der „Unterschicht" angehört. Nach Brucks (1987) hat die Zugehörigkeit zur „Unterschicht" größere Bedeutung für die Qualität der medizinischen Versorgung als dies sprachliche oder kulturelle Merkmale haben. Die Schichtzugehörigkeit ergibt sich aus den schlechteren Arbeitsmöglichkeiten, welches den Migranten auch den Weg für bessere Wohnmöglichkeiten versperrt. Es herrscht weitestgehend Konsens über die qualitativ und quantitativ ungünstige Wohnsituation der meisten türkischen Migrantenfamilien in Deutschland (Bühler 1981, Beauftragte der Bundesregierung für die Belange der Ausländer 1998). Die schwereren Arbeitsbedingungen und ungünstigeren Wohnsituationen erhöhen zwar auch das gesundheitliche Risiko, dennoch bekommen Migranten eher eine schlechtere medizinische Versorgung (Riedesser 1975).

METHODIK DER UNTERSUCHUNG

Bisher wurden soziale Faktoren von psychotisch erkrankten türkischen Migranten nicht eingehend untersucht. Im Rahmen eines von der DFG (Deutschen Forschungsgemeinschaft) geförderten Forschungsprojektes konnten die psychosozialen und migrationsspezifischen Aspekte türkischer Migranten untersucht werden. Das Forschungsprojekt bestand methodisch aus zwei Teilen.

I. Prävalenz psychotischer Störungen bei türkischen Migranten (Aktenuntersuchung)

II. Diagnostische Überprüfung der Psychopathologie bei türkischen Migranten mit einem paranoid-halluzinatorischem Syndrom (Querschnittuntersuchung)

Zu I: Hierfür wurden alle Krankengeschichten aller Migranten (N=1107) in drei verschiedenen psychiatrischen Kliniken (Universitäts-Krankenhaus Eppendorf [UKE], Allgemeines Krankenhaus Ochsenzoll [AKO], Landeskrankenhaus Lüneburg [LKH]) für verschiedene Jahrgänge (UKE: 1993-5, AKO: 1995, LKH: 1995-6) ausgewertet. Hierfür wurde ein Erhebungsbogen entwickelt, der sowohl Krankheitsvariablen (Diagnose, Symptomatik, Verlauf) als auch soziodemographische Variablen (Alter, Geschlecht, Arbeits- und Aufenthaltsstatus, Migrationsaspekte) auswertet.

Zu II: In einem Zeitraum von zehn Monaten wurden 100 Patienten türkischer Herkunft (Tr-Pat) mit einem paranoid-halluzinatorischem Syndrom bei Aufnahme in einer von vier psychiatrischen Kliniken in Hamburg (Eilbek, Eppendorf, Harburg, Ochsenzoll) untersucht. Die Untersuchung erfolgte jeweils durch zwei Interviewer, einer türkischer Herkunft (Tr-Int) und einer deutscher Herkunft (D-Int). Weiterhin wurde eine Kontrollgruppe von 50 Patienten deutscher Herkunft (D-Pat) mit einem paranoid-halluzinatorischem Syndrom bei Aufnahme ebenfalls von beiden Interviewern untersucht. Weiterhin wurde die diagnostische Einschätzung des behandelnden Arztes anhand der Internationalen Diagnostischen Checklisten (IDCL, Hiller et al. 1995) erfaßt. Der SCAN (Schedules for the Clinical Assessment in Neuropsychiatry; WHO 1992) wurde als standardisiertes diagnostisches Instrument durch beide Interviewer angewendet.

Es wurden weiterhin soziodemographische und Krankheitsvariablen erhoben. Zur Erfassung der soziodemographischen Daten, vor allem bzgl. der Migration, wurde ein eigens hierfür entwickelter Fragebogen eingesetzt, der auf der Grundlage des AMDP-Basisfragebogens (AMDP 1995) und unter Berücksichtigung von anamnestischen Fragen zu Migranten (Kuhlmann 1995, Collatz 1995, Zarifoğlu & Zeiler 1995) entwickelt worden war.

ERGEBNISSE

Ergebnisse der Aktenuntersuchung

Von den 1107 Migranten waren 260 (23,5 %) türkischer Herkunft – die weiteren Ergebnisse beziehen sich nur auf diejenigen türkischer Herkunft. Hiervon waren 68,8 % Männer und nur 31,2 % Frauen. Sie waren durchschnittlich 32,4 Jahre alt, bei der Migration 15,8 Jahre alt und bei Erkrankungsbeginn 27,2 Jahre alt. 22,3 % lebten alleine, 65,2 % mit der Familie, 9,4 % mit anderen und 3,1 % waren ohne festen Wohnsitz. 60,7 % waren arbeitslos, 11,1 % erhielten eine Rente, 16,8 % waren vollzeit beschäftigt, 1,2 % teilzeit und 10,3 % gelegentlich beschäftigt. Nur 29,3 % hatten einen Beruf erlernt. 76,2 % hatten einen unbefristeten Aufenthaltsstatus, 5,0 % waren mittlerweile deutsche Staatsbürger, der Rest hatten einen befristeten (9,6 %) oder geduldeten Status (1,2 %) oder befanden sich im Asylprozeß (8,1 %). Bei 34,3 % wurden Sprachprobleme dokumentiert, ohne geschlechtsspezifische Unterschiede. Diejenigen mit Sprachproblemen waren mit 35,0 Jahren signifikant älter bei Aufnahme (t=3,2; p<0,01), als auch mit 20,5 Jahren signifikant älter bei Migration (t=6,8; p<0,001). Es bestand jedoch kein Zusammenhang zwischen Sprachproblemen und erlerntem Beruf, beruflicher Situation oder Wohnsituation, wobei die mit unsicherem Aufenthaltsstatus signifikant häufiger Sprachprobleme aufwiesen (c2=13,8; p<0,001).

Der Großteil (43,5 %) erhielt die Diagnose einer schizophrenen Störung (ICD-10: F2), jedoch ohne geschlechtsspezifische oder Altersunterschiede zu denjenigen mit anderen Diagnosen. Diejenigen mit einer F2-Diagnose waren mit 17,3 Jahren bei Migration signifikant älter als diejenigen mit anderen Diagnosen (14,7 Jahre; t=2,3; p<0,05). Diejenigen mit einer F2-Diagnose hatten signifikant häufiger dokumentierte Sprachprobleme (45,4 %) als diejenigen mit anderen Diagnosen (25,9 %; c2=10,4; p<0,01), als auch signifikant häufiger zwangseingewiesen (65,5 %) als diejenigen mit anderen Diagnosen (34,5 %; c2=6,8; p<0,01). Es zeigten sich jedoch keine signifikanten Unterschiede im Aufenthaltsstatus, Familienstand, Wohnsituation, beruflichen Situation oder beruflichen Ausbildung zwischen denjenigen mit F2-Diagnose und denjenigen mit anderer Diagnose.

Ergebnisse der Querschnittuntersuchung
Die türkischen Patienten (Tr-Pat) waren im Durchschnitt 33,8 Jahre alt, welches sich nicht von den deutschen Patienten (Kontrollgruppe) unterschied, die 33,2 Jahre alt waren. 71 der 100 türkischen Patienten (71 %) und 28 der 50 deutschen Patienten (56 %) waren Männer, ohne signifikantem Unterschied. Auch die Untergruppen der türkischen und deutschen Männer und Frauen zeigten keine signifikanten Altersunterschiede.
Während 45 % der Tr-Pat ledig und 37 % verheiratet sind, sind sie in der Kontrollgruppe mit 78 % signifikant häufiger ledig und mit nur 8 % weniger verheiratet (c2=18,2; p<0,001). Die durchschnittliche Anzahl der Kinder ist ebenfalls signifikant unterschiedlich (Tr-Pat: 1,4; Kontrollgruppe: 0,3; t=3,8; p<0,001), als auch die Anzahl der Geschwister, mit denen sie

aufgewachsen sind (Tr-Pat: 3,8; Kontrollgruppe: 2,8; t=3,1; p<0,01). Im Einklang mit der stärkeren Ausprägung der familiären Konstellation stellen sich auch die Wohnverhältnisse entsprechend dar: nur 15 % der Tr-Pat, dagegen 49 % der Kontrollgruppe leben alleine, 85 % der Tr-Pat und 51 % der Kontrollgruppe mit Familienangehörigen oder Freunden (c2=18,0; p<0,001). Dagegen ist als Maß der sozialen Isolation bzw. Integration bei der Frage nach dem Freundeskreis kein signifikanter Unterschied zu verzeichnen: 25 % der Tr-Pat und 30 % der Kontrollgruppe gaben an, keine Freunde zu haben.

Die Kindheit verbrachte die Tr-Pat in 48 % ohne Bezugspersonenwechsel, in 37 % gab es selten einen Bezugspersonenwechsel und 15 % hatten einen häufigen Bezugspersonenwechsel. Dieses unterscheidet sich signifikant (c2=22,6; p<0,001) von der Kontrollgruppe: 88 % verbrachten die Kindheit ohne Bezugspersonenwechsel, in 4 % gab es einen seltenen und in 8 % einen häufigen Bezugspersonenwechsel. Dennoch wurde die Kindheit subjektiv (auf einer 5er-Skala von „schrecklich" bis „schön") nicht unterschiedlich gewertet.

Die berufliche Situation, aufgeteilt in sicher (vollzeit, teilzeit oder Rente) und unsicher (arbeitslos, in Ausbildung, gelegentlich arbeitend), sah ähnlich schlecht in beiden Gruppen aus: 62 % der Tr-Pat und 57 % der Kontrollgruppe waren arbeitslos, 0 % der Tr-Pat und 14 % der Kontrollgruppe in Ausbildung, wogegen nur 38 % der Tr-Pat und 29 % der Kontrollgruppe über ein Einkommen verfügten (Arbeit oder Rente).

Das Alter bei Migration lag im Durchschnitt bei 16,1 Jahren, ohne signifikantem Unterschied zwischen Männern (M=15,2) und Frauen (M=18,2). Die Patienten der Tr-Pat waren im Durchschnitt schon 19,5 Jahren in Deutschland, ohne signifikantem Unterschied zwischen Männern (M=19,9) und Frauen (M=18,6). Sie waren durchschnittlich 13,6 Jahre in Deutschland vor Beginn der Erkrankung, ohne signifikantem Unterschied zwischen Männern (M=14,1) und Frauen (M=12,3). Der Anlaß der Migration war in 62 % ein Familiennachzug (zu den Eltern oder einem Ehepartner), in 20 % waren es wirtschaftliche, in 10 % politische Gründe, 4 % kamen zum studieren und weitere 4 % aus anderen Gründen. Das Alter bei Migration unterschied sich signifikant in Bezug auf den Anlaß der Migration (F=14,9; p<0,001): die jüngsten waren die aufgrund eines Familiennachzuges mit durchschnittlich 12,2 Jahren, die ältesten die aus wirtschaftlichen Gründen migrierten mit 27,1 Jahren.

Der rechtliche Status in Deutschland war bei 83 % gesichert (71 % unbefristete Aufenthaltserlaubnis und 12 % mittlerweile deutsche Staatsangehörigkeit), bei 17 % ungesichert (12 % befristete Aufenthaltserlaubnis, 2 % Asyl bewilligt, 2 % Asyl beantragt, 1 % Duldung), ohne Unterschied zwischen den Geschlechtern. Das Alter bei Migration unterschied sich nicht zwischen denen mit sicherem (M=15,7) und unsicherem Aufenthaltsstatus (M=19,6). Dagegen waren diejenigen mit sicherem Status mit durchschnittlich 22,3 Jahren schon signifikant länger in Deutschland als diejenigen mit unsicherem Status (M=10,4; t=7,10; p<0,001).

Nur bei 56 % leben beide Eltern in Deutschland, bei 42 % in der Türkei und in 2 % der Fälle ein Elternteil in Deutschland und das andere in der Türkei. Jedoch geben 93 % an, Verwandte in Deutschland zu haben, nur 7 % haben keine Verwandte in Deutschland. Der Freundeskreis besteht bei 49 % nur aus Migranten, bei 23 % hauptsächlich aus Migranten, bei nur 3 % hauptsächlich aus Deutschen und in 25 % der Fälle setzt sich der Freundeskreis aus Migranten und Deutschen gleichermaßen zusammen. Tendentiell sind diejenigen mit einem größerem Anteil an Deutschen in ihrem Freundeskreis auch schon länger in Deutschland (F=2,87; p<0,1), ohne daß eine Korrelation zum Alter bei Migration oder zum Geschlecht zu erkennen ist. Von den 58 türkischen Patienten, die sich in einer Partnerschaft befinden, waren nur 16 % mit einem deutschen Partner zusammen, die restlichen 84 % mit einem Migranten.

Die Schule hatten 51 % nur in der Türkei besucht, 36 % nur in Deutschland und 13 % besuchten zunächst in der Türkei und dann in Deutschland die Schule. Erwartungsgemäß war das Alter bei Migration bei denjenigen, die nur die Schule in Deutschland besuchten, mit durchschnittlich 7,8 Jahren am niedrigsten, die nur in der Türkei die Schule besuchten mit 21,8 Jahren am höchsten, während diejenigen, die in der Türkei und dann in Deutschland die Schule besuchten, mit durchschnittlich 12,3 Jahren nach Deutschland kamen (F=28,01; p<0,001). Hier zeigte sich auch eine signifikante Geschlechterdifferenz: nur 17 % der Frauen besuchten eine deutsche Schule gegenüber 59 % der Männer (c2=10,28; p<0,01). Die Struktur des Herkunftsortes in der Türkei war bei 47 % eine Großstadt, bei 35 % eine Kleinstadt und bei 18 % dörflich bzw. ländlich, ohne signifikantem Unterschied zwischen Männern und Frauen, Migrationsalter oder Jahre in Deutschland. Die deutschen Sprachkenntnisse waren bei 32 % schlecht (2 % gar nicht, 9 % eher schlecht, 21 % mäßig) und bei 68 % gut (41 % eher gut, 27 % fließend). Die Türkischkenntnisse waren bei 11 % mäßig, bei 59 % eher gut und bei 30 % fließend. Die Deutschkenntnisse waren bei Männern (66 % gut, 34 % schlecht) und Frauen (72 % gut, 28 % schlecht) ohne signifikantem Unterschied. Diejenigen mit guten Deutschkenntnissen waren signifikant jünger (M=31,1 Jahre) als diejenigen mit schlechten Deutschkenntnissen (M=39,3; t=3,39; p<0,001). Diejenigen mit guten Deutschkenntnissen waren dagegen mit durchschnittlich 20,4 Jahren nicht signifikant länger in Deutschland als diejenigen mit schlechten Deutschkenntnissen (M=18,1). Dagegen war das Alter bei Migration bei denjenigen mit guten Deutschkenntnissen mit 12,8 Jahren signifikant niedriger als bei denjenigen mit schlechten Deutschkenntnissen (M=21,7; t=4,78, p<0,001). Erwartungsgemäß hatten nur 15 % derjenigen mit schlechten Deutschkenntnissen eine deutsche Schule besucht, signifikant weniger als die 67 % derjenigen mit guten Deutschkenntnissen (c2=17,99; p<0,001). Die Herkunftsstruktur korrelierte auch signifikant mit den Deutschkenntnissen: 44 % derjenigen vom Dorf/Land, 74 % derjenigen aus der Kleinstadt und 76 % derjenigen aus der Großstadt sprachen gut Deutsch (c2=6,03; p<0,05). Die Deutschkenntnisse waren bei denjenigen mit sicherer (60 % gut, 40 % schlecht Deutsch) und denjenigen mit unsicherer beruflicher Situation (74 % gut, 26 % schlecht) nicht signifikant unterschiedlich, wobei die mit sicherer beruflichen Situation mit 42,0 Jahren signifikant älter waren als diejenigen mit unsicheren beruflichen Situation (M=29,5; t=5,64; p<0,001). Diejenigen mit schlechten Deutschkenntnissen waren signifikant häufiger verheiratet (56 %) und seltener ledig (25 %) als diejenigen mit guten Deutschkenntnissen, die zu 28 % verheiratet und zu 55 % ledig waren (c2=14,49; p<0,01).

41 % sahen ihre Erwartungen, die sie bei der Migration nach Deutschland hatten, als nicht erfüllt, die anderen 59 % nur teilweise erfüllt, ohne signifikanten Geschlechtsunterschied. Diejenigen, die ihre Erwartung teilweise erfüllt sahen, waren älter bei Migration (M=20,6 Jahre) als diejenigen mit nicht erfüllten Erwartungen (M=15,8; t=2,23; p<0,05), ohne signifikantem Unterschied bei der Zeitdauer in Deutschland. Es bestand auch kein signifikanter Unterschied bei den Erwartungen je nach Herkunftsstruktur. 67 % derjenigen mit guten Deutschkenntnissen und 46 % derjenigen mit schlechten Deutschkenntnissen sahen ihre Erwartung teilweise erfüllt, welches statistisch jedoch nur tendentiell sich unterschied (c2=2,84; p<0,1).

Als religiös gebunden verstanden sich 85 %, ohne Unterschied zwischen Geschlechtern, bei Alter der Migration oder Zeitdauer in Deutschland. Bei nur 10 % bestand eine Remigrationsabsicht, weitere 4 % waren sich unsicher und 86 % hatten keine Remigrationsabsicht. Bei nur 16 % war es zu einer Änderung dieser Absicht gekommen nach Beginn ihrer Krankheit. 64 % waren jedoch seit Beginn der Erkrankung wieder in die Türkei gereist.

Diskriminationserfahrung wurde von 35 % berichtet, ohne signifikanten Unterschied für Geschlecht, Alter bei Migration, Jahre in Deutschland und Deutschkenntnisse. Einen subjektiven Zusammenhang zwischen der Diskrimination und der Krankheit sahen 46 % derjenigen mit Diskriminationserfahrung, ohne signifikantem Unterschied zwischen denjenigen mit guten und schlechten Deutschkenntnissen. Einen allgemeinen subjektiven Zusammenhang zwischen Migration und Krankheit sahen 31 %, 51 % sahen keinen Zusammenhang und 18 % waren unsicher. Diejenigen, die einen Zusammenhang Migration-Krankheit sahen, waren signifikant älter (M=40,8 Jahre) als die anderen (M=31,9; F=5,52; p<0,01), nur tendentiell älter bei Migration (F=2,94; p<0,1) und ohne signifikantem Unterschied bei Jahren in Deutschland. Diejenigen mit schlechten Deutschkenntnissen sahen signifikant häufiger einen Zusammenhang (48 %) als diejenigen mit guten Deutschkenntnissen (22 %; c2=6,31; p<0,05). Die Herkunftsstruktur korrelierte nicht mit dem subjektivem Gefühl eines Zusammenhangs Migration-Krankheit.

Die Aufnahme erfolgte auf der Grundlage einer Zwangseinweisung bei 15 % der Tr-Pat und 20 % der Kontrollgruppe, ohne signifikanten Unterschied. Innerhalb der Tr-Pat waren jedoch 20 % der Männer zwangseingewiesen worden, während Frauen mit 4 % signifikant weniger zwangseingewiesen wurden (c2=4,16; p<0,05). Bei der Tr-Pat zeigte sich kein Zusammenhang zwischen Zwangseinweisung und Deutschkenntnissen, Diskriminationserfahrung oder dem rechtlichen Aufenthaltsstatus. Dagegen zeigte sich ein tendentieller Zusammenhang zwischen Zwangseinweisung und Herkunftsstruktur: 31 % derjenigen vom Dorf/Land, 20 % derjenigen aus einer Kleinstadt und nur 8 % derjenigen aus einer Großstadt wurden zwangseingewiesen (c2=5,2; p<0,1).

Die diagnostische Übereinstimmung war bei Tr-Pat mit 81 % signifikant geringer als bei D-Pat mit 96 % (siehe Haasen et al. 2000b für psychopathologische Faktoren). Die Übereinstimmung der drei Diagnosen war bei Tr-Pat in der Subgruppe derjenigen mit guten Deutschkenntnissen mit 83 % höher als bei denjenigen mit schlechten Deutschkenntnissen mit 71 %, erreicht statistisch jedoch nur eine Tendenz (c2=2,6; p<0,1). Eine diagnostische Konkordanz zeigte keinen Zusammenhang mit dem Geschlecht, dem rechtlichen Aufenthaltsstatus, Zwangseinweisung, dem Krankheitsverlauf, dem Alter bei Untersuchung, der Krankheitsdauer, dem Migrationsalter oder den Jahren in Deutschland. Lediglich der Erkrankungsbeginn war bei denjenigen mit diagnostischer Konkordanz mit durchschnittlich 26,7 Jahren signifikant niedriger als bei denen mit Diskordanz (M=33,0; t=2,24; p<0,05). Eine multiple schrittweise Regressionsanalyse wurde durchgeführt mit diagnostischer Konkordanz als abhängiger Variable und Alter bei Untersuchung, Alter bei Migration, Ersterkrankungsalter, Geschlecht, Einweisungsmodus und deutsche Sprachkenntnisse als unabhängige Variablen. Diese ergab daß nur ein jüngeres Alter bei Migration ein signifikanter Prädiktor für diagnostische Übereinstimmung war (p<0,05; adj. R2=0,04).

Da die Fragestellung des Forschungsprojektes primär sich mit den diagnostischen Problemen beschäftigte, kann die Untersuchung nur potentielle Hypothesen zu psychosozialen Auslösefaktoren liefern. Wesentlich bedeutsamer ist einerseits das Bild der sozialen Umgebung der psychotischen Patienten, welches durch diese Ergebnisse geliefert wird, andererseits die sozialen Faktoren, die zu Fehldiagnosen beitragen.

Bei der Aktenuntersuchung zeigte sich ein sehr viel höherer männlicher Anteil, welches auf Barrieren bei der Inanspruchnahme psychiatrischer Einrichtungen für türkische Frauen hinweisen könnte. Auch der sehr hohe Anteil derjenigen mit einer Diagnose einer schizophrenen Störung spricht am ehesten für eine niedrigere Inanspruchnahme von Migranten mit anderen Störungsbildern, vor allem neurotischen Störungen. Die schwierige soziale Lage dieser Patienten wird anhand der Ergebnisse deutlich: Obwohl vier von fünf Patienten einen sicheren Aufenthaltsstatus hatten, erhielten nur drei von zehn ein sicheres Einkommen, jedoch unabhängig von der Diagnose. Bei den Patienten mit einer Diagnose einer schizophrenen Störung fiel auf, daß die Migration durchschnittlich in dem sehr empfindlichem Alter der Pubertät stattfand, während bei den anderen Patienten dieses durchschnittlich vorher stattfand. Außerdem wurde die Bedeutung der fehlenden Sprachkenntnisse für die Diagnostik deutlich: Der höhere Anteil von Sprachproblemen bei den als schizophren diagnostizierten könnte als Hinweis für Fehldiagnosen gewertet werden.

Bei der Querschnittsuntersuchung fanden sich lediglich bei der familiären Eingliederung signifikante Unterschiede. Die bei den türkischen Patienten stärker ausgeprägte familiäre Eingliederung entspricht den Ergebnissen aus der Aktenuntersuchung. Der höhere türkische männliche Anteil erreichte nicht signifikantes Niveau, könnte jedoch ein Hinweis auf eine niedrigere Inanspruchnahme stationärer Behandlung für türkische Frauen sein, welches sich mit den Ergebnissen der Aktenuntersuchung decken würde. Die migrationsspezifischen Aspekte der Patientengruppe türkischer Herkunft, ebenfalls im Einklang mit den Ergebnissen der Aktenuntersuchung, lassen sich wie folgt zusammenfassen: Die Migration erfolgte meist im jugendlichen bis jungerwachsenen Alter im Rahmen des Familiennachzuges und die Patienten leben meist schon länger in Deutschland mit gesichertem Aufenthaltsstatus. Schlechte Deutschkenntnisse haben eher ältere und verheiratete türkische Migranten.

Ein wichtiges Ergebnis konnte bezüglich der Zwangseinweisungen erzielt werden. Obwohl in der Aktenuntersuchung die Vermutung naheliegt, daß überdurchschnittlich viele psychotische Patienten türkischer Herkunft zwangseingewiesen werden, konnte dieses in der Querschnittsuntersuchung nicht bestätigt werden, da hier kein Unterschied zu den deutschen Patienten bestand. Die Differenz zwischen der Zwangseinweisungsrate in den beiden Untersuchungen läßt sich auch nur schwer erklären, da beide Untersuchungen größere Fallzahlen haben und dadurch auch als repräsentativ angesehen werden können. Möglicherweise kann es sich um eine veränderte Praxis handeln, da die Aktenuntersuchung circa drei Jahre vor der Querschnittsuntersuchung stattfand. Dennoch ist die Differenz sehr hoch, so daß in weiteren Untersuchungen der Frage nachgegangen werden sollte.

Die Bereiche der Erwartungen an Deutschland, Diskriminationserfahrung, Religiosität und Remigrationsabsicht ergaben keinen auffälligen Hinweis für einen Bereich, der signifikante Auslösefaktoren der psychotischen Störung beinhaltet. Auch der allgemeine subjektive Zusammenhang zwischen Migration und Krankheit scheint mit der allgemeinen Akkulturation (am Beispiel Sprachkenntnisse) assoziiert zu sein. Außerdem ist der Anteil derjenigen, die einen Zusammenhang zwischen sozialen Faktoren und Krankheit sehen, auch bei Nicht-Migranten bekanntermaßen ähnlich hoch, so daß hier ebenfalls kein Anlaß für migrationsspezifische Auslösefaktoren gegeben ist.

Ein weiteres wichtiges Ergebnis ist die Bedeutung des Migrationsalters für die diagnostische Einschätzung. Da Schwierigkeiten bei der diagnostischen Einschätzung vor allem den Bereich der Wahninhalte betreffen (Haasen et al. 2000b), scheint ein jüngeres Migrationsalter eine Veränderung der Psychopathoplastik zu erlauben, welches ab einem gewissen Alter nicht mehr möglich zu sein scheint. Die Sprachprobleme werden bei der diagnostischen Einschätzung als Problem überbewertet, während die Bedeutung des Alters bei der kulturellen Flexibilität der Psychopathoplastik in Zukunft näher untersucht werden sollten.

Zusammenfassend zeigen psychotische Patienten türkischer Herkunft eine psychosoziale Situation, die vergleichbar ist mit anderen Patienten türkischer Herkunft, bis auf ein höheres Migrationsalter in einem sensibleren Lebensabschnitt. Der Zusammenhang zwischen Diagnose und Sprachproblemen ist zwar vorhanden, wird jedoch überbewertet. Der Zeitpunkt der Migration scheint eine Auswirkung auf die Psychopathoplastik zu haben, welches für die diagnostische Übereinstimmung eine wichtige Bedeutung hat. Die hohe Zwangseinweisungsrate, die in der Aktenuntersuchung bei Patienten mit schizophrener Störung gefunden wurde, bestätigte sich nicht in der Querschnittsuntersuchung, in der es auch keinen Unterschied zu Patienten deutscher Herkunft diesbezüglich gab. Insgesamt konnte zwar eine allgemein schlechtere soziale Situation der psychotischen Patienten türkischer Herkunft festgestellt werden, ohne daß einzelne Aspekte – bis auf das Migrationsalter – als Auslösefaktoren der Erkrankung herausgearbeitet werden konnten. Somit muß in weiteren Untersuchungen die psychosoziale Risikokonstellation eher mit Menschen türkischer Herkunft verglichen werden, die nicht psychisch erkranken, um eine pathologische psychosoziale Belastung näher definieren zu können.

[Diese Untersuchung wurde zum Teil gefördert durch die Deutsche Forschungsgemeinschaft (DFG), Projekt HA 2661/2-1: „Psychopathologie psychotischer Störungen bei türkischen Migranten"]

LITERATUR

Akgün L (1991) Strukturelle Familientherapie bei türkischen Familien. Familiendynamik 16:24–36

AMDP (1995) Das AMDP-System: Manual zur Dokumentation psychiatrischer Befunde. Göttingen Bern Toronto Seattle: Hofgrefe

Beauftragte der Bundesregierung für die Belange der Ausländer (1998) Bericht der Beauftragten der Bundesregierung für die Belange der Ausländer über die Lage der Ausländer in der Bundesrepublik Deutschland 1997. Bonn

Brucks U (1987) Gesundheit-Krankheit und medizinische Versorgung von Migranten. Hagen, Fernuniversität

Bühler D (1981) Individuelle Determinanten der residentiellen Verteilung von Ausländern im städtischen Raum. In: Hoffmann-Nowotny HJ, Hondrich KO (Hrsg.) Ausländer in der Bundesrepublik Deutschland und in der Schweiz. Segregation und Integration: eine vergleichende Untersuchung. Frankfurt/M: Campus Verlag, pp. 375–448

Collatz J (1995) Auf dem Wege in das Jahrhundert der Migration: Auswirkungen der Migrationsbewegungen auf den Bedarf an psychosozialer und sozialpsychiatrischer Versorgung. In E Koch, M Özek, WM Pfeiffer (Eds.), Psychologie und Pathologie der Migration: deutsch-türkische Perspektiven (pp. 31–45). Freiburg: Lambertus

Donavan J (1986) Black peoples´ health: a different approach. In: Rathwell T, Phillips D (Hrsg.) Health, race, and ethnicity. Croom Helm, London

Edgerton R, Karno M (1971) Mexican-American bilingualism and the perception of mental illness. Arch Gen Psychiat 24:286–290

Ete E (1986) Besondere psychische Krankheitsbilder türkischer Patienten. Möglichkeiten und Grenzen der Behandlung. In: Hesse G, Meyer R, Pasero U (Hrsg.) Krank in der Fremde. Tagung der Evagelischen Akademie Nordelbien. Bad Segeberg

Francis E (1989) Black people and psychiatry in the UK: an alternative to institutional care. Psychiatric Bull 13:482–485

Gross J, Kempe P, Reimer C (1972) Wahn bei sensorischer Deprivation und Isolation. In: Schulte W, Tölle R (Hrsg.) Wahn. Thieme: Stuttgart

Grube M (1995) Darstellung eines türkisch-deutschsprachigen Verbundmodelles zwischen psychiatrischer Klinik und psychosozialer Beratungsstelle. In: Koch E, Özek M, Pfeiffer WM (Hrsg.) Psychologie und Pathologie der Migration: deutsch-türkische Perspektiven. Lambertus, Freiburg

Gupta S (1993) Can environmental factors explain the epidemiology of schizophrenia in immigrant groups? Soc Psychiatry and Psychiatr Epidemiol 28:263–266

Haasen C, Kraft M, Yağdiran O, Maß R, Lambert M, Müller-Thomsen T, Krausz M (1999) Auswirkungen von Sprachproblemen in der stationären Behandlung von Migranten. Krankenhauspsychiatrie 10:91–95

Haasen C, Yağdiran O, Lambert M, Krausz M (2000a) Stationär-psychiatrische Versorgung von Migranten in Hamburg. Fundamenta Psychiatrica 14:18–22

Haasen C, Yağdiran O, Mass R, Krausz M (2000b) Potential for misdiagnosis among Turkish migrants with psychotic disorders: a clinical controlled study in Germany. Acta Psychiatrica Scandinavica 101:125–129

Häfner H (1980) Psychiatrische Morbidität von Gastarbeitern in Mannheim. Nervenarzt, 51, 672–683

Harrison G, Holton A, Neilson D (1989) Severe mental disorder in Afro-Caribbean patients: some social, demographic and service factors. Psychol Med 19:683–696

Hiller W, Zaudig M, Mombour W (1995) IDCL: Internationale Diagnosen-Checklisten für ICD-10 und DSM-IV. Bern: Huber

Holzmann TH, Volk S, Georgi K, Pflug B (1994) Ausländische Patienten in stationärer Behandlung in einer psychiatrischen Universitätsklinik mit Versorgungsauftrag. Psychiat Praxis 21:106–108

Kuhlmann R (1995) Migrantenkinder im Erwachsenenalter – biographischer Hintergrund und psychiatrische Probleme der zweiten Generation. In E Koch, M Özek, WM Pfeiffer (Eds.), Psychologie und Pathologie der Migration: deutsch-türkische Perspektiven (pp. 186–193). Freiburg: Lambertus

Lazaridis K (1987) Psychiatrische Erkrankungen bei Ausländern – hospitalisations- und nationalitätsspezifische Inzidenz. Nervenarzt 58:250–255

Lloyd K, Moodley P (1992) Psychotropic medication and ethnicity: an impatient survey. Soc Psychiatry Psychiatr Epidemiol 27:95–101

Riedesser P (1975) Psychische Störungen bei ausländischen Arbeitern in der Bundesrepublik Deutschland. Medizinische Klinik, 70(21), 954–959

Rwegellera G (1980) Differential use of psychiatric services by West Indians, West Africans and English in London. British Journal of Psychiatry 137:428–432

Singh SP, Croudace T, Beck A, Harrison G (1998) Perceived ethnicity and the risk of compulsory admission. Soc Psychiatry Psychiatr Epidemiol 33:39–44

Steinhausen H-C (1982) Psychische Störungen bei Gastarbeiterkindern im Rahmen einer kinder- und jugendpsychiatrischen Poliklinik. Zeitschr f KJP 10:32–49

Wegener B, Sabotka H, Beisel J (1992) Psychische Störungen bei Ausländern. Kritische Notizen. Soziale Arbeit 2/92

WHO (1992) SCAN – Schedules for Clinical Assessment in Neuropsychiatry. World Health Organisation, Division of Mental Health, Geneva

Zarifoğlu F (1992a) Soziokulturelle und migrationsspezifische Aspekte von psychischer Erkrankung bei Flüchtlingen aus dem Nahen und Mittleren Osten. In: Collatz J, Brandt A, Salman R, Timme S (Hrsg.) Was macht Migranten in Deutschland krank? EBV Rissen, Hamburg

Zarifoğlu F (1992b) Psychisch-psychosomatische Störungen bei Migranten und ihre Versorgung unter Einbeziehung ethnopsychiatrischer Aspekte. In: Initiative für Internationalen Kulturaustausch e.V. (Hrsg.) Psychosomatische Erkrankungen von MigrantInnen und Flüchtlingen: Tagungsbericht. Obernkirchen: Publi Consult Büthe Verlag

Zarifoğlu F, Zeiler J (1995) Ethnische Diskriminierung und psychische Erkrankung. In E Koch, M Özek, WM Pfeiffer (Eds.), Psychologie und Pathologie der Migration: deutsch-türkische Perspektiven (pp. 152–159). Freiburg: Lambertus

Zeiler J, Zarifoğlu F (1994) Zur Relevanz ethnischer Diskriminierung bei psychiatrischen Erkrankungen. Psychiat Prax 21:101–105

Unterschiede in der subjektiven Krankheitstheorie bei gynäkologisch erkrankten deutschen und türkischen Frauen

Matthias David, Theda Borde, Heribert Kentenich

Definition und Bedeutung einer subjektiven Krankheitstheorie

Die Erfassung der subjektiven Ursachentheorie der Patientinnen für ihre aktuelle Erkrankung war ein Schwerpunkt der Untersuchung. Unter einer subjektiven Krankheitstheorie verstehen wir gedankliche Konstruktionen Kranker über das Wesen, die Verursachung und die Behandlung ihrer Erkrankung. Diese individuell gebildete Theorie ist das kognitive Ergebnis der Auseinandersetzung mit der Erkrankung (1,2).

Nach Verres (1989) sind subjektive Theorien durch folgende Merkmale gekennzeichnet:

1. Eine mögliche Inkonsistenz – auch logisch unvereinbare Vorstellungen können widersprüchlich und unverbunden nebeneinander bestehen
2. Mögliche Instabilität über die Zeit: sie können sich je nach dem aktuellen Erkrankungskontext ändern.
3. Mögliche Bedeutung von Affekten und Affektdynamik: die einzelnen Krankheitsvorstellungen sind durchsetzt von Konnotationen, Symbolik, Metaphorik und Wahrnehmungsabwehr; und schließlich
4. Prozessualer Charakter: gerade bei emotional belastenden Themen wie dem Thema „Erkrankung" spiegeln die kognitiven Vorstellungen von Menschen häufig adaptive Prozesse, z.B. als Umbewertungen zur Angstbewältigung, wider (6).

Der Stand der Entwicklung einer subjektiven Krankheitstheorie hängt stark von der persönlichen Betroffenheit ab. Je bedrohlicher die Krankheit, z.B. eine Krebserkrankung ist, um so weniger reicht es offenbar aus, sich auf primär kognitive Aspekte zu konzentrieren und desto mehr interferieren emotionale Abwehr- und Verarbeitungsmechanismen der Patientin mit den rationalen Erklärungsanteilen.

Aus der möglichen Bedeutung subjektiver Patientinnentheorien ergibt sich ihre praktische Relevanz für die medizinische und psychosoziale Versorgung Kranker und die Begründung, warum wir uns damit beschäftigt haben. In der Literatur wird vor allem betont, daß die Gesundheits- und Krankheitsvorstellungen der Patienten als bestes Modell zur Erklärung des Therapieverhaltens, der sog. Compliance, dienen können. Auch die Akzeptanz psychologischer und psychosozialer Unterstützung soll abhängig sein von der subjektiven Krankheitstheorie. – Unterschiedliche Ursachenvorstellungen haben unterschiedliche Konsequenzen für die Behandlungserwartungen der Patientin bzw. dafür, was sie als hilfreich empfindet (2).

Untersuchungen zur subjektiven Krankheitstheorie von in Deutschland lebenden Migranten und zur Rolle kulturspezifischer Krankheitsvorstellungen in der Interaktion mit dem Gesundheitssystem der Bundesrepublik liegen kaum vor. Dabei wäre z.B. das Wissen um Besonderheiten und die Auseinandersetzung des Arztes mit den subjektiven Kausalvorstellungen der Patientinnen zu ihrer Erkrankung ein wichtiger Faktor bei der Erhöhung der Mitwirkung im Behandlungsprozeß, die letztlich das Therapieergebnis entscheidend mitbestimmt. Unsere Fragestellung war daher: Welche Faktoren bestimmen die subjektive Krankheitstheorie, sind es soziale, geschlechtsspezifische, kulturspezifische, ethnische, altersbedingte oder Einflüsse bestimmter Krankheitserfahrungen?

METHODIK: DER LAIENTHEORIEFRAGEBOGEN NACH BISCHOFF/ZENZ

Die multikulturelle Realität in Berlin spiegelt sich natürlich auch in der Gesundheitsversorgung wider. Je nach Standort und Einzugsgebiet eines Krankenhauses oder einer Praxis ergibt sich demnach ein unterschiedlich hoher Migrantenanteil unter den Patientinnen.

Das Virchow-Klinikum als Teil des Universitätsklinikums Charité liegt im Berliner Bezirk Wedding, wo die Ausländerquote in der Wohnbevölkerung etwa 29 % beträgt.

In den Einrichtungen des Sozialmedizinischen Dienstes Wedding ist der Anteil der Migranten am Gesamtklientel deutlich höher, nämlich knapp 43 %, darunter 90 % Türkinnen (5).

Neben diesen rein quantitativen Angaben wissen wir wenig über die derzeitige Qualität der Versorgung ausländischer bzw. türkischer Patientinnen, sowohl im deutschen Gesundheitswesen allgemein als auch über die konkrete aktuelle Situation an unserer Klinik.

Im April 1996 begannen wir deshalb mit der Vorbereitung einer vom Bundesministerium für Forschung, Technologie, Wissenschaft und Bildung geförderten Untersuchung zur „Analyse der Versorgungssituation gynäkologisch erkrankter türkischer Frauen im Krankenhaus". Im Mittelpunkt dieses Public Health-Projektes, das an der Frauenklinik des Virchow-Klinikums angesiedelt ist, stehen neben der Erfassung sozio-demographischer Faktoren Angaben zur Migration, Gesundheitswissen und -verhalten, die vorstationäre / ambulante Inanspruchnahme gynäkologischer Versorgungseinrichtungen, Patientenerwartungen und -zufriedenheit, Laienwissen, das Verständnis der medizinischen Maßnahmen, die während des stationären Aufenthalts erfolgen und Fragen der interkulturellen Kommunikation und Interaktion im Krankenhaus.

In die quantitative vergleichende Untersuchung, deren Erhebungsphase Ende 1998 abgeschlossen ist, werden jeweils 300 Patientinnen deutscher und türkischer Herkunft einbezogen. Wir verwenden in deutscher und türkischer Sprache vorliegende mehrteilige Fragebögen, die am Beginn des stationären Aufenthalts und kurz vor der Entlassung ausgefüllt werden sollen. Zusätzlich werden Patientinnen, Schwestern und Ärzte in vertiefenden Interviews befragt, um die unterschiedlichen Perspektiven von Personal und Patientinnen zu erfassen und vergleichen zu können.

Die Rücklaufquote der Fragebögen ist sehr gut, die Anzahl der non-responder lag in der Gruppe der deutschen Patientinnen bei 9 %, bei den Türkinnen um 3 %.

Wie oben schon erwähnt ist die Erfassung der subjektiven Ursachentheorie der Patientinnen für ihre aktuelle Erkrankung ein Schwerpunkt unserer vergleichenden Untersuchung.

Für die Erfassung der individuellen Ursachentheorie der Patientinnen nutzten wir den Laientheoriefragebogen (LTFB) von Bischoff und Zenz (8), wobei uns bei der Erfassung der subjektiven Erkrankungsursachenzuweisung der Patientinnen das Problem der Prozeßhaftigkeit dieser „Theoriebildung" bewußt war.

Dieser Fragebogen besteht aus einer Liste möglicher krankheitsverursachender Umstände. Die Patientin sollte von jedem angeben, mit welcher Wahrscheinlichkeit er für ihr jetziges Beschwerdebild ursächlich sein könnte. Der Test geht davon aus, daß die Patientin hinsichtlich ihrer Beschwerden einen multifaktoriellen Erklärungsansatz im Sinne einer „Mosaiktheorie" verfolgt. Es wird angenommen, daß sie mehrere Umstände für ursächlich hält. Eine Krankheit kann demnach

1. von außen oder innen,
2. durch physische oder psychische Noxen und
3. vom Patienten selbst oder unabhängig von ihm verursacht sein.

Der LFTB ist ein Kompromiß zwischen dem Bemühen, den Erklärungsansatz des Patienten ernstzunehmen und ihm oder ihr die Möglichkeit zu bieten, viele Umstände, die zur Krankheit geführt haben können, benennen zu können und dem Erfordernis, diese Benennungen jedoch in ein globales (das „Karthesianische") Weltbild der Medizin einzuordnen.

Es entstehen fünf Skalen, die eine bestimmte Interpretation der Patientinnenenantworten zulassen:

a) Die Krankheit ist psychosozial bedingt durch einen Sachverhalt in Form einer äußeren Einwirkung, z.b. familiäre Sorgen, Probleme mit Kollegen, Nachbarn.

b) Die Krankheit ist bedingt durch einen psychosozialen Sachverhalt in Form der eigenen inneren Persönlichkeitsdisposition, z.b. zu wenig Willenskraft, Minderwertigkeitsgefühle.

c) Die Krankheit ist bedingt durch einen spezifischen Umgang mit dem eigenen Körper im Sinne von Gesundheitsverhalten, wie zu wenig Ruhe, ungesunde Lebensweise.

d) Die Krankheit ist bedingt durch einen naturalistischen Sachverhalt in Form eines äußeren Umstandes, beispielsweise Faktoren wie Klima und Lärm.

e) Die Krankheit ist bedingt durch einen naturalistischen Sachverhalt aufgrund der eigenen inneren körperlichen Verfassung, z.B. schwacher Kreislauf, geerbte Anfälligkeit.

Der Fragebogen enthält insgesamt 46 Fragen. Bei der Auswertung sind den eben genannten fünf Hauptskalen dann jeweils 8 bzw. 10 Fragen zugeordnet. Beispiel: Könnten Ihre jetzigen Beschwerden dadurch mitverursacht sein, daß Sie sich zu wenig Ruhe gönnen?

Für die Bewertung, ob ein solcher angebotener Sachverhalt als Ursache der Beschwerden angenommen wird, kann die Patientin im Fragebogen eine der fünf Antwortmöglichkeiten von „trifft sicher nicht zu" (in der Auswertung 1 Punkt) bis „ trifft ganz sicher zu" (in der Auswertung 5 Punkte) ankreuzen. Je höher also in der Auswertung die Punktzahl der einzelnen Patientin oder Patientinnengruppe, desto häufiger wurde einer der vorgegebenen Sachverhalte als mögliche Krankheitsursache angesehen (8).

Wir haben hypothetisch angenommen, daß folgende acht Faktoren die Ausbildung einer subjektiven Krankheitstheorie (zunächst unabhängig von der Erkrankung) beeinflussen könnten und sich damit Unterschiede zwischen der Gruppe der deutschen und der türkischen Patientinnen finden lassen müßten: Ethnizität, Alter, Schulbildung/Aufwachsen in Deutschland oder der Türkei, Bildungsgrad, deutsche Sprachkenntnisse, Lese- und Schreibfähigkeit, Sozialstatus, Erwerbstätigkeit, Religion, Lebenszufriedenheit, Kenntnisse über Körperfunktionen, Akkulturationsgrad, Migrationsstatus, Erkrankungsart (somatisch vs. psychosomatisch) und Krankheitsschwere.

Wir nahmen an, daß die Patientinnen türkischer Herkunft eher Erklärungsmodelle im Sinne einer von außen eindringenden Krankheit angeben und daß Patientinnen jüngerer Altersgruppen als auch höheren Bildungsgrads häufiger innerpsychische und Umweltursachen benennen würden.

Um der Gefahr methodischer Einseitigkeit zu entgehen, wurden in Ergänzung unserer quantitativen Fragebogenuntersuchung zusätzlich und zeitlich parallel mit je 50 Frauen der beiden Untersuchungskollektive offene Interviews geführt. Diese Gespräche waren problemzentriert. Eine größtmögliche Varianz in der Stichprobe wurde angestrebt, indem ein breites Spektrum von Patientinnen hinsichtlich Erkrankungsart, Alter, Sozialstatus, deutscher Sprachkenntnisse, Bildungsgrad usw. ausgewählt wurde (3).

UNTERSUCHUNGSERGEBNISSE UND DISKUSSION

Türkische Patientinnengruppe
In die Auswertung konnten die Antworten von 219 Patientinnen einbezogen werden. Signifikante Unterschiede wurden mit dem Mann-Withney U-Test für Rangsummen überprüft, vorgegebene Irrtumswahrscheinlichkeit 5 %. Es zeigten sich keine signifikanten Unterschiede in der Kategorisierung der subjektiven Krankheitstheorie zwischen den verschiedenen befragten Altersgruppen, keine Abhängigkeit von der Stärke der Religionsverbundenheit, vom Sozialstatus, vom Gesundheitswissen, von der Lebenszufriedenheit, dem Bildungsgrad und der Erkrankungsart im Sinne einer eher somatischen oder einer eher funktionellen Erkrankung bei den befragten türkischen Frauen. Deutlich wurde jedoch, daß weniger akkulturierte Frauen bzw. Frauen mit geringen deutschen Sprachkenntnissen, geringeren oder nicht vorhandenen deutschen Lese- und Schreibkenntnissen oder Schulbildung in der Türkei praktisch in allen fünf Skalen des Fragebogens niedrigere Werte aufwiesen. Letztendlich beschreiben offenbar alle vier Einzelresultate eine Patientinnengruppe, nämlich die weniger an die deutsche Gesellschaft akkulturierten, weniger deutschsprechenden Migrantinnen. In dieser Subgruppe unter den türkischen Migrantinnen (ca. 70 Patientinnen) zeigten sich nur eine vage eigene Ursachenvorstellungen oder völlig vom Fragebogen abweichende Krankheitstheorien. Es ergeben sich zwei Interpretationsmöglichkeiten, die sich gegenseitig nicht ausschließen: Sicher führt ein besseres Verstehen der vom Arzt oder in anderen Informationsquellen wie Zeitungen und Fernsehen angegebenen medizinischen Krankheitserklärung zu einer größeren Breite der Krankheitstheorie aus Sicht der Patientin. Es werden mehrere Ursachen für möglich gehalten. Möglicherweise ist die Ursachenzuweisung für eine Erkrankung für die weniger akkulturierten türkischen Migrantinnen keine bedeutsame Frage, sondern nur Teil unseres westlichen Erklärungsbedürfnisses. Es besteht u.U. kein Reflexionsbedürfnis.
Oder aber, es zeigt sich hier ein methodisch-fragebogenkritisches Problem: Bildet der Fragebogen die Realität ab? Ist der Fragebogen geeignet, die Theoriebildung aller Patientinnengruppen widerzuspiegeln?

Erwähnenswert ist, daß die befragten türkischen Frauen mit Schwangerschaftsstörungen in den „naturalistischen" Kategorien zur Krankheitserklärung geringere Werte als Frauen mit gut- oder bösartigen gynäkologischen Erkrankungen aufweisen.

Der Faktor Migrationsstatus wirkte sich ebenfalls nur bei der Kategorie „naturalistisch-außen" aus. Hier wiesen in der Reihenfolge nachgezogene Ehefrauen – Migrantinnen der 1.Generation – Migrantinnen der 2. Generation die Gruppen jeweils signifikant höhere Werte auf.

Deutsche Patientinnengruppe

In die separate Auswertung der deutschen Patientinnen konnten 299 Fragebögen einbezogen werden. Keinen Einfluß auf die subjektive Krankheitstheorie hatten bei den befragten deutschen Frauen der Schulabschluß, der Sozialstatus, die Erwerbsgruppe, Religion und Art der Erkrankung (somatisch/psychosomatisch). Hier spielte jedoch anders als bei den türkischstämmigen Frauen die Lebenszufriedenheit eine Rolle, welche das Antwortmuster im Laientheoriefragebogen stark beeinflußte: je unzufriedener die Patientin mit ihrer Lebenssituation war, desto höhere Werte zeigten sich in allen Skalen.

Mit der eigenen Lebenssituation stark unzufriedene deutsche Patientinnen zeigen demnach eine eher undifferenzierte Krankheitstheorie. Offenbar im Rahmen eines Versuchs der Rationalisierung werden viele Faktoren undifferenziert als krankheitsverursachend angesehen. Motto: „Alles macht mich krank".

Auch die Schwere der Erkrankung hatte Einfluß auf die Ursachentheorie der befragten deutschen Patientinnen. Es erfolgte eine Zuordnung der Patientinnen zu den drei Gruppen „gutartige" oder „bösartige" Erkrankung und „Schwangerschaftsstörungen". Für die „naturalistischen" Erklärungskategorien gilt „je ernster die Erkrankung, desto höher die Werte" (Werte bei Schwangerschaftsstörungen < bei gutartigen Erkrankungen < bei Krebserkrankungen). Insbesondere Karzinompatientinnen haben offenbar eine eher monokausale naturalistische Ursachenvorstellung. Psychosoziale Bedingungen, aber auch das eigene Gesundheitsverhalten können als mögliche Ursache nicht akzeptiert oder müssen abgewehrt werden.

Frauen des deutschen Kollektivs mit gutem Wissen über den weiblichen Köper/Gesundheitswissen hatten deutlich niedrigere Werte in der Erklärungskategorie „psychosozial außen". Ältere Patientinnen wiesen höhere Werte bei der Skala „naturalistisch innen" auf.

Vergleich beider Untersuchungskollektive

Um einen sinnvollen Vergleich auf der Grundlage des Faktors Ethnizität durchführen zu können, mußten vergleichbare Untergruppen gebildet werden, die eine ähnliche sozio-demographische Zusammensetzung aufweisen sollten: 1. Teilstichprobe der 30–50 jährigen Patientinnen, 2. Angleichung nach Schulbildung (randomisierte Selektion von 50 deutschen Patientinnen mit Abitur), 3. Angleichung nach Erwerbsgruppen (randomisierte Selektion von 2 türkischen und 51 deutschen Patientinnen der höheren Erwerbsgruppe), 4. Teilstichprobe der Patientinnen mit Haupt- und Realschulabschluß, 5. Teilstichprobe Patientinnen mit gutartigen Erkrankungen, 6. Teilstichprobe der erwerbstätigen Frauen. Nur zwischen diesen sechs Teilstichproben wurde ein deutsch-türkischer Vergleich angestellt.

Signifikante Unterschiede bzw. eindeutige tendenzielle Differenzen zeigten sich bei fünf von sechs dieser Subgruppen bzw. Teilkollektive (und auch beim Gesamtvergleich aller deutschen mit allen türkischen Patientinnen) für die angegebenen naturalistischen Krankheitsursachen: Die Patientinnen türkischer Herkunft vermuten deutlich häufiger Erklärungen im Sinne der Kategorie „naturalistisch außen" für ihre Erkrankung, während die deutschen Frauen signifikant häufiger Krankheitsursachen der Kategorie „naturalistisch innen" angaben.

Dieses Ergebnis wurde in vertiefenden Interviews bestätigt.

Da andere Einflußfaktoren durch die oben dargestellte Datenbearbeitung weitgehend ausgeschlossen wurden, ist anzunehmen, daß sich diese stärkere Ausprägung der „inneren" (beim deutschen Kollektiv) bzw. „äußeren" (in der Gruppe der türkischen Migrantinnen) naturalistischen Kategorie auf kulturell-ethnische Unterschiede zurückführen läßt.

Zumindest die medizinische Forschung der westlichen Industrieländer beschäftigt sich ja seit einigen Jahren mit der Aufdeckung genetischer Ursachen („naturalistisch innen") für verschiedene Erkrankungen. Meldungen wie z.B. über anlagebedingte Karzinomerkrankungen könnten Einfluß auf die subjektive Theoriebildung bei den deutschen Patientinnen haben.

Breite und Dimension der Krankheitsursache aus der Sicht der Patientinnen
Neben der Basisanwendung des LTFB, dem Berechnen der Ergebnisse der fünf Grundskalen, besteht die Möglichkeit, zusätzliche Informationen über die subjektive Ursachentheorie der Patienten aus den Testergebnissen abzuleiten.

Bischoff und Zenz haben vorgeschlagen, auch die Zahl der beantworteten Einzelfragen zu beachten, unabhängig davon, mit welcher Intensität sie beantwortet wurden. Damit kann eine Aussage darüber gemacht werden, wieviele verschiedene Erklärungsmöglichkeiten für seine Krankheit der Patient für möglich hält, wie „breit" sein Krankheitsbild ist. In Kombination mit der Anzahl Skalen, denen sich die Patientenantworten zuordenen lassen, ergeben sich nach Bischoff/Zenz vier Patiententypen (8):

I. Patienten ohne eigene Vorstellung über die Krankheitsursache oder mit einer völlig von den Fragebogenvorgaben abweichenden Theorie – es gibt bei diesen Patienten keinen stark ausgeprägten Faktor und die Zahl positiv beantworteter Items ist sehr niedrig.

II. Patienten mit breiter aber vager Vorstellung – keinen stark ausgeprägten Faktor, aber gleichzeitg viele positiv beantwortete Fragen. Der Patient läßt alle Möglichkeiten zu, schließt praktisch keine aus, ist aber offenbar nicht überzeugt von der Gültigkeit einer der Alternativen.

III. Differenzierte Vorstellung mit 1–3 stark ausgeprägten Faktoren und entsprechender Zahl positiv beantworteter Fragen.

IV. Undifferenzierte Vorstellung mit 4 oder 5 stark ausgeprägten Faktoren und einer großen Zahl positiv beantworteter Fragen (Motto: „Alles macht mich krank").

Für die statistische Auswertung der Fragebögen (Kruskal-Wallis bzw. U-Test) im Sinne der o.g. Typologie erfolgte folgende Zuordnung:

Patienten-typ	Zahl der zuordnenbaren Grundskalen (Faktor/Dimension)	Zahl positiv beantworteter Fragen je Skala
I	keine	1–3
II	keine	> 3
III	1–3	> 3
IV	4–5	> 3

Ein weiterer wichtiger Punkt ist die Zahl der Ursachendimensionen, die die Patientin ihrer Krankheit zuschreibt. Hierunter ist zu verstehen, wieviele der fünf Skalen von den Patientinnen beantwortet wurden.

Es lassen sich nach Bischoff und Zenz dann auch hier zwei Grundtypen innerhalb der Patientenpopulation einteilen: Diejenigen mit einer differenzierten Ursachentheorie und die, welche jede/viele Ursachen für möglich halten.

Für die Auswertung im Rahmen unserer Studie wurde eine Skala als „positiv beantwortet" gewertet, wenn sie mindestens 2 Punkte aufwies. Die Abbildung zeigt, daß sich kein signifikanter Unterschied in der Zahl der Ursachendimensionen (=Differenziertheit) der subjektiven Krankheitstheorien zwischen den beiden Patientinnenkollektiven nachweisen ließ.

Dies gilt ebenfalls für die Ausgeprägtheit der Erklärungsmodelle und auch hinsichtlich der nicht festzustellenden Bevorzugung bestimmter Hauptskalen.

Die Tatsache, daß von den insgesamt 100 befragten Frauen 236 mögliche
Ursachen angegeben wurden, zeigt die Multikausalität subjektiver Krankheitsursachen.

Der qualitative methodische Zugang ermöglichte über die im LTFB vorgegebenen Kategorien hinauszugehen, was sich insbesondere im Hinblick
auf die Betrachtung der Ursachentheorien der Migrantinnen als nützlich
erwies. In den Interviews wurden von den türkischstämmigen Patientinnen
fünf neue „von außen kommende" Ursachenvorstellungen für ihre gynäko-
logische Erkrankung genannt: Folgen von zu vielen oder zu schweren
Schwangerschaften und Geburten, der Einfluß mangelnder Hygiene und von
Bakterien, von Kälte, Unwissen und andere gesundheitsbeeinträchtigende
Bedingungen in der Türkei sowie magische Kräfte. Dieser „Böse Blick"
wurde nur in zwei von 236 Nennungen (als Ursache einer Fehlgeburt)
angegeben.

Die genannten subjektiven Ursachentheorien spiegeln sicher auch die unterschiedlichen spezifischen Lebensbedingungen türkischer und deutscher
Frauen wider. Faktoren wie schlechte Gesundheitsversorgung im Herkunftsland, stärkere körperliche Belastungen durch häufigere Schwangerschaften und Geburten, schwere körperliche Arbeit, mangelnde Hygiene
(zum großen Teil Faktoren, die der Kategorie „naturalistisch außen"
des LTFB zuzuordnen sind) wurden fast nur von den türkischen Patientinnen angegeben.

Insgesamt stehen belastende Lebens- und Arbeitsbedingungen sowie familiäre und psychische Belastungen, also Ursachen, die man der Skala
„psychosozial außen" nach Bischoff/Zenz zuordnen kann, bei beiden Patientinnengruppen, wenn auch in unterschiedlicher Ausprägung, an oberster
Stelle der Ursachenrangliste. Streß durch die Bewältigung des Alltags als
alleinerziehende Mutter wurde im Rahmen der Interviews nur von deutschen
Frauen angegeben.

Ihrem Gesundheitsverhalten schreiben die Frauen beider Vergleichsgruppen
in gleichem Maße krankheitsauslösende bzw. -verursachende Wirkungen zu.
Eine Veranlagung als Krankheitsursache (Kategorie „naturalistisch innen"
nach Bischoff/Zenz) wurde von den Frauen der deutschen Gruppe deutlich
häufiger angegeben.

Magische Kräfte spielen in den Krankheitstheorien der türkischen Migrantinnen bei weitem nicht die oft in der Literatur postulierte Rolle.

LITERATUR

Faller, H. (1991): Subjektive Krankheitstheorien: ihre praktische Relevanz für die psychosoziale Versorgung somatisch Kranker. curare 14, S. 53–60

Flick, U. (1998): Subjektive Vorstellungen von Gesundheit und Krankheit. Überblick und Einleitung. In: Flick, U. (Hrsg.): Wann fühlen wir uns gesund? Subjektive Vorstellungen von Gesundheit und Krankheit, Weinheim und München (Juventa), S. 2–10.

Mayring, P. (1983): Qualitative Inhaltsanalyse. Grundlagen, Techniken. Weinheim (Deutscher Studien Verlag).

Schwalm, D. (1996): Der Böse Blick rund ums Mittelmeer – Ausdruck von Neid und Missgunst. In: Keller, F.B. (Hrsg.): Krank warum? Vorstellungen der Völker, Heiler, Mediziner, Ostfildern (Cantz), S. 211–218.

Senatsverwaltung für Gesundheit und Soziales, Berlin (1997): Jahresgesundheitsbericht 1996. Hrsg vom Referat Gesundheits- und Sozialstatistik, Gesundheitsberichterstattung, Epidemiologie, Gesundheitsinformationssysteme, Berlin.

Veress, R. (1989): Zur Kontextabhängigkeit subjektiver Krankheitstheorien. In: Bischoff, C., Zenz, H. (Hrsg.): Patientenkonzepte von Körper und Krankheit, Bern (Huber), S. 18–24.

Wiezoreck, M. und H. J. Disfeld (1998): Kulturelle Einflüsse auf Erkrankungen bei Immigranten. In: Burchard, G.D. (Hrsg.): Erkrankungen bei Immigranten. Diagnostik, Therapie, Begutachtung. Stuttgart, Jena, Lübeck, Ulm (G.Fischer), S. 32–52.

Zenz, H. und Cl. Bischoff (1990): Laientheoriefragebogen, Testheft und Handanweisung. Universität Ulm, Abteilung Medizinische Psychologie.

Pilotstudie zur Evaluation psychiatrischer Versorgung von Schmerzpatienten türkischer Herkunft

Peter Strate und Eckhardt Koch

1. Einleitung

Von den mehr als 8 Millionen ausländischen Mitbürgern in Deutschland, stellen türkische Migranten mit ungefähr 2,5 Millionen Menschen die größte Minderheit. Gemessen an der Größe der Population liegt das Feld zur Erforschung kultureller Einflußgrößen auf die Symptomatik psychischer Störungen, kultureller Erklärungsmodelle von Krankheitsverständnis und auch von Bewältigungsstrategien weitgehend brach. Aus medizinischer Sicht gibt es in Deutschland bislang nur wenige Untersuchungen, welche der Frage nach kulturtypischem Krankheitserleben, -darstellung oder -verarbeitung nachgehen (s.a. Yılmaz et al. in diesem Band). Speziell zum Schmerzausdruck und zur Krankheitsverarbeitung liegen nur vereinzelte Studien vor (Aratow 1996, Steuber in diesem Band). Literatur zu diesem Thema findet sich erwartungsgemäß in den klassischen Einwanderungsländern wie Großbritannien und den USA (Zatzick und Dimsale 1990). Auch dort gibt es allerdings kaum Auseinandersetzung mit einer traditionell-islamischen Klientel.

Es stellt sich weiterhin die Frage, angemessene Instrumente und kultursensible Tests auszuwählen, die auch das geringe Bildungsniveau des Klientel berücksichtigen und zur Evaluation von Versorgungskonzepten geeignet sind. Es bleibt zu überprüfen, ob und wenn ja, wie, sich ein Design mit vielfältigen psychometrischen Instrumenten umsetzen läßt.

Denn ebenso wie in der Grundlagenforschung kultureller Einflußfaktoren mangelt es auch an kultursensiblen Konzepten für die psychiatrische Versorgung (s.a. Koch in diesem Band) und deren wissenschaftlicher Überprüfung.

Die 1999 veröffentlichte Arbeit von Strate wird hier in ihren wichtigsten Ergebnissen zusammengefaßt, um eine katamnestische Untersuchung ergänzt und die Frage nach Konsequenzen für weitere Forschung aufgeworfen.

Erst allmählich öffnen sich Kliniken Minoritäten mit speziellen Konzepten (s.a. Schouler-Ocak und Schmeling-Kludas et al. in diesem Band).

Auch in der Klinik für Psychiatrie Marburg-Süd wurden bis 1991 nur vereinzelt türkische Patienten, die hauptsächlich unter schizophrenen Störungen litten und häufig nach dem Unterbringungsgesetz eingewiesen wurden, auf den akut-psychiatrischen Stationen der Regelversorgung mitbehandelt. Ab 1992 stellte die Klinik für türkische Patienten ein Behandlungsangebot auf einer speziellen Station bereit (Koch, Strate und Wübbena 1999). Auf dieser Station für kulturell-integrative Psychosomatik machen sie heute ungefähr die Hälfte der Patienten aus. Die folgende Tabelle demonstriert die stetige Zunahme aus der Türkei stammender Patienten an der Belegung der Klinik. Waren 1990 nur 0,3 von 318,7 Patienten (das entspricht 0,1 % im Jahresdurchschnitt) türkischer Herkunft, so erhöhte sich dieser Anteil nach Schaffung des hier beschriebenen Angebotes allmählich auf 12,3 von 143,6 (das entspricht durchschnittlich 8,5 %) im Jahre 1997. Dies zeigt zum einen, wie rasant der Abbau von Behandlungskapazität in den letzten zehn Jahren erfolgt ist. Außerdem wird deutlich, daß vor der Schaffung eines speziellen Angebots Patienten aus der Türkei von der Klinik nicht erfaßt worden sind. Die Inanspruchnahmebarriere war in Marburg extrem hoch (s.a. Haasen in diesem Band).

Tab. 1: Durchschnittliche Bettenbelegung im Verlauf 1990–1997 in der Klinik für Psychiatrie und Psychotherapie Marburg-Süd

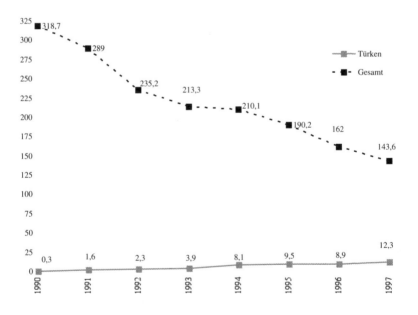

Im Verlauf der letzten acht Jahre wurde ein kultursensibles Therapieprogramm entwickelt, welches Schritt für Schritt den Bedürfnissen der Klientel angepaßt wurde. Neben der Teilnahme an zahlreichen therapeutischen Angeboten und Aktivitäten der Station gemeinsam mit den deutschen Patienten widmen sich einige Behandlungsbausteine ausschließlich den aus der Türkei stammenden Patienten. Diese werden entweder von muttersprachlichen Behandlern in der türkischen Sprache angeboten oder mit Hilfe psychiatrisch erfahrener und langfristig als Honorarkräfte tätiger Sprach- und Kulturvermittler von deutschen Therapeuten geleitet. Zum Behandlungsteam, das überwiegend aus deuschen Mitarbeitern besteht, die über mehrheitlich langjährige Erfahrungen und vielfältige Kenntnisse über den kulturellen Hintergrund der Patienten verfügen, gehören zur Zeit auch eine muttersprachliche Psychologin und zwei muttersprachliche Krankenschwestern. Im einzelnen handelt es sich bei dem spezifischen Therapieangebot um:

1. Gesundheitsaufklärung in der Gruppe: Diese verbindet das traditionelle Verständnis von Gesundheit und Krankheit mit schulmedizinischem Gesundheitsverständnis. Es werden erste Schritte für ein psychosomatisches Grundverständnis ermöglicht.

2. Themenzentrierte Gesprächsgruppe: Hier werden zentrale psychosoziale Themen wie Migration und Remigration, Religion, Erziehung, Besonderheiten türkischer und deutscher Kultur, Integrationsprobleme, Arbeitsplatzsituation, Generationskonflikte und der Lebensalltag in Deutschland behandelt.

3. Sozialtherapie und Beratung: Die Einzelgespräche dienen der Fokussierung und der Klärung von außermedizinischen individuellen Konfliktsituationen. Dabei handelt es sich bei den türkischen Patienten häufig um Arbeitsplatzprobleme oder Schwierigkeiten mit dem Ausländerrecht. Generell ist das Wissen um rechtliche Hintergründe für die unterschiedlichen Konfliktfelder gering. Dieses therapeutische Angebot gilt auch für deutsche Patienten – die Konfliktfelder stellen sich dann allerdings anders dar.

4. Medikamentengruppe: Hier werden bei anfangs meist überhöhten Erwartungen an die Wirksamkeit von Medikamenten Informationen über Nutzen und Nebenwirkungen von Psychopharmaka vermittelt und Grundlagen für eine bessere compliance gelegt. Dabei ist das bei Therapiebeginn vorhandene Wissen bei türkischen Patienten in der Regel deutlich geringer als bei den ebenfalls an dieser Gruppe teilnehmenden deutschen Patienten.

5. Gruppensitzungen (dreimal wöchentlich) zum Erlernen einer Entspannungsmethode (Progressive Muskelrelaxation nach Jakobson) fördern die Sensibilität für Körperwahrnehmung als Grundlage psychosomatischen Verständnisses.
6. EMG – Biofeedback-Sitzungen werden für ausgewählte Patienten zusätzlich angeboten und ermöglichen, eigene psychosomatische Reaktionsweisen mittels Visualisierung leichter nachzuvollziehen.

3. FRAGESTELLUNG

Nachdem das Angebot sechs Jahre ein fester Bestandteil der medizinischen Versorgung war, stellte sich die Frage nach der Wirksamkeit des Ansatzes. Obwohl in der bisherigen Forschung keine einheitliche und durchgängige ethnische bzw. kulturelle Einflußgröße definiert werden konnte, gibt es Hinweise, das Schmerzausdruck und Schmerzerleben ethnientypisch modelliert werden können.

In der Literatur fanden sich folgende Tendenzen:
1. Sozioökonomische Bedingungen werden im Gegensatz zu kulturellen Aspekten unterschätzt und mißinterpretiert.
2. Kulturelle Einflüsse sind einem starken zeitlichen Wandel unterworfen.
3. Migranten aus den Mittelmeeranrainerstaaten drücken Schmerz eher expressiv und ganzheitlicher aus.

Zusammenfassend läßt sich feststellen, daß die wenigen Studien auf dem Gebiet sehr heterogen bezüglich der Stichproben, verwendeter Methodik und Ergebnissen sind, so daß verwertbare Aussagen bezüglich der Variable „Kultur" nicht zu treffen sind.

Depressiv getönte Schmerzerkrankungen bei türkischen Migranten sind einer herkömmlichen und nicht kultursensiblen Behandlung wenig zugänglich, was an der hohen Anzahl chronifizierter Verläufe erkennbar ist.

Mit dem Behandlungsangebot an unserer Klinik wird der Versuch einer kultursensiblen Diagnostik und Therapie und damit einer angemesseneren Behandlung unternommen.

Zur Überprüfung des „Therapieerfolges", der als „Heilung oder Besserung von Krankheit" verstanden wird, muß dieser nach Schulte (1993) vor Durchführung der Untersuchung anhand multipler Kriterien operationalisiert werden. Mit der Studie von Strate (1999), über die hier berichtet wird, wurden dazu zunächst die Vorarbeiten geleistet, indem einschlägige Tests übersetzt und das Design einer prospektiven Studie erprobt wurde.

Unter Berücksichtigung der Literatur wurden Instrumente ausgewählt, welche die multi-modalen Aspekte des chronischen Schmerzes beinhalten und eine ausreichende psychometrische Güte besitzen. Da keine Instrumente in der türkischen Sprache vorlagen, die diese Eigenschaften aufwiesen, übersetzte Werries (1997) in der Vorbereitungsphase den West-Haven-Yale Multidimensional Pain Inventory und den Pain Disability Index und untersuchte die an die türkische Kultur adaptierten Versionen an einer Stichprobe an der Universität İstanbul in Capa auf ihre Güte.

Die Ergebnisse ermutigten uns, als weitere Instrumente zur Erfassung der Schwere von Depressionen das Beck Depressions Inventar (Beck et al. 1961) und zur Erfassung von schmerzbezogenen Kontrollüberzeugungen den FSK (Flor et al. 1990) zu übersetzen.

Als abhängige Erfolgsvariablen wurden folgende Instrumente verwendet:

West-Haven-Yale Multidimensional Pain Inventory (WHYMPI)

Pain Disability Index (PDI)

Beck Depressions Inventar (BDI)

Fragebogen zur schmerzbezogenen Kontrollüberzeugung (FSK)

Zur Beschreibung der Stichprobe dienten:

Hamilton Depressionsskala (Hamilton 1960)

Stadienzuordnung des chronischen Schmerzes (Gerbershagen und Schmitt, 1985)

Anamneseleitfaden zur Erhebung Soziodemographischer Daten (Koch 1999)

Zur Überprüfung der Praktikabilität des gewählten Ansatzes, wurden die vorgestellten Meßinstrumente, welche in die türkische Sprache übersetzt wurden, auf ihre psychometrischen Gütekriterien überprüft.

1. Es wurde erwartet, daß die ausgewählten psychologischen Instrumente in ihren Übersetzungen den psychometrischen Gütekriterien entsprachen und angemessen das Beschwerdebild der Klientel erfaßten.

2. Es wurde erwartet, daß die Behandlung sich positiv auf den Krankheitsverlauf auswirkte. Der „Therapieerfolg" sollte im Vergleich einer Interventionsgruppe mit einer Kontrollgruppe signifikante Unterschiede ergeben.

4. METHODIK

Zur Prüfung des „Therapieerfolges" wurde eine prospektive Studie mit zweifaktoriellem varianzanalytischem Design durchgeführt.

Der erste Faktor variierte die Interventionsbedingung (Interventions- versus Kontrollgruppe), der zweite Faktor den Erhebungszeitpunkt.

Tab. 2: Instrumente der Datenerhebung

Versuchsgruppe (VG) Selbstbeurteilungsinstrumente	
T1	T2
Pain Disability Index-T	Pain Disability Index-T
Multidimensional Pain Inventory-T	Multidimensional Pain Inventory-T
Beck Depressions Inventar-T	Beck Depressions Inventar-T
Fragebogen zur Erfassung schmerz-bezogener Kontrollüberzeugungen	Fragebogen zur Erfassung schmerz-bezogener Kontrollüberzeugungen
Schmerztagebuch-T	Schmerztagebuch-T
	Klientenbogen zur Behandlungsbewertung-T

T1/T2-Meßzeitpunkt; T-türkische Version

Versuchsgruppe (VG) Fremdbeurteilungsinstrumente	
T1	T2
Hamilton Depression Scale	Hamilton Depression Scale
Brief Psychiatric Rating Scale	Brief Psychiatric Rating Scale
Stadienzuordnung des chronischen Schmerzes	
Fragebogen zur Erfassung soziodemo-graphischer und schmerzbezogener Daten	
Anamneseleitfaden zur Erhebung soziodemographischer Daten	

T1/T2-Meßzeitpunkt

Tab. 3: Instrumente der Datenerhebung

Kontrollgruppe Selbstbeurteilungsinstrumente	
T1	T2
Pain Disability Index-T	Pain Disability Index-T
Multidimensional Pain Inventory-T	Multidimensional Pain Inventory-T
Beck Depressions Inventar-T	Beck Depressions Inventar-T
Fragebogen zur Erfassung schmerz- bezogener Kontrollüberzeugungen	Fragebogen zur Erfassung schmerz- bezogener Kontrollüberzeugungen
Schmerztagebuch-T	Schmerztagebuch-T

T1/T2-Meßzeitpunkt; T-türkische Version

Kontrollgruppe Fremdbeurteilungsinstrumente	
T1	T2
Hamilton Depression Scale	Hamilton Depression Scale
Brief Psychiatric Rating Scale	Brief Psychiatric Rating Scale
Stadienzuordnung des chronischen Schmerzes	
Fragebogen zur Erfassung soziodemo- graphischer und schmerzbezogener Daten	
Anamneseleitfaden zur Erhebung sozio- demographischer Daten	

T1/T2-Meßzeitpunkt

Die abhängigen Variablen für die Erfolgskriterien und zur Stichprobenbeschreibung wurden unter 3. (Fragestellung) aufgeführt. Die Probanden,
welche der Interventionsgruppe (IG) zugeordnet wurden, erhielten bei stationärer Aufnahme im Anschluß an das Aufnahmegespräch die Fragebogenbatterie. Analphabeten wurde der Fragebogen durch Pflegepersonal vorgelesen und gemeinsam ausgefüllt. Ebenso wurden die Fremdbeurteilungsbögen unmittelbar im Anschluß an das Aufnahmegespräch durch den
jeweiligen Behandler ausgefüllt. Zum Meßzeitpunkt T2 nach vierwöchiger
stationärer Behandlung (IG) wurde die Untersuchung wiederholt. Die
Selbst- und Fremdbeurteilungsbögen wurden am gleichen Tag vollständig
ausgefüllt. Die der Kontrollgruppe (KG) zugeordneten Probanden, wurden
zu einem ambulanten Termin in die Klinik eingeladen und erst vier Wochen
später (T2) stationär aufgenommen.
Von Februar bis September 1997 wurden 42 Patienten nach Alter und Geschlecht parallelisiert und in Interventions- und Wartelistenkontrollgruppe
eingeteilt. Als Einschlußdiagnose galt chronischer Schmerz (> 6 Monate
Dauer) und eine depressive Störung (ICD10 F: 3x).

5. ERGEBNISSE

5.1. Soziodemographische Daten
5.1.1. Alters- und Geschlechtsverteilung
Das Durchschnittsalter lag sowohl in der Interventionssgruppe mit 45,4
(s = 7,96) Jahren, als auch in der Kontrollgruppe mit 45,4 (s = 9,58) Jahren
gleich auf. Die Parallelisierung konnte im durchgeführten t-Test bestätigt
werden. Es fand sich kein signifikanter Unterschied im Alter zwischen
beiden Gruppen. Das weibliche Geschlecht überwog mit 61,9 %. Im durchgeführten Chi^x-Test konnte kein signifikanter Unterschied zwischen den
Gruppen hinsichtlich des Geschlechts gefunden werden. Auch die Angleichung bezüglich des Geschlechts kann somit als bestätigt gelten.

Tab. 4: Alter der Patienten

Alter in Jahren	M	s	R
IG	45,36	7,96	22 -55
KG	45,35	9,58	21 -58

IG-Interventionsgruppe, KG-Kontrollgruppe, M-Mittelwert, s-Standardabweichung, R-Spannweite

5.1.2. Die persönliche Lebenssituation und das Bildungsniveau

Mit 92,9 % war ein Großteil der Patienten verheiratet, nur 2,4 % waren geschieden.

Trotz Schulpflicht bis zur 5. Klasse waren 19,5 % Analphabeten, 58,5 % hatten einen Volksschulabschluß (5 Jahre Schulbildung) und 4,9 % ein Gymnasium besucht. Eine akademische Laufbahn hatte kein Patient beschritten. 83,7 % waren Migranten der ersten Generation, 14,3 % der zweiten Generation.

5.1.3. Rentenantrag wegen Schmerzkrankheit

48,8 % der Patienten hatten wegen der Schmerzerkrankung einen Rentenantrag gestellt, wobei ein deutlicher Unterschied zwischen Interventions- und Kontrollgruppe vorlag (61,9 % der IG und 35 % der KG).

Tab. 5: Die Häufigkeit gestellter Rentenanträge wegen der Schmerzkrankheit

	n	%
IG	21	100
Ja	13	61,9
Nein	8	38,1
KG	20	100
Ja	7	35,0
Nein	13	65,0

IG-Interventionsgruppe, KG-Kontrollgruppe. Die numerischen (n) und prozentualen (%) Angaben beziehen sich auf die Teilstichprobe.

5.1.4. Zeitliche Aspekte des Schmerzes

Die Dauer der Schmerzsymptomatik wird in der Interventionsgruppe im Mittel mit 81,3 (s = 64,3) Monaten und in der Kontrollgruppe mit 80,21 (s = 79,6) Monaten angegeben. Die gängige zeitliche Unterteilung zwischen akutem und chronischem Schmerz wird mit 6 Monaten angegeben. Dieses Kriterium wird von allen Patienten der Stichprobe erfüllt.

Tab. 6: Die Schmerzdauer in Monaten

	M	s	R
IG	81,3	64,3	9-204
KG	80,21	79,6	8-288

M-Mittelwert, s-Standardabweichung, R-Spannweite

Auf Itemebene litten 9,5 % der Interventionsgruppe unter bilokulären und
90,5 % unter multilokulären Schmerzen bzw. einer Panalgesie.
In der Kontrollgruppe hatten 21,1 % der Patienten monolokulären Schmerz,
weitere 21,1 % bilokulären und 57,9 % multilokulären Schmerz bzw. eine
Panalgesie.

Tab. 7: Gerbershagen Achse 2: Räumliche Aspekte in Prozent

Schmerzbild	IG (n=21)	KG (n=19)
Monolokulär	--	21,1 %
Bilokulär	9,5 %	21,1 %
Multilokulär /Panalgesie	90,5 %	57,9 %

%-Prozentangaben bezogen auf die Teilstichproben

Die verwendeten psychometrischen Instrumente bildeten sich in Ihren
Gütekriterien etwas ungünstiger als in den Voruntersuchungen ab.

Tab. 8: Psychometrische Gütekriterien

Verwendete Tests	Cronbachs Alpha
PDI-T	0,77
MPI-T	0,77
BDI-T	0,9
FSK-T	
Subskala: „Überzeugung der Hilflosigkeit"	0,71
Subskala: „Überzeugung der Kontrollierbarkeit"	0,8

5.2. Hypothesentestung

Die Ergebnisse der Varianzanalytischen Berechnungen und der descriptiven Statistik lassen sich in der Orginalarbeit (Strate 1999) nachlesen.

Die in die türkische Sprache übersetzten Selbstbeurteilungsinstrumente zur Erfassung der multimodalen Aspekte von Schmerz wiesen im Durchschnitt niedrigere Werte in den ermittelten Gütekriterien auf, als in bereits vorliegenden Arbeiten.

Ein „Therapieerfolg" konnte mittels univariatem zweifaktoriellem varianzanalytischem Design mit Meßzeitpunktwiederholung nicht ermittelt werden.

Ein deutlicher Unterschied in den Mittelwerten von Interventions- und Kontrollgruppe gibt Hinweise auf eine systematische Verzerrung, welche durch die Einteilung der Gruppen verursacht sein kann.

Die Interventions- und die Kontrollgruppe sind in Teilaspekten der untersuchten soziodemographischen Daten ausgesprochen homogen. Ein Großteil wuchs in ländlicher Umgebung (85,8 %) auf, wodurch das im Unterschied zu der Stichprobe von Werries (1997) niedrige Bildungsniveau zum Teil zu erklären ist. Der hohe Anteil von Analphabeten (19,5 %) und Patienten mit 5-jähriger Schulbildung (58,5 %) erklärt den geringen Grad an beruflicher Qualifikation – ungelernte Arbeiter überwiegen mit 64,3 % – und stellt eine besondere Herausforderung bezüglich der Vermittlung von Wissen, z.B. über Körperfunktionen dar.

Die Schmerzdauer betrug in der Interventionsgruppe 81,3 (s = 64,3) Monate und in der Kontrollgruppe 80,21 (s = 79,6) Monate, was für ein hohes Ausmaß an Chronizität spricht.

Im Krankheitshintergrund und möglicherweise auch im Erleben gibt es aber Unterschiede:

Ausgesprochen hoch ist mit 61,9 % der Anteil der Patienten in der Interventionsgruppe (KG 35,0 %), welche bereits einen Rentenantrag wegen ihrer Schmerzerkrankung gestellt haben. Nur 3 Patienten (13,6 %) der Interventionsgruppe und 2 Patienten (11,8 %) der Kontrollgruppe befinden sich bereits im Ruhestand.

Die traditionellen Konzepte türkischer Migranten von Krankheit und Gesundheit werden dort deutlich, wo eine Differenzierung zwischen gesunden und kranken Körperteilen bzw. Organen nicht möglich ist, so daß in der Eigenwahrnehmung der ganze Mensch vollständig erkrankt ist. Dieses Konzept kann den hohen Anteil an multilokulären Schmerzen bzw. einer Panalgesie erklären, der in der Interventionsgruppe 90,5 % ausmacht gegenüber nur 57,9 % in der Kontrollgruppe.

Wider der Erwartung hatten nur wenige Patienten einen Hoca, d.h. traditionellen Heiler aufgesucht (11,9 %). Im klinischen Alltag wurde jedoch die oftmals zentrale Bedeutung dieser Instanz deutlich, so daß die Genauigkeit der Angabe hinterfragt werden muß (s.a. Schepker und Fisek in diesem Band). 33,3 % der Patienten glaubten an magische Inhalte, wie den bösen Blick (Nazar), welcher im östlichen Mittelmeerraum seit der Antike bekannt ist, und an die Existenz von Dämonen (Cin) (21,5 %). Auffällig ist ein gehäuftes Auftreten von magischen Denkinhalten in der Interventionsgruppe, ohne daß inhaltliche Denkstörungen vorlagen.

6. Diskussion

6.1. Diskussion der soziodemographischen und medizinischen Daten

Ein Einfluß des laufenden Rentenverfahrens auf den „Therapieerfolg" erscheint naheliegend, da eine Besserung der Erkrankung den angestrebten Status in Frage stellt, was für die meisten Patienten eine ausgesprochene Verunsicherung bedeutet.

Anamnestisch wurde gefunden, daß viele wichtige Formulare bundesrepublikanischer Bürokratie unvollständig ausgefüllt worden waren oder Fristen nicht eingehalten wurden, was die Unsicherheit der türkischen Patienten im Umgang mit den entsprechenden Instanzen und das geringe Wahrnehmen psychosozialer Hilfen deutlich macht. Auch wurde den Patienten häufig von ihren Arbeitgebern und den Betriebskrankenkassen aus ökonomischen Gründen geraten, einen Rentenantrag zu stellen, was darüber hinaus den hohen Anteil an laufenden Rentenverfahren erklärt.

Die Bedeutung der Rente scheint somit facettenreich den medizinischen Alltag zu beeinflussen und bedarf einer weiteren Abklärung.

6.2. Diskussion der Therapie-Ergebnisse

Die Hypothese, daß sich die Behandlung positiv auf den Krankheitsverlauf auswirkt, wird trotz entsprechender klinischer Beobachtung nicht durch die eingesetzten Instrumente bestätigt.

Folgende Aspekte können für das Ausbleiben des „Therapieerfolges" verantwortlich sein: Aufgrund der notwendigen Reduktion der Variablen wird ein eingeschränkter Ausschnitt erfaßt, von welchem erwartet wird, daß er den „Therapieerfolg" widerspiegelt. Die Beschränkung auf fünf Variablen vergrößert trotz begründeter Auswahl die Wahrscheinlichkeit, eine Veränderung unter der Therapie nicht zu erfassen. Die deutlichen, durchgängigen Gruppenunterschiede in Interventions- und Kontrollgruppe deuten trotz nicht signifikanten Niveaus auf eine systematische Verzerrung hin, welche sich sowohl in den Erfolgsvariablen als auch ansatzweise in den beschreibenden Variablen widerspiegelt.

Ein fehlender signifikanter Interaktionseffekt ließe sich so durch die, etwa auf einen Rekrutierungsfehler zurückgehende unterschiedliche Klientel in Interventions- und Kontrollgruppe erklären.

Motivationale Einflußgrößen, welche hinter laufenden Rentenverfahren (61 % der Interventionsgruppe versus 35 % der Kontrollgruppe) stehen können, wurden nicht erfaßt und könnten als intervenierende Variablen einwirken. Die Bedeutung des laufenden Rentenverfahrens liegt nahe, da sich die Anzahl der bereits im Ruhestand befindlichen Klienten (13,6 % der Interventionsgruppe und 11,8 % der Kontrollgruppe) nicht wesentlich unterscheidet.

Auch bleibt zu überlegen, daß aufgrund der Chronizität der Erkrankung der untersuchte Zeitraum von vier Wochen Dauer zu kurz sein könnte, um beginnende Therapieprozesse psychometrisch erfassen zu können.

6.3. Kritik an der Durchführung der Studie

Trotz einer deutlichen Homogenität der Klienten in den soziodemographischen Daten weisen Unterschiede in den erhobenen medizinischen Daten und in den Erfolgsvariablen auf einen Selektionsbias zwischen der Interventionsgruppe und der Kontrollgruppe hin, welcher sich sowohl durch die nur ansatzweise erfolgte Parallelisierung nach der Schwere der Erkrankung als auch durch die notwendigen Abweichungen vom geplanten Design erklären läßt.

Von den ursprünglich an 63 Patienten ausgegebenen Fragebogenbatterien konnten nur 42 ausgewertet werden, da 21 Patienten aufgrund der beschriebenen Kriterien in der Auswertung nicht berücksichtigt werden konnten.

Die in der Stichprobenbeschreibung aufgeführten Rentenanträge und Chronifizierungsstadien sprechen, ohne daß ein Signifikanzniveau erreicht wird, für eine größere Invalidität in der Interventionsgruppe. Dafür spricht auch der hohe Anteil an unvollständig ausgefüllten Instrumenten in der Interventionsgruppe (11 Probanden) im Vergleich zur Kontrollgruppe (4 Probanden). Es bleibt zu vermuten, daß die nicht erfaßten Studienabbrecher der Kontrollgruppe, welche nicht zum Erhebungszeitpunkt T2 erschienen, zu den schwerer Erkrankten gehörten, welche eine vierwöchige ambulante Vorlaufphase nicht tolerieren wollten und sich eventuell anderweitig stationär behandeln ließen. Daß die ambulanten Patienten möglicherweise weniger beeinträchtigt und sozial integrierter waren, würde eine Ablehnung der stationären Therapie durch fünf Patienten erklären.

Ein Grund für die Anzahl der gar nicht oder unvollständig ausgefüllten Instrumente scheint auch die hohe Zahl von fünf ausgegebenen Selbstbeurteilungsinstrumenten zum Meßzeitpunkt T1 zu sein. Die aufzuwendende Zeit betrug für die Patienten zwischen 60 und 120 Minuten, was nur in

Ausnahmefällen ohne Unterbrechung bewältigt werden konnte. Meistens war eine zweizeitige Erhebung notwendig. Besonders für die Analphabeten war die Belastung groß.

Das Schmerztagebuch sollte über 7 Tage eigenverantwortlich ausgefüllt werden, was trotz Erinnerung durch das Pflegepersonal und Hilfeleistung bei den Analphabeten nicht gelang.

Die Erhebung der Fremdbeurteilungsbögen – ebenfalls fünf – dauerte zum Meßzeitpunkt T1 ungefähr 90 Minuten, was für die Untersucher neben dem Aufnahmegespräch geleistet werden mußte. Wenn Dolmetscher zur Verständigung erforderlich waren, mußte von der doppelten Zeitspanne ausgegangen werden.

Dies war für beide Seiten anstrengend und konnte durch das erforderliche direktive Vorgehen das Zustandekommen einer therapeutischen Beziehung stören.

Auch bei der Erhebung der Fremdbeurteilungsbögen war daher oft eine zweizeitige Erhebung unumgänglich.

Besonders für die ambulanten Patienten war die Belastung hoch, da sie unmittelbar nach dem Erstgespräch die Selbstbeurteilungsinstrumente ausfüllen mußten.

7. KATAMNESE

Zur Zeit (Beginn Frühjahr 2000) wird ein katamnestisches Telefoninterview mit den einweisenden Ärzten durchgeführt, das zur Drucklegung noch nicht abgeschlossen war und noch für diejenigen Patienten der Kontrollgruppe erweitert werden soll, die zum Zeitpunkt T2 zur stationären Behandlung aufgenommen wurden. Dabei wurde nach dem aktuellen Beschwerdebild, der momentanen Medikation sowie der Häufigkeit von Facharzt- und Krankenhausbehandlungen und der sozialen Lage (Rente, Arbeitstätigkeit und -fähigkeit u.ä.) gefragt. Außerdem äußerten sich die Behandler zu ihrem Eindruck der Arzt-Patient-Beziehung und der familiären Situation. Äußerungen der Patienten zur Behandlung in Marburg dem Behandler gegenüber und deren Eindrücke zur Zusammenarbeit mit der Klinik und zu Problemen bei der ambulanten Behandlung türkeistämmiger Patienten ergänzten das Interview.

Zu den Einweisern der 22 Patienten der Interventionsgruppe konnten in 21 Fällen Kontakte geknüpft werden. Dabei stellte sich heraus, daß mittlerweile zwei der einweisenden Nervenärzte ihre Praxen an Nachfolger weitergegeben hatten, in einem Fall wurde die Nervenarztpraxis, die in Praxisgemeinschaft mit einem Allgemeinarzt geführt wurde, geschlossen und der Praxisstandort von dem Allgemeinmediziner alleine weitergeführt. Die Einweisungen erfolgten von insgesamt acht Nervenärzten und fünf Allgemeinärzten, drei Einweiser schickten mehr als einen Patienten. Die erwähnte Praxisgemeinschaft schickte alleine insgesamt neun der 22 Patienten. Die Mehrzahl der Patienten kam aus dem Frankfurter Raum (einschl. Mainz und Odenwald), einzelne aus dem Einzugsgebiet der Klinik, ein Patient aus Kassel. Von weiter entfernten Einweisern (zwei aus Bayern und einer aus dem Ruhrgebiet) äußerten zwei, das Behandlungsangebot der Marburger Klinik zukünftig wegen der großen Entfernung nicht mehr nutzen zu wollen.

Aufgrund der Praxisschließungen waren über fünf der Patienten keinerlei Informationen mehr zu erhalten.

Vorbehaltlich einer endgültigen Auswertung der Interviews nach Abschluß der katamnestischen Untersuchung lassen sich ca. drei Jahre nach Entlassung aus der stationären Behandlung in Marburg folgende Tendenzen formulieren:

1. Die Patienten sind weiterhin in Behandlung des einweisenden Arztes (Ausnahme Praxisschliessungen).
2. Der Medikamentenkonsum hat nach der stat. Behandlung abgenommen, Facharztüberweisungen und Notarztbesuche sind seltener geworden.
3. Die psychische Symptomatik ist zum Katamnesezeitpunkt gegenüber der Aufnahme zur stat. Behandlung nicht oder nicht wesentlich gebessert, evtl. Besserungen nach Entlassung waren nur vorübergehend.
4. Falls in der Zwischenzeit eine Berentung vorgenommen wurde (in mindestens drei Fällen), trat danach keine Symptombesserung ein.
5. Die Arzt-Patient-Beziehung wird nach der Behandlung in Marburg als weniger problematisch erlebt.
6. Hintergründe der Nutzung des Marburger Angebotes:
   • Zuweisung bei erheblichen therapeutischen Problemen und bereits bestehender Chronifizierung
   • Keine Erwartung von „Heilung" bei Wissen um komplexe psychosoziale Konflikte
   • Erwartung, kulturbedingte Hintergründe der Erkrankung im Arztbrief erläutert zu bekommen
   • Entspannung der häuslichen Situation durch (oft gemeindeferne) stationäre Behandlung
   • „Erholung" der Pat. durch spezielle Zuwendung
7. Eine muttersprachliche ambulante Weiterbehandlung ist in vielen Regionen nicht möglich

Die bisherigen Ergebnisse der Katamnese werfen weitere Fragen auf. Die Einweiser wissen, daß es sich in hohem Maße um chronifizierte Verläufe handelt und sie kennen die oft schwierigen familiären und beruflichen Verhältnisse. Mit den Patienten sind sie offensichtlich eher der Meinung, daß wenig Änderung möglich ist. Mit ihren Erwartungen nach Entspannung der häuslichen Situation und „Erholung" der Patienten wird möglicherweise sogar die häufig passiv-abwartende Haltung der Patienten unterstützt. Die Fragestellung unserer Pilotstudie zielte hingegen auf einen Therapieerfolg, definiert als „Heilung oder Besserung von Krankheit". Diese unterschiedlichen Erwartungen gilt es bei der Interpretation unserer Studie ebenfalls zu berücksichtigen. Unsere Befragung bestätigt, daß die Bedeutung des Austauschs zwischen Klinik und einweisenden Ärzten bislang deutlich unterschätzt wurde (Spießl und Cording 2000).

Trotzdem eröffnen die bisherigen Ergebnisse der Katamnese auch positive Aspekte: verringerte Medikation, weniger Facharzt- und Notarztkonsultationen entlasten die Kassen und haben in der Mehrzahl die Arzt-Patient-Beziehung gestärkt. Auch wurde Interesse an Informationen über kulturspezifische Hintergründe der Erkrankung geäußert, was die kulturelle Sensibilität der Weiterbehandler fördert und auch anderen Patienten zugute kommt.

8. Abschliessende Überlegungen

Die Schwierigkeiten, das beschriebene Studiendesign im Alltag psychiatrischer Versorgung umzusetzen, werfen die Frage auf, ob sich – trotz erfüllter Gütekriterien der Instrumente – die psychische Befindlichkeit der Patienten wirklich in den Ergebnissen abbildet und nicht doch eine Überforderung beim Ausfüllen der Fragebogen bestand. Sicherlich ist eine solch umfangreiche Untersuchung unter den gegebenen Bedingungen für eine größere Zahl von Patienten nicht durchführbar und wohl auch nicht sinnvoll. Die Katamnese weist außerdem in eine ganz andere Richtung: Die Unterschiede in den Erwartungen von Einweiser, Patient und Behandler dürften eine wesentliche Störgröße bezüglich eines möglichen Therapieerfolges darstellen. Hier erscheint weitere Klärung dringend und sollten wissenschaftliche Untersuchungen vornehmlich ansetzen.

LITERATUR

Aratow, K. (1996). Interkultureller Vergleich der Schmerzwahrnehmung und Krankheitsverarbeitung bei türkischen und deutschen Patienten mit chronischer Polyarthritis. Europ. Hochschulschriften, Reihe VI, Psychologie, Bd./Vol. 544, Peter Lang, Frankfurt.

Beck, A. T, Ward, C. H., Mendelson, M., Mock, J. & Erbraugh, J. (1961) An Inventory for measuring depression. Archives of General Psychiatry, 4, 561–571.

Flor, H, Rudy, N, Birbaumer, N, Streit, B. & Schugens, M. (1990). Zur Anwendbarkeit des West-Haven-Yale Multidimensional Pain Inventory im deutschen Sprachraum. Der Schmerz, 4, 82–87.

Gerbershagen, H. U. & Schmitt, N. (1985). -Das Mainzer Stadienkonzept des Schmerzes-, DRK-Schmerz Zentrum Mainz, Mainz.

Hamilton, M. (1960). A rating scale for depression. Journal of Neurology Neurosurgery and Psychiatry 23, 56–62.

Koch, E., Strate, P., Wübbena, Th. (1999) Psychiatrische Versorgung von Patienten türkischer Herkunft in der Klinik für Psychiatrie und Psychotherapie Marburg-Süd. In: Ghaeni, Z. (Hrsg.): Krank in der Fremde – Perspektiven zur interkulturellen Entwicklung von deutschen Kliniken, Cinco, Frankfurt.

Koch, E. (1999). Anamneseleitfaden für Minoritäten in Sozialgerichtsverfahren am Beispiel türkischstämmiger Probanden. In: Collatz, J., Hackhausen W., Salman R.: Begutachtung im interkulturellen Feld, VWB, Berlin.

Schulte, D. (1993). Wie soll Therapieerfolg gemessen werden? Zeitschrift für klinische Psychologie, 12, (4), 374–393.

Spießl, H. & Cording, C (2000). Zusammenarbeit niedergelassener Allgemeinärzte und Nervenärzte mit der psychiatrischen Klinik. In: Fortschr Neurol Psychiat 68: 206–215.

Strate, P. (1999). Pilotstudie zur Evaluation psychiatrischer Versorgung von türkischen Schmerzpatienten am Zentrum für Soziale Psychiatrie Marburg-Süd. Wissenschaft in Dissertationen, Bd. 461, Görich und Weiershäuser, Marburg.

Werries, A. (1997). Evaluation einer türkischen Fragebogenbatterie zur Erfassung chronischen Schmerzes. Inaugural-Dissertation, Phillips-Universität Marburg.

Zatzick, D. F. & Dimsale, J.E. (1990). Cultural variations in response to painful stimuli. Psychosomatic Medicine, 52, 544–557.

Neuropsychologische Testbefunde bei türkischen Kindern mit ADHD

Meltem Eröcal Kora, Nahit Motavallı Mukaddes und Hakan Gurvit

Aufmerksamkeitsdefizit-Hyperaktivitätsstörungen (ADHD) als eine häufige Verhaltensstörung werden von Kinder- und Jugendpsychiatern in der Türkei zunehmend zur Kenntnis genommen. Die überwiegend in der Literatur verbreiteten Prävalenzzahlen von 3–5 % scheinen auch für Grundschulkinder in der Türkei mit einer geschätzten Rate von 5 % zuzutreffen (Mukaddes, persönl. Mitteilg.) Obwohl häufig vorkommend, haben sich bisher nur wenige ätiopathogenetische Studien dieser Störung gewidmet. Um die neurophysiologischen Korrelate der ADHD bei türkischen Kindern zu bestimmen und zu erkennen, ob auch bei diesen (wie schon bei Lou et al., 1984; Zametkin et al., 1990; Oades, 1998; Barkley, 1997) Hinweise auf eine vor allem präfrontale Dysfunktion zu gewinnen sind, wurde eine breite Palette von Untersuchungen ausgewählt, die insbesondere exekutive Funktionen abbilden. Alle ADHD Patienten waren nicht mediziert.

Für diese Untersuchung wurden 40 Kinder mit Aufmerksamkeitsdefizit-Hyperaktivitätsstörung, die die kinderpsychiatrische Ambulanz aufsuchten, und 26 unauffällige Kinder mit einer neuropsychologischen Testbatterie untersucht. Einschlußkriterien waren IQ > 80 im WISC-R, keine medizinischen, neurologischen, und anderen gravierenden psychiatrischen Störungen, keine Medikation und Einwilligung der Sorgeberechtigten. Alle Kinder besuchten die Regelschule in der Primarstufe. Die Diagnosen wurden nach DSM-IV-Kriterien aufgrund von Lehrer- und Elternangaben durch zwei unabhängige Untersucher mit langer klinischer Erfahrung (M.K. und N.M.M.) gestellt. Die Tests umfaßten die Aufmerksamkeitsspanne, Continuous Performance Test, den California Verbal Learning Test (Kinderversion), Rey-Osterrieth Complex Figure Test, Benton's Judgment of Line Orientation, Benton Facial Recognition Test, Cube Design Test, Controlled Oral Word Association Test, Category Naming Test, Wisconsin Card Sorting Test, Stroop Test, Go No-Go Paradigm, and Delayed Recognition Test. Die Befunde wurden mit varianzanalytischen Verfahren und dem Alter als abhängiger Variable analysiert.

Die Bildungskarrieren der Eltern und der sozioökonomische Status waren in beiden Gruppen vergleichbar. Die Kinder waren durchschnittlich 8; 10 Jahre alt ohne Unterschied zwischen den Gruppen, überwiegend

Jungen (ADHD-Kinder 80 %, Kontrollgruppe 73 %). Der mittels WIPKI (WISC-R) gemessene IQ unterschied sich zwischen den Gruppen ebenfalls nicht, weder im Handlungs- noch im Verbal- noch im Gesamtergebnis.

ERGEBNISSE

Die türkische Version des Kinder-Depressionsinventars CDI und Steady-state-Angstskalen ergaben signifikant höhere Werte in der ADHD-Gruppe gegenüber der Kontrollgruppe (statistische Masse: p = .0000 für Depression, p = .009 für state-Angst, p = .01 für trait-Angst). Die Werte der Leyton-Zwangsskala unterschieden sich zwischen den Gruppen jedoch nicht.

Dies mag als Hinweis dafür gelten, daß sich die Störung bei den hier untersuchten Kindern bereits hinsichtlich einer Neurotisierung klinisch ausgewirkt hatte.

Es gab keine Beziehung zwischen den neuropsychologischen Testergebnissen und diesen psychometrischen Verfahren, d.h. die psychischen Sekundäreffekte stellten sich unabhängig von der Ausprägung der ADHD-Störung ein. Ebensowenig bestand eine Korrelation zwischen den Intelligenzwerten und den neuropsychologischen Testergebnissen. Dies mag im weitesten Sinne als Beleg für die Kulturunabhängigkeit dieser Verfahren gewertet werden, sonst müssten sie bildungs- und intelligenzkorreliert sein. Allerdings waren die neuropsychologischen Testergebnisse sämtlich altersabhängig, so daß Alter als zusätzliche Covariable eingeführt wurde.

Wie zu erwarten, war die Aufmerksamkeitsspanne in der Kontrollgruppe signifikant besser (vgl. Tab. 1). Auch im Continuous Performance Test CPT erzielten die Kinder der Kontrollgruppe signifikant mehr richtige Antworten, während die Gesamtzahl an Antworten und an Auslassungen in der ADHD-Gruppe signifikant höher war. Dies ist ein Hinweis sowohl auf den impulsiven Lösungsstil als auch auf die Konzentrationsproblematik der ADHD-Patienten.

Im California Verbal Learning Test (Kinderversion) war das Kurzzeitgedächtnis in der Kontrollgruppe signifikant besser, ebenso das freie Langzeitgedächtnis und auch das an Hinweise geknüpfte Langzeitgedächtnis. Die Gesamtzahl an Perseverationen und an Intrusionen lag in der ADHD-Gruppe signifikant höher, was als Hinweis auf einen anderen (für Schulerfolg sicher nachteiligen) Lern- und Denkstil und auf eine größere Offenheit gegenüber Assoziationen (und damit auch Störanfälligkeit durch Ablenkungen „von innen") gewertet werden kann.

Im Test komplexer Figuren nach Rey-Osterrieth erwies sich die ADHD-Gruppe signifikant eingeschränkt für die Leistungen des Abzeichnens, die Kurzzeiterinnerung und für die verzögerte Wiedererkennungsfähigkeit. Die Ergebnisse im Benton-Gesichtserkennungstest und Benton-Linientest waren ebenfalls für die ADHD-Gruppe signifikant eingeschränkt. Im Würfelkonstruieren erwies sich die Kontrollgruppe als signifikant leistungsstärker. Nun mag dies auf eine nicht seltene Comorbidität mit visuellen Gestalterfassungsstörungen hinweisen, jedoch waren auch die Ergebnisse in den damit verbundenen mündlichen Tests (Assoziations- und Kategorienbeschreibungstest) signifikant besser in der Kontrollgruppe. Im Stroop-Test war die Durchführungszeit für die 5. Stufe (die Fähigkeit beschreibend, mit Ablenkungsreizen umzugehen) signifikant länger für die ADHD-Gruppe. Im WCST (Wisconsin Card Sorting Test) war die Zahl der benannten Kategorien für die Kontrollgruppe signifikant höher, während die Anzahl von perseverierenden Antworten und die Anzahl von Wiederholungsfehlern in der ADHD-Gruppe signifikant höher lag. Jedoch obwohl die Anzahl von Antworten auf Ebene der Konzeptualisierung in der Kontrollgruppe höher ausfiel, zeigte sich kein Unterschied beim Durchhalten einer Übung (set maintenance). Im Go/No-Go Paradigma war die Anzahl richtiger Antworten für die dominante und die nicht dominante Hand signifikant höher in der Kontrollgruppe.

Die Zahl der Auslassungen war in der ADHD-Gruppe deutlich höher, sowohl für die dominanten als auch die nicht dominanten Hände. Jedoch war die Anzahl der gegebenen Antworten (absolvierten Testanteile) nicht unterschiedlich zwischen den Gruppen, weder für die dominanten, noch für die nicht dominanten Hände. Im Test verzögerten Wiedererkennungsvermögens gab die Kontrollgruppe signifikant mehr richtige Antworten.

All diese Testergebnisse mit ihren Gruppenunterschieden sind in Tabelle 1 dargestellt.

Weitergehende Varianzanalysen mit zusätzlichen Parametern als Co-Variablen (die Anzahl korrekter Antworten im CPT, die Anzahl von Auslassungen, Aufmerksamkeitsspanne, Alter) ergaben weiterhin signifikante Gruppenunterschiede, so daß die erzielten Ergebnisse als stabil betrachtet werden können.

Diskussion

Verschiedene bildgebende Verfahren haben die mögliche ursächliche Bedeutung des Frontallappens bei Aufmerksamkeitsdefizit-Hyperaktivitätsstörungen belegt. Unsere Ergebnisse zeigen, daß es signifikante Defizite in vielen kognitiven Bereichen bei aufmerksamkeitsdefizit-hyperaktivitätsgestörten Kindern gibt, die auch präfrontale Defizite umfassen.

Interessant war, daß kein direkter Zusammenhang zwischen Leistungen und Depressions- oder Angstmassen bei den ADHD Kindern zu finden war, obwohl diese Gruppe insgesamt pathologische Werte im Sinne sekundärer Neurotisierung erzielte. Damit läßt sich eine ätiologische Bedeutung der Depressivität und Ängstlichkeit hinsichtlich der kognitiven Funktionen nach unseren Ergebnissen nicht annehmen.

Spezifisch für Aufmerksamkeitsdefizit- und Hyperaktivitätsstörungen scheint zu sein, daß zwanghafte Züge bei diesen Kindern nicht erhöht sind, was diese Gruppe psychopathologisch deutlich von zwangsgestörten und Gilles-de-la-Tourette-Patienten unterscheidet (vgl. Malloy 1987, Head 1989, Weiburg et al. 1989).

Da die ADHD-Kinder gleiche Gruppenmittelwerte im WISC-R (Verbal- und Handlungsteil) wie die Kontrollgruppe erzielten, ist widerlegt, daß diese Kinder weniger leistungsfähig seien (Loge et al.1990). Die Aufmerksamkeitsspanne insgesamt und in der vorwärts gewandten Aufmerksamkeit unterschied die Gruppen (entsprechend Loge et al. 1990, Ackerman et al. 1986), die rückwärts gewandte Aufmerksamkeit, die mit dem Arbeitsspeicher verbunden ist, unterschied jedoch nicht (Barkley 1997).

Vorhandene Aufmerksamkeitsstörungen und Impulsivitätsraten wurden im CPT hinreichend belegt (Corcum und Siegel 1993). Unsere Erkenntnisse stimmen mit den Ergebnissen der überwiegend amerikanischen Literatur überein: auch hinsichtlich des verbalen Erinnerungsvermögens läßt sich belegen, daß Kinder in der Türkei bei dieser Störung ähnliche Lernprobleme beim verknüpften, hinweisgeleiteten Lernen zeigen. Aufmerksamkeitsdefizit-hyperaktivitätsgestörte Kinder zeigen im Durchhaltenkönnen von Aufgaben und in der Strategiebildung, ebenso in den Hemmungsfunktionen gegenüber impulshaftem, unüberlegtem Handeln Probleme – all diese Funktionen sind letztlich Frontalhirnfunktionen. Wir können sogar in Ausweitung der Argumentation erklären, daß Aufmerksamkeitsleistungen Lernstrategien per se beeinflussen; ein primäres Defizit in der Langzeiterinnerungsfähigkeit – sprich eine limbische Funktion – könnte ursächlich der Aufmerksamkeitsdefizit-Hyperaktivitätsstörung zugrundeliegen.

Die Ergebnisse der Tests, die visuelles Erinnerungsvermögen und visuelle Orientierung messen, zeigten ebenfalls deutliche Defizite bei den ADHD-Kindern und damit eine rechtshemisphärische Dysfunktion (Sanchez Garcia et al. 1997). Gemäß der Literatur sind auch emotionale Signale auf diesem Weg zu verarbeiten (Denckla 1978, Weintraub und Mesulam 1983), so daß damit zusammenhängende interpersonale Schwierigkeiten und soziale Orientierungsschwierigkeiten diskutiert werden. Die gefundenen höheren Depressionswerte könnten damit erklärt werden (s. Voeller 1986).

Sprachflüssigkeitstests sind besonders sensitiv für linksfrontale Laesionen (Lezak 1983). Unsere Patienten haben erstaunlich schlechter in diesen Parametern abgeschnitten, was in anderen Studien infrage gestellt wurde (Barkley 1997). Hinsichtlich des Wisconsin Card Sorting Tests haben Barkley und Kollegen (1992) 13 Studien meta-analysiert, wovon nur 8 Unterschiede zwischen aufmerksamkeitsdefizitgestörten und Kontrollgruppen-Kindern fanden. Beim Zuteilen von mehreren gleich wichtigen Reizen zeigt sich die aufmerksamkeitsdefizitgestörte Gruppe signifikant ablenkbarer und braucht länger für die Aufgabenerfüllung (z.B., wenn im Stroop-Test die Aufgabe darin besteht, die Farbe von Worten zu lesen – 3. Abschnitt), dies entspricht Ergebnissen von Barkley (1997). Die Fehler- und Auslassungsanzahl im Go/No-Go Test belegt ein Aufmerksamkeitsdefizit (Trommer u.a. 1988), ebenso findet sich bei Kindern die Erinnerungsfähigkeit für den visuellen Arbeitsspeicher beeinträchtigt (Douglas 1983). Daß dieser Effekt auch dann weiterbesteht, wenn die Aufmerksamkeitsparameter mit einbezogen werden, zeigt, daß andere Ebenen als die der Aufmerksamkeit allein bei ADHD beeinträchtigt sind.

All diese Testergebnisse zeigen, daß bei ADHD-Kindern auch in der Türkei eine komplexe neurokognitive Beeinträchtigung besteht, die sich aus signifikanten Defiziten exekutiver präfrontaler Funktionen zusammensetzt aus Problemen in rechtsemisphärischen Funktionen (Defiziten räumlich visueller Funktionen) und partiellen Defizite in linksemisphärischen Funktionen (wie in den verbalen Tests abgebildet).

Diese Vielfältigkeit von Dysfunktionen stellt die Ansicht in Frage, daß die Aufmerksamkeitsdefizit-Hyperaktivitätsstörung nur eine Dysfunktion präfrontaler und prämotorischer Bereiche, überwiegend in der linken Hemisphäre darstellen würde (Weiss 1996).

Die Bedeutung dieser Ergebnisse ist möglicherweise etwas dadurch eingeschränkt, daß die untersuchten Patienten hochgradig selektiert waren (aktives Aufsuchen einer Spezialeinheit, Erfüllen aller diagnostischen Kriterien). Es ist damit gut möglich, daß besonders schwere Formen der Störung selektiert wurden, zumal keine Schweregrade erhoben wurden.

Zu diskutieren bleibt ein transkultureller Unterschied in der Zuweisung von aufmerksamkeitsdefizitgestörten Kindern. Während sich in Deutschland in allen Inanspruchnahmepopulationen geringere Raten an vorgestellten ADHD Kindern türkischer Herkunft finden (Schepker 2000) stellte sich die Frage, ob es unterschiedliche genetische Präpositionen für diese Störungen gibt, oder ob die Toleranz für hyperaktives Verhalten in unterschiedlichen Kulturkreisen unterschiedlich ausfällt, so daß die Zuweisungswege nur die schwierigeren Fälle herausfiltern.

Unsere Ergebnisse belegen, daß bei den gefunden neuro-psychologischen Defiziten die Störung in der Türkei in gleicher Weise vorhanden ist wie in anderen Kulturen. Die durchgängige und beeindruckende Schwere der zu findenden Defizite mag eine Selektionshypothese belegen. Die vorgefundenen Depressions- und Angstwerte zeigen jedoch trotz einer möglicherweise zu unterstellenden größeren Toleranz ein hohes subjektives Leid der Kinder und auch deswegen einen Therapiebedarf auf.

Ohne daß bisher Prävalenzraten in der Türkei gemessen wurden, läßt sich auch aus unserer Studie ein Bedarf für die Errichtung weiterer kinderpsychiatrischer Behandlungsmöglichkeiten ableiten und ein Bedarf nach der Einführung breiter medikamentöser Behandlungsstrategien.

Weitere transkulturelle Studien wären hilfreich, um die durch unsere Ergebnisse aufgebrachten Hypothesen hinsichtlich Ätiologie und korrespondierender neuropsychologischer Beeinträchtigungen zukünftig zu überprüfen, wobei sich die angewandten Instrumente als übertragbar erwiesen haben.

Tabelle 1:

	ADHD-Gruppe	Kontroll-gruppe	F	p
Aufmerksamkeitsspanne				
Vorwärts	4.85 (sd 1)	5.27 (sd 0.8)	8.210	0.001
Rückwärts	3.6 (sd 1)	3.6 (sd 0.9)	12.982	NS[1]
Total	8.5 (sd 1.9)	8.8 (sd 1.5)	14.679	0.0001
Continous Performance Test				
Ges.zahl richtiger Antworten	48.2 (sd 5.2)	50.8 (sd 3)	7.593	0.001
Ausgeführte Eingaben	16.9(sd 18.5)	9.4 (sd 10.5)	10.150	0.0001
Auslassungen	6.1 (sd 4.9)	3.2 (sd 3)	7.572	0.02
CVLT-C				
Erster Versuch	6.6 (sd 1.6)	6.3 (sd 1.4)		NS
5. Versuch	11.8 (sd 1.8)	11.8 (sd 1.4)		NS
Summe 1 + 5	48.8 (sd 7.3)	50 (sd 6)		NS
Kurzzeitgedächtnis frei	10.1 (sd 2)	10.8 (sd 2.5)		NS
Kurzzeitgedächtnis mit Hinweisen	9.6 (sd 2.6)	11.2 (sd 2.2)	6.606	0.002

	ADHD-Gruppe	Kontrollgruppe	F	p
Langzeitgedächtnis frei	9.9 (sd 2.9)	11.1 (sd 2.2)	3.366	0.041
Langzeitgedächtnis mit Hinweisen	9.9 (sd 3.1)	10.9 (sd 2.7)	3.358	0.041
Anzahl Perseverationen	16.4 (sd 15.9)	12.2 (sd 8.3)	4.406	0.016
Anzahl Intrusionen	6.7 (sd 10.9)	5.7 (sd 7.5)	3.283	0.044
Rey Osterrieth Complex Figure Test				
Soforterinnerung	15.2 (sd 5)	16.9 (sd 5.1)	9.846	0.0001
Verzögerte Erinnerung	14.4 (sd 4.7)	16.9 (sd 5)	11.214	0.0001
Benton facial recognition	18 (sd 2.5)	19.6 (sd 1.9)	4.657	0.01
Benton line orientation	15.9 (sd 6.6)	18.8 (sd 6.7)	6.624	0.002
Würfeldesign	18.6 (sd 11.3)	23.2 (sd 13.8)	24.539	0.0001
Rey Osterrieth abmalen/-schreiben	16.7 (sd 4)	18.8 (sd 3.9)	9.825	0.0001
F-A-S (oral word association)	17.2 (sd 9.5)	19.2 (sd 6.6)	16.455	0.0001
Category naming test	13.9 (sd 5)	17.2 (sd 6.4)	19.255	0.0001
Stroop test				
5. stufe (Sek.)[2]	55.2 (sd 20)	42.9 (sd 15.9)	14.546	0.0001
Spanne zwischen 5. und 3.[3]	32.8 (sd 16.6)	24.9 (sd 14)	7.552	0.001
Wisconsin Card Sorting Test				
Erfüllte Kategorien	3.2 (sd 2)	4.1 (sd 1.6)	6.959	0.002
Anzahl perseverativer Antworten	50.1 (sd 36.7)	34.6 (sd 23.8)	4.703	0.01
Anzahl perseverativer Fehler	41.4 (sd 26)	29.7 (sd 18.4)	4.978	0.01
% perseverativer Fehler	37.9 (sd 26.7)	26.2 (sd 15.3)	4.679	0.01
% Antworten auf Konzeptniveau	37.4 (sd 21.2)	47.8 (sd 19.5)	7.028	0.002
Durchhalten unmöglich	1.1 (sd 1.4)	0.9 (sd 1.1)		NS
Go-No Go Paradigm (Dominante Hand)				
Anzahl richtiger Antworten	18.7 (sd 6.5)	19.8 (sd 6.2)	11.343	0.0001
Ausgeführte Eingaben	3.2 (sd 3.2)	2.5 (sd 2.6)		NS
Auslassungen	11.3 (sd 6.6)	10.2 (sd 6.2)	11.343	0.0001

	ADHD-Gruppe	Kontroll-gruppe	F	p
(Nicht-dominante Hand)				
Anzahl richtiger Antworten	20.5 (sd 6.6)	21 (sd 6.5)	8.248	0.001
Ausgeführte Eingaben	4.6 (sd 4.3)	3 (sd 2.4)		NS
Auslassungen	9.5 (sd 6.6)	9 (sd 6.5)	8.248	0.001
Test Verzögerten Wiedererkennens				
Anzahl richtiger Antworten	9.8 (sd 2.3)	11.1 (sd 2.7)	6.624	0.002

[1]nicht signifikant
[2]Störungsresistenz geprüft
[3]Differenz zwischen aktueller Leistung und störungsbeeinflußter

LITERATUR

Ackerman PT, Anhalt JM, Dykman RA, Holcomb PJ (1986), Effortful processing deficits in children with reading and/or attention disorders. Brain Cogn 5: 22–40

Barkley RA (1997), Behavioral inhibition, sustained attention, and executive functions: Constructing a unifying theory of ADHD. Psychological Bulletin 121:65–94

Corkum PV, Siegel LS (1993), Is the continuous test a valuable research tool for use with children with attention- deficit- hyperactivity disorder? J Child Psychol Psychiat 34 (7):1217–1239

Douglas VI (1983), Attentional and cognitive problems. In: Developmental Neuropsychiatry, Rutter M, ed. New York: The Guilford Press, pp 280–329

Head P (1989), Deficit in cognitive shifting ability in patients with OCD. Biol Psychiatry 25:929–937

Lezak MD (1983b), Perceptual functions. In: Neuropsychological Assessment, 2nd Edition, Lezak MD, ed. New York: Oxford University Press, pp 342–381

Lezak MD (1983c), Verbal functions. In: Neuropsychological Assessment, 2nd Edition, Lezak MD, ed. New York: Oxford University Press, pp 312– 341

Lezak MD (1983d), Executive functions and motor performance. In: Neuropsychological Assessment, 2nd Edition, Lezak MD, ed. New York: Oxford University Press, pp 507–532

Loge DV, Staton RD, Beatty WW (1990), Performance of children with ADHD on tests sensitive to frontal lobe dysfunction. J Am Acad Child Adolesc Psychiatry 29(4):540–545

Lou HC, Henriksen L, Bruhn P (1984), Focal cerebral hypoperfusion in children with dysphasia and/or attention deficit disorder. Arch Neurol 41:825–829

Malloy P (1987), Frontal lobe dysfunction in OCD. In: The frontal lobes revisited, Perecman E, ed. New York: The IRBN Press, pp 207–221

Oades RD (1998), Frontal, temporal and lateralized brain function in children with attention-deficit hyperactivity disorder (ADHD): a psychophysiological and neuropsychological viewpoint on development. Behav Brain Research 94(1):83–95

Sanchez Garcia C, Estevez Gonzalez A, Suarez Romero E, Junque C (1997), Right hemisphere dysfunction in subjects with attention-deficit disorder with and without hyperactivity. J Child Neurol 12(2):107–115

Schepker R (2000): Institutionen auf dem Weg zu integrierten muttersprachlichen Versorgungsangeboten: die „andere Seite der Inanspruchnahmebarriere". In: Heise, Thomas und Schuler Judith, Transkulturelle Beratung, Psychotherapie und Psychiatrie in Deutschland, 281–287

Trommer BL, Hoeppner JA, Lorber R, Armstrong KJ (1988), The go-no-go paradigm in attention deficit disorder. Ann Neurol 24(5):610–614

Voeller KKS (1986), Right-hemisphere deficit syndrome in children. Am J Psychiatry 143:1004–1009

Weilburg J, Mesulam MM, Weintraub S (1989), Focal striatal abnormalities in a patient with OCD. Arch Neurol 46:233–235

Weiss G (1996), Attention deficit hyperactivity disorder. In: Child and Adolescent Psychiatry, A Comprehensive Textbook, 2nd ed, Lewis M ed. Baltimore: Williams and Wilkins, pp 544–563

Zametkin AJ, Nordahl TE, Gross M et al (1990), Cerebral glucose metabolism in adults with hyperactivity of childhood onset. N Eng J Medicine 323:1361–1366

Resolution des III. Deutsch-Türkischen Psychiatriekongresses vom 15. bis 19. September 1998 in Berlin

Vom 15. bis 19. September 1998 fand in Berlin der III. Deutsch-Türkische Psychiatriekongreß zum Thema „Psychosoziale Versorgung in der Migrationsgesellschaft" statt. Er stand unter der Schirmherrschaft des Bundespräsidenten der Bundesrepublik Deutschland, Roman Herzog, und des Staatspräsidenten der Türkei, Süleyman Demirel.

Es nahmen über 300 Wissenschaftler und Fachleute der psychosozialen Versorgung aus Deutschland, der Türkei, der Schweiz, Österreich, Italien, Großbritannien und Tschechien teil.

Die Beiträge aus Wissenschaft und Praxis zeigten eindeutig am Beispiel der aus der Türkei stammenden Minorität (was vergleichbar auch für andere Minderheiten gilt), daß nach wie vor diagnostische und therapeutische Defizite bei der Behandlung von Minoritäten bestehen. Probleme sprachlicher Verständigung, fehlende Sensibilisierung für fremdkulturelle Besonderheiten und mangelnde Infrastrukturen bei Insititutionen (z.B. Erreichbarkeit kompetenter Dolmetscher) im Gesundheitswesen sind weiterhin wesentliche Hindernisse für eine angemessene psychiatrische und psychosoziale Versorgung.

Die bereits auf den vorherigen Deutsch-türkischen Psychiatriekongressen 1994 und 1996 beschriebenen Versorgungsdefizite bestehen weitgehend fort. Es sind in der Zwischenzeit Verbesserungen in folgenden Bereichen zu verzeichnen:

· Geringe Zunahme von Institutionen mit interkultureller Kompetenz
· Kultursensitive Beiträge und Entwürfe zur Qualitätssicherung zu Fragen der Begutachtung von ethnischen Minderheiten
· Beginnende Sensibilisierung im Bereich der Forschung,
· Intensivierung des binationalen Austausches.

Resultate des Kongresses:
· stärkere Beteiligung muttersprachlicher, qualifizierter Fachleute an der Regelversorgung,
· Standardisierung von interkultureller Kompetenz und Aufnahme in die Curricula aller relevanten Ausbildungsgänge der Berufsgruppen im Bereich der psychosozialen Versorgung,
· Schaffung von Fort- und Weiterbildungsangeboten mit definiertem Standard zur Qualifizierung,

- Optimierung der interinstitutionellen Vernetzung,
- Finanzierung und Ausbildung von qualifizierten Dolmetschern in allen Bereichen des Gesundheitswesens,
- Finanzierung der wissenschaftlichen Forschung zur Entwicklung von Präventions- und Versorgungsmaßnahmen,
- Förderung und Finanzierung multinationaler Forschungsvorhaben,
- Kooperation mit Einrichtungen der Aus- und Weiterbildung der psychosozialen Versorgung in der Türkei,
- Verbesserung der Versorgungsstruktur besonderer Risikogruppen, z.B. Schwersttraumatisierter und Substanzabhängiger,
- Forderung einer ausgewogenen Medien- und Öffentlichkeitsarbeit in allen beteiligten Ländern.

Die Regierungen der deutschsprachigen Länder und der Türkei werden dringlich zur politischen und materiellen Unterstützung aufgerufen.

Frau Prof. Dr. Suna Taneli
Prof. Dr. Wolfgang M. Pfeiffer

Frau Dr. İnci User
Dr. Eckhardt Koch

Kongreßpräsidenten

Kongreßsekretäre

Autoren

Kemal Arıkan – Doc. Dr. med., Konsultation-Liäsion-Abteilung der Psychiatrischen Klinik Cerrahpaşa, Medizinische Fakultät, Universität İstanbul

Annegret Boll-Klatt – Dr. phil. Dipl.-Psych., Ltd. Psychologin, Bereich Psychosomatische Medizin der Segeberger Kliniken, Am Kurpark 1, 23795 Bad Segeberg

Ursula Boos-Nünning – Prof. Dr. rer. soz. oec., Professorin für Interkulturelle Pädagogik, FB Erziehungswissenschaften Universität Essen, seit April 2000 Rektorin der Universität Essen, Universitätsstraße 11, 45117 Essen, e-mail: rektorat@uni-essen.de

Theda Borde – Sozialwissenschaftlerin, Universitätsklinikum Charité, Medizinische Fakultät der Humbold-Universität zu Berlin, Campus Virchow-Klinikum, Klinik für Frauenheilkunde und Geburtshilfe

Matthias David – Dr. med., Oberarzt, Universitätsklinikum Charité, Medizinische Fakultät der Humbold-Universität zu Berlin, Campus Virchow-Klinikum, Klinik für Frauenheilkunde und Geburtshilfe, Augustenburger Platz 1, 13353 Berlin, Tel.: 030 / 450 64142, Fax: 030 / 450 64904, e-mail: matthias.david@charite.de

Suzanne Erbaş – Prof. Dr. phil., Jahrgang 1948, Professorin für Didaktik der Naturwissenschaften an der Fakultät der Erziehungswissenschaften, Uludag-Universität, Bursa – Türkei. Gastprofessur an der Universität-Gesamthochschule Siegen für das Thema „Neuere Entwicklung auf dem Gebiet der Didaktik der Naturwissenschaften" (Sommersemester 2000).

Etem Ete – Dr. med., Facharzt für Psychiatrie, Jg. 43, Kassenarztpraxis, Holstenstraße 1, 22767 Hamburg, Vorstandsmitglied der DTGPP

Güler Okman Fisek – Prof. Dr. (PhD), Professorin für Klinische Psychologie, Familientherapeutin, Boğazıcı Universität, Bebek, İstanbul

Reinhard Fröschlin – Oberarzt im Bereich Psychosomatische Medizin der Segeberger Kliniken, Am Kurpark 1, 23795 Bad Segeberg

Nilüfer Güney – Dr. med., Jg. 73, Assistenzärztin an der Psychiatrischen Klinik der Uludağ-Universität, Bursa/Türkei

Christian Haasen – Dr. med., Jg. 62, Facharzt für Psychiatrie, Wiss. Mitarbeiter, Universitätsklinikum Hamburg-Eppendorf, Zentrum für Psychiatrie, Psychotherapie und Psychosoziale Medizin, Martinistraße 52, 20246 Hamburg

Norbert Hartkamp – Dr. med., Jg. 58, Facharzt für Psychotherapeutische Medizin, Psychoanalytiker (DGPT), Gruppenanalytiker (DAGG), Leiter der Forschungsstelle für quantitative Methoden und Evaluation sowie Oberarzt der Klinik für Psychosomatische Medizin und Psychotherapie der Heinrich-Heine-Universität Düsseldorf, e-mail:hartkamp@uni-duesseldorf.de

Alper Hasanoğlu – Dr. med., Assistenzarzt, Psych. Universitäts-Poliklinik, Kantonsspital, Petersgraben 4, CH 4031 Basel

Kurt Heilbronn – Dipl. Psych., Dipl. Soz. Päd., Jg. 51, Leiter des Psychosozialen Zentrums des Int. Familienzentrums Frankfurt e. V., Ostendstraße 70–74, 60314 Frankfurt, Tel. 069/94344451, Vorstandsmitglied und Kassenwart der DTGPP e. V.

Heribert Kentenich – Prof. Dr. med., Chefarzt, DRK-Frauen- und Kinderklinik, Berlin-Charlottenburg

Eckhardt Koch – Dr. med., Jg. 51, Facharzt für Neurologie und Psychiatrie/Psychotherapie, Ltd. Arzt an der Klinik für Psychiatrie und Psychotherapie Marburg-Süd, 1. Vors. der DTGPP e.V., Cappeler Straße 98, 35039 Marburg, Tel. 06421/404 411, Fax 404 431, e-mail: EckKoch@aol.com

Günsel Koptagel-İlal – Prof. Dr. med., Leiterin der Konsultation-Liäsion-Abteilung der Psychiatrischen Klinik der Medizinischen Cerrahpaşa-Fakultät, Universität İstanbul, Ebekizi sok. No. 14, Apt.D.9, Osmanbey, 80220 İstanbul

Martin Lambert – Dr. med., Wiss. Mitarbeiter, Universitätsklinikum Hamburg-Eppendorf, Zentrum für Psychiatrie, Psychotherapie und Psychosoziale Medizin, Martinistraße 52, 20246 Hamburg

Reinhard Maß – Dr. phil., Dipl. Psych., Wiss. Mitarbeiter, Universitätsklinikum Hamburg-Eppendorf, Zentrum für Psychiatrie, Psychotherapie und Psychosoziale Medizin, Martinistraße 52, 20246 Hamburg

Andrea Petersen – Dr. med., Jg. 56, Ethnologin (M.A.), Fachärztin für Kinder- und Jugendpsychiatrie und -psychotherapie. Z.Zt. Psychotherapeutin in Heidelberg. Supervisorin und Trainerin im Bereich Migration und Gesundheit, e-mail: andrea-petersen@gmx.de

Wolfgang M. Pfeiffer – Prof. Dr. med., Jg. 19, Facharzt für Neurologie und Psychiatrie/Psychotherapie, ehem. Prof. für Med. Psychologie an der Universität Münster, Ehrenpräsident der DTGPP, Kongreßpräsident der ersten drei Deutsch-Türkischen Psychiatriekongresse

Stefan Priebe – Prof. Dr. med., Dipl. Psych., Jg. 53, Professor für Sozial- und Gemeindepsychiatrie an der Universität London, Leiter der entsprechenden Abteilung an der St. Bartholomew's and the Royal London School of Medicine (Queen Mary and Westfield College). Dienstadresse: Unit for Social and Community Psychiatry, Bart's and the London Medicine School, East Ham Memorial Hospital, Shrewsbury Road,

London E7 8QR; Tel.: 0044-20-8586 5272;
e-mail: S.Priebe@qmq.ac.uk

Renate Schepker – Priv.-Doz. Dr. med., Jg. 54, Ärztin für Kinder-
und Jugendpsychiatrie und -psychotherapie, Psychoanalytikerin
DGPPT, Leitende Ärztin, Westfälisches Institut für Kinder- und Jugendpsychiatrie, Psychotherapie und Heilpädagogik, Heithofer Allee 64,
59071 Hamm, e-mail: Westf.Institut.Hamm@wkp-lwl.org

Christoph Schmeling-Kludas – Priv.-Doz. Dr. med., Ltd. Arzt Bereich
Psychosomatische Medizin der Segeberger Kliniken, Am Kurpark 1,
23795 Bad Segeberg

Meryam Schouler-Ocak – Dr. med., Fachärztin für Psychiatrie und Neuro-
logie/Psychotherapie, Vorstandsmitglied und Schriftführerin der DTGPP,
Niedersächsisches Landeskrankenhaus, Goslarsche Landstraße 60,
31135 Hildesheim, Tel. 05121/103 528, Fax 103 385

Hartwig Steuber – Dr. med., Facharzt für Psychiatrie und Neurologie, Psy-
choanalyse/ Psychotherapie, Ltd. Arzt, Asklepios-Kliniken Schildautal,
38723 Seesen

Peter Strate – Dr. med., Jg. 66, Wissenschaftlicher Assistent, Psychiatrische
Universitätsklinik, Rudolf-Bultmann-Straße 8, 35033 Marburg,
e-mail: strate@mailer.uni-marburg.de

Suna Taneli – Prof. Dr. med., Fachärztin für Neurologie, Psychiatrie sowie
Kinder- und Jugendpsychiatrie. 1967-76 ärztliche Tätigkeit an der Univ.
Göttingen-Deutschland. Leiterin der Abteilung für Kinder- und Jugend-
psychiatrie der Uludağ Universität, Bursa-Türkei. Gastprofessur an der
Univ.-Gesamthochschule Siegen für das Thema „Kindheit, Jugend und
Familie in der Türkei" (Wintersemester 1998-99). Kongreßpräsidentin
des III. und IV. Deutsch-Türkischen Psychiatriekongresses.
e-mail: sunasu@uludag.edu.tr

Yeşim Taneli – Dr. med., Jg. 65, Kindheit in Deutschland, Medizinstudium
in İzmir-Türkei, seit 1992 in Deutschland ärztlich tätig. Weiterbildung zur
Fachärztin für Kinder- und Jugendpsychiatrie in Erlangen, Marl und
Würzburg. E-mail: yesim@bigfoot.com

Işıl Vahıp – Dr. med, Jg. 58, Fachärztin für Psychiatrie, Psychiatrische
Klinik, Ege Universitesi, İzmir, Psychotherapeutische Abteilung, Mit-
glied der Halime Odağ Stiftung für Psychoanalyse und Psychotherapie.
İzmir

Mitchell G. Weiss – Prof. Dr. med., Schweizerisches Tropeninstitut, Socin-
straße 57, CH 4002 Basel

Oktay Yağdıran – Dr. med., Jg. 63, Wiss. Mitarbeiter, Universitätsklinikum
Hamburg-Eppendorf, Zentrum für Psychiatrie, Psychotherapie und
Psychosoziale Medizin, Martinistraße 52, 20246 Hamburg

Ali Tarık Yılmaz – Dr. med., Facharzt für Psychiatrie und Psychotherapie, Oberarzt, Psychiatrische Universitäts-Poliklinik, Kantonsspital, Petersgraben 4, CH 4031 Basel, e-mail: Ali.Tarik-Yilmaz@unibas.ch

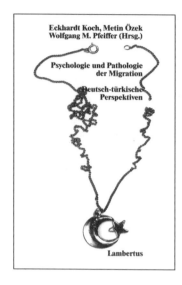